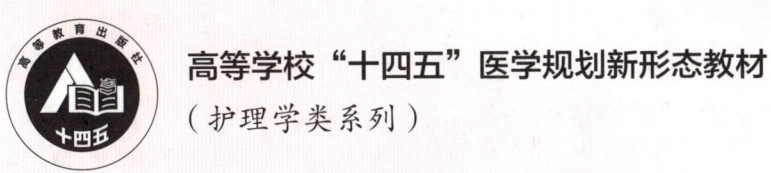

高等学校"十四五"医学规划新形态教材

（护理学类系列）

U0771534

供本科护理学、助产及其他医学相关专业使用

# 护理管理学

主　　编：殷艳玲　蒋　艳

副 主 编：柏亚妹　王桂云　刘彦慧　任　蓁　王　琳

编　　者：（按姓氏拼音排序）

| | |
|---|---|
| 柏亚妹（南京中医药大学） | 曹红十（吉林大学第一医院） |
| 陈　玲（广西中医药大学） | 方进博（四川大学） |
| 何春渝（成都医学院） | 蒋　艳（四川大学华西医院） |
| 孔繁莹（哈尔滨医科大学） | 刘　青（贵州中医药大学） |
| 刘春娥（大连大学附属新华医院） | 刘彦慧（天津中医药大学） |
| 毛世芳（西南医科大学附属医院） | 孟朝琳（首都医科大学） |
| 任　蓁（黑龙江中医药大学） | 王　琳（上海交通大学） |
| 王　跃（天津医科大学） | 王桂云（山东协和学院） |
| 殷艳玲（吉林大学第二医院） | 仲崇丽（吉林大学第二医院） |

编写秘书：仲崇丽

中国教育出版传媒集团

高等教育出版社·北京

内容简介

　　本教材为高等教育出版社高等学校"十四五"医学规划新形态教材。全书共 12 章，包括绪论、管理理论与原理、计划、组织、领导、人力资源管理、管理沟通与冲突、控制、护理质量管理、信息管理、突发公共卫生事件护理管理，以及护理管理与医疗卫生法律法规。教材内容以实践为基础，贴近临床。同时引入国际先进的管理理论与实践，融合信息技术，能够拓宽学生的国际视野，帮助学生提高利用前沿、实用的理论或原理解决问题的能力。

　　本教材主要适用于全国高等学校护理学类专业本科学生，也可作为临床护理人员继续教育的教材和护理管理者的管理参考书。

**图书在版编目（ＣＩＰ）数据**

　　护理管理学 / 殷艳玲，蒋艳主编 . -- 北京：高等教育出版社，2025.7. -- ISBN 978-7-04-063141-8

　Ⅰ. R47

　　中国国家版本馆 CIP 数据核字第 2024HR5100 号

Huli Guanlixue

项目策划　吴雪梅　张映桥
策划编辑　崔　萌　　　责任编辑　崔　萌　　　封面设计　李小璐　　　责任印制　耿　轩

| 出版发行 | 高等教育出版社 | 网　　址 | http://www.hep.edu.cn |
| 社　　址 | 北京市西城区德外大街4号 | | http://www.hep.com.cn |
| 邮政编码 | 100120 | 网上订购 | http://www.hepmall.com.cn |
| 印　　刷 | 山东韵杰文化科技有限公司 | | http://www.hepmall.com |
| 开　　本 | 850mm×1168mm　1/16 | | http://www.hepmall.cn |
| 印　　张 | 13.25 | | |
| 字　　数 | 333 千字 | 版　　次 | 2025 年 7 月第 1 版 |
| 购书热线 | 010-58581118 | 印　　次 | 2025 年 7 月第 1 次印刷 |
| 咨询电话 | 400-810-0598 | 定　　价 | 45.00元 |

本书如有缺页、倒页、脱页等质量问题，请到所购图书销售部门联系调换
版权所有　侵权必究
物 料 号　63141-00

新形态教材网

数字课程（基础版）

# 护理管理学

主编　殷艳玲　蒋艳

**abooks.hep.com.cn/63141**

**使用方法：**

1. 电脑或移动设备访问课程网站。

2. 注册并登录后，进入"个人中心"。

3. 刮开图书封底防伪码涂层，通过扫描二维码或
   手动输入 20 位密码，完成防伪码绑定。

4. 绑定成功后，即可开始本数字课程的学习。

如有使用问题，请点击页面下方的"疑问"按钮。

# "护理管理学"数字课程编委会

主　　编：殷艳玲　蒋　艳

副 主 编：曹红十　马　靓　仲崇丽　张海娜　王　琳　陈　锦

编　　者：（按姓氏拼音排序）

曹红十（吉林大学第一医院）

常煜飚（吉林大学第二医院）

陈　锦（陆军军医大学第二附属医院）

陈　玲（广西中医药大学）

崔　楠（吉林大学第二医院）

范子怡（吉林大学第二医院）

姜　旭（吉林大学第二医院）

蒋　艳（四川大学华西医院）

林美均（长春医学高等专科学校）

罗　南（吉林大学第二医院）

马　靓（连云港市第一人民医院）

史　莹（吉林大学第二医院）

王　琳（上海交通大学）

王海燕（吉林大学第一医院）

闻　宇（吉林大学第二医院）

肖　莹（吉林大学第二医院）

徐胜男（吉林大学第二医院）

殷艳玲（吉林大学第二医院）

张　力（吉林大学第二医院）

张　妍（吉林大学第二医院）

张海娜（吉林大学第二医院）

仲崇丽（吉林大学第二医院）

邹尚仪（吉林大学第二医院）

# 前　言

随着党中央、国务院全面推进健康中国建设、积极应对人口老龄化的重大决策部署贯彻落实，护理事业快速发展，成效显著。护理工作是国家卫生健康事业的重要组成部分，面对我国不断加快的国际化进程、医疗卫生服务体制的改革及现代管理科学技术的日新月异，护理管理工作正面临着新的机遇与挑战。为广大护理管理者提供一本高质量的、适用的教材或参考书，成为护理管理学科建设和发展的关键。

本教材为高等教育出版社高等学校"十四五"医学规划新形态教材，以适应新时期医学教育改革发展要求，将信息技术与教育教学深度融合。全书共12章，包括绪论、管理理论与原理、计划、组织、领导、人力资源管理、管理沟通与冲突、控制、护理质量管理、信息管理、突发公共卫生事件护理管理，以及护理管理与医疗卫生法律法规。教材以实践为基础，贴近临床，同时引入国际先进的管理理论与实践，融合信息技术，以拓宽学生的国际视野，帮助学生提高利用前沿、实用的理论或原理解决问题的能力。

本教材紧紧围绕立德树人根本任务，坚持正确政治方向。教材中设立"榜样的力量"版块，以南丁格尔奖获得者、临床护理管理者等的事迹贯穿全书，引领学生形成正确的世界观、人生观和价值观，培养大爱无疆、尚德精术的护理人，助力学生将理论知识和道德精神内诚于心、外化于行；强化实用性，以管理职能为框架，以岗位胜任力培养为主线，通过"临床链接"融入临床护理管理真实案例，以培养学生提出问题、分析问题和解决问题的综合能力，并调动学生的学习兴趣和主观能动性，提升学生的临床代入感；遵循"两性一度"，突出创新，纸质教材内容和数字资源一体化设计，同步创作。多样化的数字资源为本教材构建出一个广阔的知识网络，为教师教学提供有力工具的同时，便于学生将理论与实践联系起来，学会护理管理理论及原理的应用，形成整体、系统的护理管理知识体系。

本教材主要适用于全国高等学校护理学类专业本科学生，也可作为临床护理人员继续教育的教材和护理管理者的管理参考书。在编写过程中，本教材参考和借鉴了国内外相关著作和文献资料，在此谨向有关作者致以诚挚的谢意！编写过程也得到了各编委所在单位的大力支持，在此一并表示衷心的感谢！

由于时间和编写者水平有限，不妥之处在所难免，恳请读者不吝指正。

殷艳玲　蒋　艳

2025 年 1 月

# 目 录

# 第一章
# 绪　论

编者导学
学习目标

**章前导学**

　　管理学是研究管理规律、探讨管理方法、建构管理模式，以取得最大管理效益的学科。作为一门社会科学，它的发展历程反映了社会、经济和技术变迁对组织和管理实践的影响。从古典理论到现代多样化的理论流派，管理学一直在不断地进化，以适应不断变化的管理环境。

　　护理管理是一种将护理理论和实践与管理学相结合的学科，旨在提高护理质量、卫生服务效率和成本效益。在一大批躬耕于管理岗位的护理同仁的推动下，护理管理飞速发展。如今，护理管理逐渐向数字化、信息化方向发展，应用互联网、大数据和人工智能等新技术，正在变得更加精确、高效。

## 第一节　管理概述

### 一、管理的概念

　　管理（management）是管理者通过计划、组织、人力资源管理、领导、控制等各项职能工作，合理分配、协调组织内部一切可调用资源，与被管理者共同实现组织目标，并取得最大组织效益的动态过程。广义的管理指应用科学的手段安排组织社会活动，使其有序进行。要准确理解管理的概念，需要明确以下几点。

　　（1）管理是一个有意识、有目的的行为过程。

　　（2）管理的载体是组织，管理不能脱离组织存在；同样，组织中必定存在管理。

　　（3）管理的核心是执行计划、组织、人力资源管理、领导和控制五大职能。

　　（4）管理的主体是管理者，管理者在行使职能时受诸多因素的影响，管理者的素质和组织运行绩效有着密切的关系。

　　（5）管理的对象是组织内部一切可调用的资源，包括人、财、物、信息、空间等。

　　（6）管理的作用是提高任务完成的效率及效果，以同样的投入获得最大的社会效益和经济效益。

　　（7）管理需要一定的环境条件，管理的方法和技巧需因环境的不同而随机应变，没有一成

NOTE

不变的管理模式和方法。

## 二、管理的内容

管理的内容主要包括三个方面：管理职能、管理对象和管理方法。

1. **管理职能（management function）**　是对管理基本功能和活动内容的理论概括，是管理或管理人员所发挥的作用或承担的任务。20世纪早期，法国管理学家亨利·法约尔（Henri Fayol）首次提出，所有的管理者都要执行5项管理职能——计划、组织、指挥、协调和控制。20世纪50年代中期，美国两位管理学家哈罗德·孔茨（Harold Koontz）和西里尔·奥唐奈（Cyril O Donnell）将计划、组织、人员配备、领导和控制5种职能作为管理教科书的框架。本教材从目前公认的计划、组织、人力资源管理、领导、控制5个方面来论述管理职能（表1-1）。

表 1-1　管理五大职能的概念及作用

| 职能 | 概念 | 作用 |
| --- | --- | --- |
| 计划 | 管理最基本的职能，为实现组织管理目标而对未来行动进行规划和安排的工作过程 | 计划是实施管理的其他四项职能的基础 |
| 组织 | 从静态方面看，组织即组织机构；从动态方面看，组织即组织职能 | 组织是完成计划的保障，也是领导、控制的前提 |
| 人力资源管理 | 为保证组织任务的顺利实施与完成，管理者做出相应的人员的选择、培训、使用，以及考核等安排 | 合理的开发和利用人力资源是达成目标、提高效率的重要手段 |
| 领导 | 管理者使下属努力、高效完成组织目标的活动 | 为下属营造良好的工作环境、充分激发下属的工作热情、创新性、积极性、主观能动性等，提高工作效率、使各项管理职能有效地实施、运转。领导是各职能之间的纽带 |
| 控制 | 通过监督、衡量、纠正等手段，使目标按计划完成的过程 | 控制有助于评价其他职能的进展，从而推动新一轮的管理活动 |

各项管理职能之间存在着内在逻辑关系，即计划是前提，组织、领导是保障，人力资源管理是关键，控制是手段。五项职能间是相互联系、相互交叉的循环过程。

2. **管理对象**　也称管理客体，指管理者实施管理活动的对象。在一个组织中，管理对象主要指人、财、物、时间、信息、技术、空间等一切资源（表1-2），其中最重要的是对人的管理。

表 1-2　管理对象的内容

| 对象 | 管理内容 |
| --- | --- |
| 人 | 保持组织有效运作的首要资源。人力资源管理旨在对人这一重要资源进行有效开发、利用和管理，做到人尽其才。但同时也注重人的思想、心理方面的管理，强调以人为本 |
| 财 | 保持组织高速发展的社会生产力的基础。财力资源管理的目标就是做到财尽其力，使用有限的财力资源创造更大的社会效益和经济效益 |
| 物 | 组织中的有形资产和无形资产，如建筑设施、仪器设备等有形资产，能源、技术等无形资产，是人们活动的基础。管理者应根据组织目标和实际情况，开源节流，达到物尽其用 |

NOTE

续表

| 对象 | 管理内容 |
|---|---|
| 时间 | 清晰的时间成本效益观念是进行有效时间管理的基础。时间管理的目的是在最短的时间内完成更多的事，灵活、合理地运用时间 |
| 信息 | 对信息的获取、处理、传输、存储、开发等过程实施管理，使信息及时、准确、适时地发挥作用。管理者的主要任务是根据组织目标的要求，建立完善高效的管理信息系统，保证组织中的各方沟通顺畅 |
| 技术 | 解决问题的方法和原理、经验、知识及技巧。通过制定技术策略和规划、配置和优化技术资源、推动技术创新和研发管理、进行技术评估和风险管理，以及培养和管理技术人员等方面发挥关键作用，实现组织的可持续发展，并提升竞争力 |
| 空间 | 空间环境中能够被开发利用的物质与非物质资源的总称。开发和利用空间是为了弥补目前地球资源的不足，以拓展人类的生存与发展空间 |

3. **管理方法**　指在管理活动中为实现管理目标、保证管理活动顺利进行所采取的具体方案和措施，是管理理论、原理的具体化和实际化。

（1）行政方法：指在组织内部以组织的行政权力为依据，运用行政手段，按照行政隶属关系来执行管理职能和实施管理的一种方法。

（2）法律方法：也叫"制度方法"，指根据法律规范等相关规定进行管理的一种方法。

（3）经济方法：指以人们对经济利益的需要为基础，运用各种物质利益手段来执行管理职能、实现管理目标的方法。

（4）教育方法：对受教育者从德、智、体、美等方面进行有目的的教育，使受教育者产生相应行为的活动。

（5）数量分析方法：是建立在现代系统论、信息论、控制论等科学基础上的一系列数量分析、决策方法。

（6）系统方法：是按照事物本身的系统性把管理或研究对象放在系统的形式中认识和考察的一种方法。

（7）权变方法：也称"情境方法"，是需要根据环境的不同进行相应调整的管理方法。

（8）人本方法：突出以人为本，以人的发展、进步为目标的管理方法。

## 三、管理的基本特征

1. **管理的二重性**　指管理的自然属性和社会属性。

（1）管理的自然属性：管理与生产力、社会化大生产相联系而体现出的性质。它由共同劳动的性质所产生，是合理组织生产力的一般职能。

（2）管理的社会属性：管理与生产关系、社会制度相联系而体现出的性质。它由生产关系的性质和社会制度所决定，是维护和完善生产关系的职能。

2. **管理的科学性与艺术性**

（1）管理的科学性：管理作为一种活动，具有自身的客观规律，管理者应遵循管理的原理和原则，按照这些客观规律来解决问题。有效的管理活动必须建立在科学性的基础上。

（2）管理的艺术性：指管理者在了解管理的客观规律后熟练、灵活地进行运用，从而达到管理的目标。

3. **管理的普遍性与目的性**

（1）管理的普遍性：管理广泛存在于人类各种活动中，与人们的各项社会活动、组织活动息息相关。管理的普遍性有两层含义：一是指管理是人类的一种普遍的社会活动，二是指各种不同的管理活动具有共同的规律性。

（2）管理的目的性：管理同其他社会实践活动一样，都是有意识、有目的的活动。管理的一切活动都要为实现组织目标服务。

# 第二节　护理管理概述

## 一、护理管理的相关概念

1. **护理管理（nursing management）**　世界卫生组织（World Health Organization，WHO）对护理管理的定义为：护理管理是为了提高人们的健康水平，系统地利用护士的潜在能力和其他有关人员或设备、环境和社会活动的过程。我国专家将护理管理定义为：是使医院的护理人力、物力、技术、信息和时间等要素有机结合并最优化运转，以达到提高护理工作效果和效率为主要目的的医院管理工作。

2. **护理管理学（nursing management science）**　是将管理学中的理论和原理有机、灵活地与护理工作的特点结合而形成的一门学科。

3. **护理管理者（nursing manager）**　是从事护理管理活动的人或人群的总称，具体指那些为实现组织目标而负责对护理资源进行计划、组织、领导和控制的护士护理管理者在提升护士素质、质量监控和管理、协调工作、人才培养等方面发挥着重要作用。

## 二、护理管理的任务

我国护理管理的主要任务是根据我国国情、卫生改革情况及护理学科的发展与国内外先进的管理理论相结合，寻找发展规律，建立适合我国国情的独特的护理管理体系，从而提高护理工作的效率及护理质量。目前，护理管理的任务可分为以下几种。

1. **护理行政管理**　指遵循国家的方针政策和有关规章制度，对护理工作进行各项管理，从而提高护理工作效率。

2. **护理业务管理**　指对各项护理业务工作进行协调控制，提高护士的专业服务能力，以保证护理工作质量，提高工作效率，满足社会健康服务需求。

3. **护理教育管理**　指为培养高精尖的护理人才，顺应时代发展，提高护理队伍整体素质而进行的管理活动。

4. **护理科研管理**　指将现代化的科学管理理论、经验、技术与护理的特点相结合，制定更加高效、健全的护理科研管理手段。

5. **护理信息管理**　随着时代发展，信息的管理日益成为现代化护理管理的重要部分。护理信息管理需要将信息化手段融入护理管理的具体工作中。

## 三、护理管理的研究内容

1. **护理管理模式研究**　护理管理模式的研究顺应时代的变化，管理的重心和手段已经发生转变，更加强调以人为本，以及用信息化的管理手段来提高管理效率。因此，以人为中心、能够结合互联网工具、数字化资源的管理模式是护理管理模式研究的重点。

**2. 护理质量管理研究**　随着社会的发展、医学模式的转变及人们生活水平的提高，护理质量管理研究着重于探讨各种护理质量评价指标或体系的构建、质量管理方法的选择和应用等，以保证优质高效的护理服务。

**3. 护理人力资源管理研究**　护理人力资源管理应向更加精细化和专业化的趋势发展，重视护士的教育、提高护士整体水平，培养高水平护理人才是护理人力资源管理研究的重点内容。

**4. 护理经济管理研究**　随着全球经济一体化的发展，护理经济管理的研究成为护理领域一个新的课题，护理成本、护理市场需求及长期护理保险等护理相关经济政策方面的研究逐渐受到关注。

**5. 护理信息管理研究**　随着大数据和精准医疗概念的提出，对护理相关信息进行研究成为必然趋势。如何将大数据应用到护理中，从而使护理工作更加便捷、精确、个性化，是护理信息管理研究的重点。

**6. 护理文化建设研究**　医疗组织中的文化建设在凝聚员工力量、引导和塑造员工行为、提高组织效率等方面起到重要作用。建立具有护理特色、创新意识、竞争意识的工作环境及文化是护理文化建设研究的重点。

**7. 护理管理环境研究**　护理管理者应善于吸取国内外先进的管理理念，从而应对不同环境中出现的复杂问题。

## 四、护理管理思想的形成与发展

护理管理与护理学科的发展相互影响，共同发展，新的管理思想可以推进护理管理学科的发展与进步。

### （一）国外护理管理思想的形成与发展

**1. 国外护理管理的形成**　在管理学成为一门科学之前，人们的管理活动较为简单，对护理的管理也是不自觉、不确定的。经过长时间的实践后，护理管理积累了丰富的经验，但未形成明确的理论及管理学科。公元 400 年，基督教会的女执事菲比（Phoebe）最先组建了由修女组成的护理团队，来专职从事护理工作，这是护理管理的开始。

**2. 国外护理管理的发展**

（1）中世纪护理管理：自妇女加入伤兵的护理，护理服务逐渐由"家庭式"转向"社会化和组织化的服务"。此时的护理发展极为落后，管理混乱。

（2）文艺复兴时期护理管理：护理管理的重点除了重视环境的改善外，还逐渐开始向技术、人员培训、人文关怀等方面的深入研究。公元 1517 年，因宗教改革，护理进入长达 200 年的发展停滞时期。

（3）近代护理管理：以弗洛伦斯·南丁格尔（Florence Nightingale，1820—1910 年）开创科学的护理开始。南丁格尔也因此被誉为近代护理学的创始人、护理管理学的奠基人。此期间，通过科学管理，护理质量得到提高，在克里米亚战争期间，战伤死亡率从 50% 下降到2.2%，极大地推动了护理学科及护理管理的发展。南丁格尔撰写的《医院札记》和《护理札记》（1859 年）是现代医疗、护理管理理论的基础。

（4）开设护理管理学专业：1946 年，美国波士顿大学护理系首次开设护理管理学课程，培养护士的行政管理能力。此后，许多国家开设护理管理学专业，培养护理管理人才。

（5）任用高素质护理管理人才：1969 年，美国护理学会（American Nurses Association，

ANA）规定，护理管理人员的任职条件中，教育背景方面应最低为学士学位，进一步促进了护理管理学的发展。

（6）现代化、信息化时代的护理管理：20世纪70年代后，在欧美等一些发达国家，各种现代化科学技术开始广泛引入护理领域，护理工作由手工操作逐步向机械化、电子化、自动化方向发展，促使临床护理管理工作逐步进入现代化管理发展阶段。此期间，医院的护理管理组织体系进一步完善，护理管理人员的分工越来越明确。护理管理学汲取了现代管理学中众多先进理论、观点和方法，并结合护理工作特点进行实践。随着经济的迅速发展，欧美等一些发达国家对护理管理人员的知识结构也提出了更高的要求，要求护士长不仅要具有护理管理学知识，还必须具有工商管理、经济学及财务预算等方面的知识。

### （二）国内护理管理的形成与发展

**1. 国内护理管理的形成**　中国传统医学并没有明显的分工，"护士"名称根本不存在。病人的照料一般是医生和家属或邻里的事。因此，我国近代护理学及护理管理学的形成与发展在很大程度上受西方影响。19世纪中叶（鸦片战争前后），西方的一些护理管理经验逐渐传入我国。在无数前辈的摸索和实践下，符合我国特点的护理管理思想和制度逐渐形成。

**2. 国内护理管理的发展**

（1）近代护理制度管理：我国早期的护理管理是从制度管理开始的，管理人员将一些杂乱的事务或业务工作渐渐归纳形成条文，并在实践中不断地修改、补充，使护士在工作时有章可循。20世纪二三十年代，随着医院发展和护理教育的兴起，一些医院形成了"护理部主任—护士长—护士"的管理模式，并成立护理部。护理部设护理部主任、护理督导等，对护士长在业务上进行领导，护士长则接受科主任及护理部主任的双重领导。中华人民共和国成立后，护理组织日趋健全，逐渐形成了比较全面、系统的管理制度，明确了护士的职责。

（2）分级护理管理制度形成：20世纪50年代，创造性地建立了三级护理制度、三查七对制度，这些管理制度成为护理管理的重要依据，检查和督促规章制度的有效贯彻执行也成为护理管理者工作的重要内容。20世纪70年代末，护理管理组织体系进一步完善，各医院相继恢复了护理部，根据床位数量，形成了"护理部主任—科护士长—护士长"三级管理和"总护士长—护士长"两级管理的医院护理管理体系。

（3）护理管理学课程开设：20世纪80年代，卫生部明确规定护理部的职权范围是负责全院护理工作，承担全院护士的培训、调配、考核、奖惩、晋升等职权，护理部成为独立的医院职能部门。同时，我国护理高等教育恢复并进一步发展，高等护理教育课程中开设了"护理管理学"。

（4）护理管理法治化：20世纪90年代，我国出台了《中华人民共和国护士管理办法》，护理管理进入法治化渠道。2004年，卫生部布置了8个重要护理研究课题（简称"8个课题"），其中护理人力资源管理及护理质量管理成为核心研究问题。2008年《护士条例》发行，以维护护士的合法权益，规范护理行为，促进护理事业发展。

（5）护理管理科学化："十一五"期间，我国护理人力资源研究活跃，从护士数量及如何合理配置，到护理队伍的稳定性、护士绩效评价、岗位管理等方面都进行了深入的科学研究。这些研究成果促进了护士队伍数量快速扩展。

（6）护理管理信息化：护理工作与信息化结合是提高护理服务质量、护理管理效率的有效手段。目前，我国大部分三级甲等医院已能够使用移动护士站在床旁评估患者，运用掌上电脑（personal digital assistant，PDA）执行医嘱等多种功能。信息化技术为护理管理更加精细化、科学化提供了技术支持。随着管理学的发展与进步，护理学与管理学不断交叉、融合，护理管理学也逐渐形成了自己的学科体系，护理管理工作逐渐朝现代化、科学化、标准化、制度化和法治化的方向发展。护理高质量发展迈上新征程。

# 第三节　护理管理者的角色和基本素质

## 一、护理管理者的角色

护理管理者扮演的角色至关重要，这些角色可能因护理管理者的具体职责和环境而有所不同。以下是护理管理者的一些主要角色。

### （一）明茨伯格的管理者角色模式

加拿大管理学家亨利·明茨伯格（Henry Mintzberg）于20世纪70年代提出了著名的管理者角色理论，将管理者在管理过程中扮演的角色分为人际关系型、信息型和决策性3种类型，共10种角色。

**1. 人际关系型角色**

（1）代言者：护理管理者需履行有关法律、社会、专业和礼仪等方面的责任，如举行护理行政和业务会议、接待访客、签署文件等。

（2）领导者：护理管理者是护士和其他护士的领导者。领导者负责组织和管理人员，确保团队成员遵循既定的政策、程序和标准，按时完成任务，协调团队成员之间的工作，提高工作效率；指导和激励护士，确保他们以高质量的护理服务为患者提供帮助。

（3）联络者：护理管理者需要不断地与患者、家属、医生、医院的行政人员、后勤人员及其他医疗专业人员进行有效沟通，协调各方的需求和期望，以确保护理服务的顺利进行。

**2. 信息型角色**

（1）监察者：护理管理者需要持续关注组织内外环境的变化，如内部业务、外部事件、分析报告、各种压力所致的意见和态度倾向等，监督并审核各项护理活动、资料，从而保证各项活动的顺利进行。

（2）传播者：护理管理者需要起到上传下达的作用，既要将上层管理者发布的信息准确传达给下级护士，又要将收集到的护理工作中的信息汇报给上层管理者，并要保证信息传达的及时性、有效性及准确性。

（3）发言者：护理管理者需要向外界、公众、护理对象、同行及媒体等发布组织的相关信息，以使组织内外部的人都对组织产生积极反应。

**3. 决策型角色**

（1）创业者：护理管理者需要关注行业的最新发展，以便调整和优化护理管理策略。不断学习新的知识和技能，在观念、思想、方法等方面进行创新和改革，以便更好地领导和管理团队。

（2）协调者：在面临非预期的问题和挑战时，护理管理者需要迅速采取行动，及时有效地处理非预期问题，维持正常的工作秩序；应具备分析问题、识别根本原因并提出解决方案的能力，以应对护理服务中可能遇到的各种挑战和困难。

（3）资源分配者：护理管理者负责管理和分配护理服务所需的各种资源，如人力、设备、药品和耗材及其他相关资源，使资源得到充分利用，并在必要时进行调整，以确保护理服务所需的资源得到充足的供应。

（4）谈判者：护理管理者需要代表组织进行正式或非正式的协商和谈判，也需要平衡组织内部资源分配的要求，使各方达成共识。

### （二）霍尔的"成功管理者"角色模式

霍尔（Holle）和布兰兹勒（Blatchley）提出关于护理管理者"成功管理者（competence）"角色的模式。认为护理管理者角色具有以下几个方面的内涵，即专业的照顾提供者（caregiver professor）、组织者（organizer）、人事管理者（manager of personal）、照顾病人的专业管理者（professional manager of care）、员工的教育者（employee educator）、小组的策划者（team strategist）、人际关系的专家（expert in human relation）、护士的拥护者（nurse-advocator）、变革者（change-agent）、行政主管和领导者（executive and leader）。这些英文单词的首字母组成了单词 competence，即胜任的意思，是一名成功的护理管理者所承担的角色范畴。

### （三）其他有关角色

1. **教育者**　护理管理者应为护理团队提供持续的培训和发展机会，通过评估团队成员的知识、技能和能力确定培训需求，制订合理的护理培训计划，以提高团队整体素质。

2. **质量控制者**　护理管理者需要监控和评估护理服务的质量，确保其符合既定的标准和法规要求。监督护理团队的工作表现，及时识别问题，采取改进措施，并持续优化护理服务。

3. **合作伙伴**　护理管理者需要与其他医疗专业人员、患者和家属、政府机构和社区组织建立良好的合作关系，共同为患者提供最佳的护理服务。

## 二、护理管理者的基本素质

护理管理者的基本素质主要包括身体素质、心理素质、知识素质、能力素质、职业素质和创新素质，是作为护理管理者应该具备的基本条件，能够体现护理管理者的才能、管理水平，涉及政治思想、道德、生理、心理、文化等多种因素。

### （一）身体素质

身体素质是护理管理者最基本的素质。护理管理者每天需要面对繁重的工作，因此健全的体魄和良好的身体素质是其事业成功最起码的条件。身体素质主要包括体质、体力、体能、体型和精力。

### （二）心理素质

良好的心理素质指心理健康或具备健康的心理，能够帮助护理管理者在面对繁重工作时保持稳定的情绪和工作热情。优秀的护理管理者要学会扬长避短，既要培养、增强优良的心理素质，也要注意克服挫折心理、偏见、急功近利等的负面心理。

### （三）知识素质

护理管理者不仅要具备医学、护理等区别于其他专业领域的理论知识和技术方法，还要掌握现代管理科学知识及与护理、管理相关的社会、人文科学知识，以适应高速发展的、日趋复杂的综合性护理工作和管理活动的需要。

### （四）能力素质

护理管理者的能力素质是一个综合的概念，包括技术、人际、解决问题、决策应变能力等。不同层次管理者的能力要求并不相同，一般而言，高层护理管理者重在培养解决问题、决策应变能力，中层护理管理者主要需要人际能力，而基层护理管理者则更偏重技术能力。

### （五）职业素质

护理管理者需要具备高度的职业道德，遵守护理行业的职业道德规范，尊重患者的权益，保护患者的隐私，维护医疗行业的声誉。

### （六）创新素质

护理管理者需要具备创新思维，能够不断探索护理工作的新方法和新技术，提高护理工作的效率和质量。关注护理领域的最新发展趋势，与时俱进，为患者提供更加全面、个性化的护理服务。随着人工智能和大数据技术的发展，护理管理者还需要具备敏锐的洞察力，了解这些技术在护理领域的应用潜力，为护理工作注入新的活力。例如，通过大数据分析，可以为患者提供更加精准的健康管理服务；利用人工智能技术，可以提高护理服务的效率和质量。

# 第四节　护理管理面临的挑战及发展趋势

## 一、护理管理面临的挑战

随着我国经济社会飞速发展、人口老龄化速度加剧，人们对护理服务有了更加个性化、多样化、高层次的需求，这使护理管理事业也面临着一系列的挑战。

护理管理面临的挑战主要包括以下几个方面。

### （一）社会环境变迁的挑战

**1. 疾病谱和人口结构变化的影响**　随着社会经济和医疗技术的发展，我国疾病谱及社会人口结构均发生了明显的变化，慢性非传染性疾病已成为威胁社会人群健康和生活质量的重要因素之一。

人口老龄化是 21 世纪人类面临的主要挑战之一。老年患者常常多病共存、功能缺损、认知障碍、营养不良等，住院治疗的情况多。在住院期间，如安全措施落实不到位，则常导致老年患者发生跌倒、坠床、导管脱落、误服药物等各种不良事件，延长住院时间，增加痛苦及经济负担，降低老年患者的生活质量，甚至导致死亡，引发医患纠纷，给医疗机构带来了极大的挑战。因此，分析老年住院患者发生护理安全问题的原因，完善老年患者护理安全问题预防措施是目前护理管理面临的重要挑战。

同时，继 2015 年全面两孩政策后，短暂提升了生育率，并优化出生人口结构，这对妇产、儿童、生殖健康等护理服务均提出了更高的要求。因此，制订与疾病谱、人口结构、社会环境及群众需求相适应的护理战略目标，发展适于我国国情的护理服务和管理模式迫在眉睫。

**2. 信息化时代的影响**　《全国护理事业发展规划（2021—2025 年）》中提出需充分借助移动互联网等信息化技术，逐步实现护理管理的现代化、科学化与精细化，但目前我国大部分医院的护理信息化建设仍处于初级阶段，在护理质量相关数据收集与整合方面相对落后，护理质量控制仍采用传统的纸质版表格和人工统计得分的形式开展。因此，如何将现代化、信息化技术融入护理质量管理中，以形成更加科学化、精细化的护理质量控制方法和系统，是当前护理管理面临的重要挑战。

### （二）医疗卫生体制改革的挑战

**1. 护理人力资源**　护理是医疗卫生工作的重要组成部分，护士在救治伤患、抚慰生命中发挥着重要作用，尤其是发生严重急性呼吸综合征、新冠病毒感染等重大公共卫生问题时，护士冲锋在前，成为抗击疫情的核心力量。但护理职业具有高压力、高风险、高强度特点，职业倦怠导致护理人力流失严重，护士短缺甚至成为全球突出问题，护理人力短缺直接影响卫生服务质量及患者安全。因此，如何提高在职护士心理弹性、工作幸福感，减轻护士压力、护士职业倦怠，扩充护士团队等是目前护理管理面临的巨大挑战。

2. **护理经营模式** 在医院的运营中，护理功能的各项活动经费约占医院总预算的1/3，护理成本是医院成本的主要构成因素之一。护士作为医院成本管理的参与者及团队管理者之一，承担着合理使用耗材和医疗设备的责任，是十分重要的成本管理人员之一。因此，探索降低护理成本的有效途径，是护理管理者面临的重要问题。管理者需要定期开展科室护理成本控制反馈和分析，增强护理人员的成本控制意识，以达到节约成本的效果。目前，面对护理学发展中出现的新的经济问题，护理管理者护理成本知识的缺乏，使其不能积极采取有效的护理成本管理方法。大多数护士长对护理经济学知识了解甚少，对护理人力成本核算及护理医保等经济活动还停留在靠经验进行工作的阶段，护理管理人员对护理经济学认知不够全面，对于护理经济学知识的培训需求较为急迫。因此，如何增强护士对护理成本管理的积极性，提高医疗服务的可持续性，探索降低护理成本的有效途径，从而促进医院护理成本管理的有效开展，是目前护理管理面临的巨大挑战。

### （三）护理学科发展的挑战

1. **多学科合作** 护士的专业素质和服务水平是护理服务质量的重要保障。随着医学技术的发展，护理技术和知识也在不断更新，护理管理也将越来越注重多学科合作，护理管理者需要与其他医疗专业人员（如医生、药剂师、营养师、康复师、心理咨询师等）建立紧密的合作关系，这有助于护士为患者提供综合性的护理方案，提供更全面、更专业的护理服务，提高护理质量。因此，要求护理管理者能够关注国际护理研究的新动态，结合国内护理实践，整合不同学科的知识和技能，加强护士的培训；培养专业、精准、高素质的护理人才，推动护理学科的发展和创新。

2. **护理科研创新** 创新是学科发展的第一动力。护理科研创新对于提升护理质量和效率、推动学科发展及满足社会需求具有重要性。更强的科研意识和能力不仅能够提升护士的个人职业素养，也能够为整个护理行业带来新的视角和思路。护理科研创新不仅是时代发展的需要，也是护理学科自身发展的内在要求。因此，护理管理者要抓住机会，采用合适的护理方法对管理手段、模式、随着时代发展出现的新的护理现象及问题等，进行科研创新。

## 二、护理管理的发展趋势

护理管理是一项复杂的工作，它涉及医疗保健的各个方面，包括人力资源、患者护理、成本控制、质量控制和患者安全等。随着医疗保健行业的快速发展和科技进步，护理管理领域面临着巨大的变革。展望未来，护理管理将呈现出以下几个主要发展趋势。

### （一）管理模式人性化

以往的护理管理模式大多为行政事务式管理，其主要侧重点更加偏向于对"事"的控制。而现代化护理管理模式则应更加注重以"人"为中心，将其作为一种活的资源进行开发，强调人和事的融洽，而事则和职相匹配，最终实现人、事及职能之间效益最大化的目的。

### （二）人力资源使用科学化

无论是在国内还是在国外，在现代管理中，人力资源管理均具有重要的作用及地位，其高度的专业化程度，通常是传统部门管理难以企及的。这也提示我们，在护理管理中，护理管理者需要和人力资源管理部门一起合作制定人力资源规划、员工的甄选培训、薪酬的确定及绩效

评估等，从而不断提高护理人力资源管理水平。

### （三）质量管理方法科学化

现代护理管理强调结构、过程、结果三者并重的管理理念，倡导从系统层面完善结构，重视对整个照护过程的评价，同时也注重结果的测量。这种管理方法的革命性转变将促进未来护理管理的科学化。

### （四）护理管理国际化

为适应经济发展及人类活动全球化趋势，护理管理者需要具有国际视野，在护理管理、制度制定、人才培养、护理技术等方面加大与国际合作与交流力度，以促进护理领域的全面发展。同时培养一批接受国内外先进护理理论、护理模式及护理管理技能的护理人才，以促进护理管理科学化的发展趋势。

### （五）管理手段信息化

智慧护理是在护理数字化即护理信息化业务流程全覆盖的基础上，运用互联网、物联网、云计算及人工智能等信息化手段，实现护理信息全面感知、智慧处理、医护协同、个性化服务，实现护理服务与护理管理的无纸化、无线化、移动化、智能化、无错化和个性化，最终实现改进护理流程、重塑护理模式、提高服务效率、提升护理精细化管理水平的目标。让护理服务更优质，让护理临床更安全，让护理管理更精细。为了加快向智慧护理的方向发展，需要护理管理者：①强化规划意识，注重顶层设计，整体规划。将护理信息化纳入智慧医院建设规划的整体框架。②强化有序推进。在智慧护理整体规划的基础上，有序推进护理信息应用系统，优先护理临床，优先基础护理管理，优先护理效率，逐步推进，逐步提升。③注重模式转型。信息化不是传统业务流程的复刻，而是应该借此机会，顺势而为，同步推进服务、管理、临床业务模式转型，大力推进互联网护理等新型护理服务模式。④关注技术变革。关注不断进化迭代的信息技术应用。

（殷艳玲）

---

🌐 **数字资源详见新形态教材网**

| 📖 编者导学 | 🎯 学习目标 | 🎬 教学课件 | 🎧 微视频 | 📺 案例 |
| 🖼 临床链接 | 🖥 拓展阅读 | 📝 自测题 | 📊 榜样的力量 | 🖼 管理箴言 |

NOTE

# 第 二 章
# 管理理论与原理

**章前导学**

从人类社会产生到 18 世纪，人类为了谋求生存自觉不自觉地进行着管理活动和管理实践，范围极其广泛。早期一些著名的管理实践和管理思想大都散见于埃及、中国、希腊等国的史籍和许多宗教文献之中。当时的人们仅凭经验去管理，尚未对管理经验进行科学的抽象和概括，没有形成科学的管理理论。随着历史的进步和发展，到 19 世纪末，管理发展成为一门科学。

弗洛伦斯·南丁格尔是近代护理学的创始人，也是护理管理的奠基人。二战以后，随着先进管理思想和管理方法的传播，护理管理理论体系逐步形成与发展，护理管理制度逐渐完善，护理管理由经验管理走上科学管理之路。

管理活动源远流长，人类进行有效的管理活动，已有数千年的历史，但从实践到形成一套比较完整的理论，则是一段漫长的历史发展过程。回顾管理学的形成与发展，了解管理先驱对管理理论和实践所作的贡献，掌握管理活动的演变和历史，对学习管理学的人来说都是必要的。

管理学形成之前可分成两个阶段：早期管理实践与管理思想阶段，管理理论产生的萌芽阶段。管理学形成后可分为三个阶段：古典管理理论阶段、行为科学理论阶段和现代管理理论阶段。近年来，部分管理学家将 20 世纪 80 年代至今称为当代管理理论阶段。

**榜样的力量**

## 第一节　古典管理理论阶段

19 世纪末到 20 世纪初，资本主义工业快速发展，对管理工作科学性、准确性、法理性的要求也越发迫切。这一时期具有代表性的理论主要有如下几种。

### 一、泰勒的科学管理理论

弗雷德里克·温斯洛·泰勒（Frederick Winslow Taylor，1856—1915 年）是美国管理理论的代表人物之一。泰勒科学管理理论的基本出发点是通过对工作方法的科学研究来提高劳动生产效率，用科学的管理方法代替经验管理，被称为"科学管理之父"。泰勒的著作有《计件工资制》《工厂管理》《科学管理原理》。其中，《科学管理原理》迄今仍是管理思想史上的一部光辉经典。

### （一）理论

#### 1. 主要观点

（1）科学管理的中心问题是提高劳动效率。泰勒科学管理理论通过定额研究及劳动力和劳动手段的合理配置，从而提升组织的工作效率。

（2）挑选第一流的工人。根据人的不同能力和天赋把他们分配到相适应的工作岗位，使之成为第一流的工人。对那些不适合所从事工作的工人，应加以培训，使之适合工作需要。

（3）研究工时与作业条件标准化。泰勒的科学管理理论以工时研究作为基础，来确定最佳的工作方法；此外，除了操作方法标准化，还应对工具、原料和作业环境等进行改进，并使与任务有关的所有要素都最终实行标准化，进而提高工作效率。

**拓 展 阅 读** *泰勒的三大试验*

（4）在制定标准定额基础上实行差别计件工资制。在"工资支付对象是工人而不是职位"思想指导下，按照工人是否完成其定额而采取高低不同的工资率，以鼓励工人完成工作定额。

（5）实行职能工长制。把管理工作细分，每个管理者只承担某一方面的管理工作，职能工长在其职责范围内可以指挥工人，体现了管理职能细分和授权的理念。

（6）在组织机构和管理上实行例外原则。强调上级管理人员把一般事务的权力下放给下级管理人员，本人只需要保留对例外事项的决定权和监督权。

#### 2. 主要贡献与不足

（1）管理由经验走向科学。泰勒这一理论的出现是用调查研究和科学知识代替管理者个人的主观判断与经验，因而是管理由经验走向科学的里程碑。

（2）管理技术和方法的提升。在泰勒的管理理论基础上，发展出一系列有助于提高劳动生产率的技术和方法，这些技术和方法反过来又成为近代以来管理系统合理组织生产的基础。

（3）开创了对工作流程的分析。使得生产过程更为科学和流畅，形成了高效率、低成本、高工资、高利润的新局面。

（4）首次将管理者和被管理者的工作区分开。泰勒这一理论强调了分工和专业化对提升效率的重要性，把管理从生产中分离出来，这是管理科学化、专业化的重要标志。

（5）强调了设备、工艺流程等可量化，但忽略了人不可被物化。随着社会的发展，罢工风潮和工人旷工、怠工层出不穷，人们开始探究泰勒思想的合理性及背后所蕴藏的原因。

### （二）应用

第一，护理工作中制定各种技术标准、操作标准，是泰勒理论标准化观点的具体应用。护士按工作内容执行不同的护理工作职责，则是泰勒制职能工长制在护理工作中的体现。

第二，结合泰勒理论中"挑选一流工人"，护理管理中开展护士的各类培训，可以增强护士的临床护理技能，提升护士的竞争力，是现代护理管理中的重要内容之一。

第三，护理工作中合理授权是泰勒理论中例外原则的应用。护理管理者进行授权，不但能减轻自身的工作负担，也能增强下级护理人员的责任心，激发工作的主动性和积极性。

第四，泰勒理论中实行差别计件工资制，实际是一种鼓励员工超额完成任务的工资激励制度。护理管理工作中可以采用这种激励制度，对于超额完成任务和表现较好的护理人员进行薪酬奖励。

## 二、法约尔的一般管理理论

亨利·法约尔（Henri Fayol，1841—1925），法国人。法约尔的管理理论着重于一般管理原理的探讨和高层管理效率的分析，从更广泛的角度研究可普遍适用于较高层次管理工作的原则。法约尔被称为"管理过程之父"，代表作有《工业管理和一般管理》。

### （一）理论

#### 1. 主要观点

（1）任何企业的经营都有6种基本活动，即管理活动、技术活动、商业活动、财务活动、会计活动及安全活动。

（2）管理活动处于6种基本活动的核心地位。管理活动有别于其他活动，由五大管理职能组成，即计划、组织、指导、协调和控制。

（3）成功的管理应遵循14项原则：合理分工，权力和责任的一致，严明的纪律，统一指挥，统一领导，个人利益服从集体利益，个人报酬公平合理，集权与分权相适应，明确的等级制度，良好的工作秩序，公平公正的领导方法，人员任用稳定，鼓励员工的创造精神，增强团体合作和协作精神。

（4）倡导管理教育。法约尔认为，管理能力并非天生而成，管理能力和技术能力一样，能通过教育方式获得，并且提倡终身教育。

#### 2. 主要贡献与不足

（1）提出一般管理的概念。法约尔从分析大企业经营活动入手，对管理的一般过程和原则进行了研究，第一次创造性地提出了管理活动、五大管理职能、管理理论等概念。

（2）提出管理的普遍性。法约尔把管理活动从经营活动中提炼出来，作为一个独立的职能进行研究，使得人们认识到管理活动的普遍性。

（3）一般管理理论重视管理理论研究而忽视管理方法研究，在严密地运用科学方法方面，比科学管理有所不足。

### （二）应用

第一，护理管理的日常工作涉及法约尔提出的五大管理职能。比如，计划是保障护理工作有效进行的基础；控制是对照既定目标和标准，对护理活动进行衡量、检查并及时纠偏，保证计划顺利进行。护理管理者需充分履行并协调这些职能。

第二，14项管理原则在护理管理工作中仍应用广泛。比如，在现代护理管理中，注重护理分工，权责一致；护理组织管理规范，奖惩措施，制度公平化；鼓励护士的创造精神，鼓励护士参与决策等，这些举措均是法约尔一般管理理论在护理管理中的体现。

第三，护理管理者接受培训和终身学习。根据法约尔的理论，护理管理者需要不断学习和终身学习，不断更新知识的宽度和深度，提升管理水平。

## 三、韦伯的行政组织理论

马克思·韦伯（Max Weber，1864—1920年），德国人。韦伯的行政组织理论从行政管理角度对组织体系进行深入研究，解决组织结构问题和管理制度问题。韦伯被称为"行政组织理论之父"，其代表作有《社会和经济组织的理论》。

### （一）理论

#### 1. 主要观点

（1）权力是组织形式的基础。权力可以消除组织的混乱，使得组织的运行得以有秩序地进行。对权力的服从是依法建立的一套等级制度，是对确认职务或职位的权力的服从，是保证组织健康发展的最好的权力形式。

（2）理想的三层行政组织体系。韦伯的理想行政组织结构可分为三层，其中最高领导层相当于组织的高级管理阶层，行政官员相当于中级管理阶层，一般工作人员相当于基层管理阶层。

（3）理想的行政组织管理制度。韦伯认为管理就意味着以知识和事实为依据来进行控制。理想的行政组织管理制度包括：①明确分工：组织成员的权力和责任都有明确的规定，并作为正式职责使之合法化。②合理等级体系：组织按职务的级别和权力等级进行安排，形成一个自上而下、等级严密的指挥系统。③规范任用：人员的任用完全根据职务要求，通过正式的考评和教育来实现。④管理职业化：管理人员有固定的薪金和明文规定的晋升制度。⑤公私有别：管理人员在组织中的职务活动应当与私人事务区别开，管理人员不能滥用职权。⑥遵守规则和纪律：组织中包括管理人员在内的所有成员必须严格遵守组织的规则和纪律，以确保统一性。

#### 2. 主要贡献与不足

（1）提供了一种高效，理性的管理体制。行政组织理论系统地分析了现代行政体系的组织结构、运作方式和管理原则，通过科学、法定的制度规范对组织进行管理。

（2）强调了法理型权威在现代社会管理中的重要性。法理型权威能够充分保持行政管理的持续性、稳定性和高效率，成为大规模组织管理不可或缺的基础。

（3）开启了研究组织理论的先河。在韦伯之前，组织管理还处于混沌状态，韦伯的行政组织理论直接影响了西方组织理论发展的方向和趋势。

（4）过分强调工具性的正式组织的功能，忽略了非正式组织的影响力。该理论过分崇尚法规规章和制度，而忽视其执行者的主动性和创造性。

### （二）应用

第一，护理组织管理体系实行层级制。例如，三级医院实行护理部主任—科护士长—护士长三级管理制度、病房实行护士长—副护士长—护理组长的管理制度，这样管理分工明确、管理责任清晰，有助于提高护理管理的效率。

第二，制定合理的护理管理制度。例如，护理组织内部明确护理人员各自的岗位和责任范围，职责与权力要对应。又如，护理组织中要制定相应的规章制度，对护理人员的任用、晋升要设定相应的标准和考评流程等。

## 第二节　行为科学理论阶段

行为科学理论是 20 世纪 30 年代开始形成的一门研究人类行为的新学科，通过对人的心理活动的研究，掌握人们行为的规律，从中寻找对待员工的新方法和提高劳动效率的途径，在相当程度上克服了古典管理理论只重视规章制度，漠视人的需求的弊端。行为科学理论的代表包括梅奥的人际关系理论、麦格雷戈的 X 理论 –Y 理论等。

## 一、梅奥的人际关系理论

乔治·埃尔顿·梅奥（George Elton Mayo，1880—1949），美国行为科学家，人际关系理论的创始人，美国艺术与科学院院士，进行了著名的霍桑实验，真正揭开了作为组织中的人的行为研究的序幕。其主要代表作有《组织中的人》和《管理和士气》。

### （一）理论

#### 1. 主要观点

（1）工人是"社会人"而不是"经济人"。梅奥认为，人们的行为并不单纯出自追求金钱的动机，还有社会方面和心理方面的需要，即追求人与人之间的友情、安全感、归属感等。提高生产效率，不能单纯从技术和物质条件着眼，需要从社会心理方面考虑合理的组织与管理。

（2）组织中存在非正式组织。梅奥认为非正式组织与正式组织有重大差别。在正式组织中，以效率逻辑为其行为规范；在非正式组织中，则以感情逻辑为其行为规范。如果管理人员只是根据效率逻辑来管理，而忽略工人的感情逻辑，必然会引起冲突，影响组织生产率的提高和目标的实现。

（3）领导要重视并提高职工的满意度。在决定劳动生产率的诸因素中，置于首位的因素是职工的满意度，而生产条件、工资报酬只是第二位的。职工的满意度越高，其士气就越高，从而产生效率就越高。

#### 2. 主要贡献与不足

（1）发现了霍桑效应。梅奥的人际关系理论为现代行为科学的发展奠定了基础，并对管理实践产生了深远的影响，可以说是管组织行为学的先驱。

（2）把管理研究的重点从工作上和从物的因素上转到人的因素上来，提出"社会人"的概念，对管理心理学的形成具有很大的促进作用，并为管理科学和管理工作指出了新方向。

（3）提出了非正式组织对组织文化的影响。梅奥对于非正式组织的阐述，从一个侧面反映了非正式组织对个人价值观和对组织文化的影响。

（4）过于否定经济报酬、工作条件、作业标准的影响，过于强调非正式组织和感情逻辑。该理论提出了重视人的行为，但并没有指出重视人的哪些行为，且未指出需要关注行为的规律和掌控的方法。

**拓展阅读** 霍桑实验

### （二）应用

第一，护理管理者应充分认识护士"社会人"的属性，积极采取措施调动护士的积极性和主动性。比如，除物质奖励外，信任、成就感、个人发展空间等都是必要的激励手段。

第二，注重护理组织文化建设。护理组织文化是护理群体共有的价值观体系，对群体成员有巨大的内聚作用。比如，能高度概括护士职业的护理理念、职业精神，能体现护理组织形象的环境布局、护理组织标志，认真执行"三查七对"的护理组织制度等，均属于护理组织文化的组成部分。

第三，护理管理者对非正式组织需正确引导，协调好正式组织与非正式组织各方面的利益和关系，发挥组织内的协同作用，确保组织目标更好地实现。

## 二、麦格雷戈的 X 理论－Y 理论

道格拉斯·麦格雷戈（Douglas M·Mc Gregor，1906—1964），美国著名行为科学家，是20

世纪 50 年代涌现出的人际关系学派的中心人物之一。1957 年，麦格雷戈在美国《管理评论》杂志上发表了《企业的人性方面》一文，提出了有名的"X 理论 –Y 理论"。

### （一）理论

#### 1. 主要观点

（1）X 理论对人性的假设：①大多数人是懒惰的，尽可能逃避工作。②大多数人没有雄心壮志，也不愿意负责任。③大多数人的个人目标与组织目标是相互矛盾的。④大多数人是缺乏理智的，不能克制自己，易受别人影响。⑤大多数人是为了满足基本的生理和安全需要，所以他们选择在经济上获利最大的事情去做，而且他们只能看到眼前利益，不能看到长远利益。⑥少数人能克制自己，这部分人应当负起管理的责任。

以 X 理论为指导的相应管理措施是：把金钱看作主要的激励手段。严格管理的制度和规章，对员工的工作加以指导，控制并纠正其不适应的行为，使之符合组织需要。运用领导的权威和严密的控制来保证组织目标的实现。

（2）Y 理论对人性的假设：①一般人并不是天性就不喜欢工作的，工作可能是一种满足，也可能是一种处罚，到底如何应看环境而定。②外来的控制和处罚，并不是促使人们为实现组织目标而努力的唯一方式，甚至可能是一种威胁和阻碍，并放慢了人成熟的脚步。人们愿意实行自我管理和自我控制来完成应当完成的目标。③人的自我实现的要求和组织要求的行为是没有矛盾的，只要提供适当的机会，就能将个人目标和组织目标统一起来。④一般人在适当条件下，不仅学会了接受职责，而且学会了谋求职责。⑤大多数人在解决组织困难问题时，能发挥较高的想象力、聪明才智和创造力。⑥在现代工业条件下，一般人的智慧潜能只得到了部分发挥。

以 Y 理论为指导的相应管理措施是：让员工进行自我控制，并对组织目标实现作出贡献。对员工的激励采取来自工作本身的内在激励，让员工承担更具有挑战性的工作，使其担负相应的责任。

#### 2. 主要贡献与不足

（1）阐述了人性假设与管理理论的内在联系，动态分析了人性假设的变化对管理理论的影响，揭示了人本管理的实质。

（2）提出了实现个人目标与组织目标一体化等思想，以及参与管理、丰富工作内容等方法，对现代管理理论的发展和管理水平的提高具有重要的借鉴意义。

（3）X 理论依赖于对人的外部控制、强制的监督和指挥，单纯的 X 理论激发不出人们工作的积极主动性。Y 理论要发挥和实现人的潜能智慧，就要创造合适的工作环境，成本会很高，普遍适用性不强。

### （二）应用

第一，通过对护士人性的判断与认识，护理管理者采取适当的管理方法与管理行为。比如，对于不能通过奖励的方法达到管理效果的，可通过监督和命令来管理；而对于愿意承担责任的护理人员，可通过激励、授权、参与管理等方式进行管理。

第二，在护理管理中重视人性动态变化性，将 X 理论 –Y 理论相互结合。例如，对于新入职的护士，更多的是强调规章制度，在管理上多进行监督控制，及时指出他们的不足之处并督促其改正；随着护士在工作中的成熟，管理方式可由监督控制为主变为授权参与管理与决策为主，从而提升护士在工作中的创造性、积极性和主人翁意识。

NOTE

# 第三节　现代管理理论阶段

现代管理理论阶段是继古典管理理论阶段、行为科学理论阶段之后，西方管理理论和思想发展的第三阶段。20世纪40年代，由于工业生产的机械化、自动化水平不断提高，以及电子计算机进入工业领域，要求管理改变孤立的、单因素的、片面的方式，形成全过程、全因素、全方位、全员式的系统化管理，新的管理理论、思想、方法不断涌现。

## 一、现代管理理论丛林的主要学派

由于管理成为一门科学的时间还很短，哈罗德·孔茨（Harold Koontz）将早期管理学理论的混乱比喻成一个丛林。在1960年，他发表了《管理理论的丛林》一书，把各种管理理论分为六个主要学派，并认为应该走出这个丛林，这就是管理理论丛林的提出。

### （一）管理过程学派

管理过程学派又称管理职能学派或经营管理学派，是继古典管理理论学派和行为科学理论学派之后影响最大、历史最久的一个学派。管理过程学派是在法约尔的一般管理理论基础上发展起来的，代表人物为美国的哈罗德·孔茨。

**1. 管理过程学派的主要观点**　①管理是一个过程，即让别人或同别人一起实现既定目标的过程。②管理是由一些基本步骤，如计划、组织、人事、领导、控制等所组成的。③把管理理论和管理者的职能和工作过程联系起来，从理论上加以概括，确定出一些管理的基本原理和原则。④由于过程是相同的，从而使实现这一过程的原理和原则具有普遍适用性。⑤管理人员如果遵循管理原理，则管理工作和技能可以逐渐得到改进。

**2. 管理过程学派的主要贡献**　①确定管理人员的管理职能，并将此作为理论的核心结构。该学派对后世影响很大，许多管理学原理教科书都是按照管理职能写的。②为培训管理人员提供了基础。把管理的任务和非管理的任务做出明显的区分，使管理者明确在管理工作中应该做什么、如何去做才能使得管理工作更加有效。

**3. 管理过程学派在护理管理中的应用**　护理管理的基本功能和活动分为计划、组织、人力资源管理、领导、控制等五大方面。护理管理者要充分理解每项职能的内涵，履行好各大管理职能。护理管理者可以从经验教训中总结出管理的规律，应用于管理实践，遇到问题时可根据出现问题的管理职能模块开展相应的管理研究。

### （二）管理科学学派

管理科学学派是将数学引入管理领域，运用科学的定量方法来研究和解决管理问题，使管理问题的研究由定性分析发展为定量分析的管理学派。该学派正式成立于1939年，由英国曼彻斯特大学教授布莱克特领导的运筹学小组创立。

**1. 管理科学学派的主要观点**　①组织是由"经济人"组成的一个追求经济利益的系统，同时又是由物质技术和决策网络组成的系统。②科学管理的目的就是将科学原理、方法和工具应用于管理的各种活动之中。③管理科学应用的科学方法是通过建立数学和统计模型，进行定量分析，为管理者提供决策方案。④管理科学借助计算机的强大运算和处理能力进行管理决策的辅助。

**2. 管理科学学派的主要贡献**　①将自然科学的方法和技术引入管理领域，通过科学的定量方法来研究和解决管理问题。②把决策置于系统研究的基础上，通过建立决策程序和数学模型增加了管理决策的科学性。③将信息化技术用于管理，提高了管理效率。

**3. 管理科学学派在护理管理中的应用** 通过运筹学建立护理质控数学模型，并与计算机技术结合，以提高护理质量管理的科学性；建立护理工作量计算的数学模型，为计划和调配护理人力提供科学依据；使用护理信息系统助力护理管理，如移动护理信息系统、重症监护信息系统、护理风险评估预警系统等在护理领域中应用广泛，提升了护理的工作效率。

### （三）决策理论学派

决策理论学派是在第二次世界大战之后发展起来的，以社会系统论为基础，吸收了行为科学和系统论的观点，是运用电子计算机技术和统筹学的方法而形成的一门新兴的管理学派，代表人物为美国的赫伯特·西蒙（Herbert A. Simon）。

**1. 决策理论学派的主要观点** ①管理就是决策，决策贯穿于整个管理过程。②决策分为程序化决策和非程序化决策，二者的解决方法一般不同。③决策一般基于"满意原则"而非"最优原则"。

**2. 决策理论学派的主要贡献** ①首次强调了管理行为执行前分析的必要性和重要性。西蒙把管理行为分为"决策制定过程"和"决策执行过程"，并把对管理的研究的重点集中在"决策制定过程"的分析中。②西蒙提出决策是管理的职能，决策贯穿于组织活动全部过程，进而提出了"管理的核心是决策"的命题。

**3. 决策理论学派在护理管理中的应用** 首先，决策活动贯穿于护理管理的各项职能之中。例如，在计划职能中，根据决策的步骤，选择适合医院护理发展的行动方案。其次，信息化的决策支持系统为护理管理者提供高效的决策服务。例如，如何科学考核护士工作绩效？如何评价科室及医院的护理质量？面对这些工作中产生的大量人、财、物等信息，借助信息化手段，提供强大的决策支持。

### （四）系统管理学派

系统管理学派是以系统观点考察组织结构及管理基本职能的一种管理学派，侧重于运用系统管理方法，解决组织的整体效率问题。该学派代表人物是美国的弗里蒙特·卡斯特（Fremont. E. Kast）、詹姆斯·罗森茨威克（Jame. E. Rosenzweig）。

**1. 系统管理学派的主要观点** ①组织是一个由许多子系统组成的整体。②系统的运行效果是通过各个子系统相互作用的效果决定的。组织这个系统中的任何子系统的变化都会影响其他子系统的变化。③系统既有自己的特性，又有与外界沟通的特性。

**2. 系统管理学派的主要贡献** ①使人们从整体的观点出发，探索了组织的各个子系统的地位和作用，以及它们之间的相互关系。通过对组织的研究来分析管理行为，体现了管理哲学的改变。②从系统的观点来考察和管理，有助于提高管理的整体效率。

**3. 系统管理学派在护理管理中的应用** 首先，护理管理者应建立整体观，对护理管理工作进行整体把握，在总体目标的指引下有效组织各项工作。其次，护理管理者要明确划分护理各个部门之间的权责，各部门之间分工协作，提高管理和服务效能。最后，护理管理者应及时反馈和调整护理管理系统中的不合理环节，使得管理手段、管理过程等构成一个连续封闭的有效反馈回路，不断提升护理管理质量。

### （五）社会系统学派

社会系统学派认为组织是一个复杂的社会系统，应从社会学的观点来分析和研究管理的问题。该学派代表人物是美国的切斯特·巴纳德（Chester I. Barnard），代表作是《经理的职能》。

**1. 社会系统学派的主要观点** ①组织是一个是由个人组成的协作系统，个人只有在一定的相互作用的社会关系下同他人协作，才能发挥作用。②组织必须具备三个要素：协作的意愿、共同的目标、成员间的信息沟通。③管理者应处于相互联系的中心，并致力于获得有效协作所必需的协调。

**2. 社会系统学派的主要贡献**　①在管理学中首次分析了组织的组成要素，建立了现代组织理论的基本框架，对组织理论的发展产生了深远的影响。②从行为的角度对组织下定义，强调了行为个体与组织之间的关系协调，解释了单纯以人际关系学说为理论指导而不能解释的管理问题。

**3. 社会系统学派在护理管理中的应用**　护理管理者在履行管理职能的过程中要协调处理好组织与成员的关系，促成组织成员付出必要的努力，达到组织目标和个人目标的完成。此外，护理管理者要做好协调工作，可采用各种报酬奖励的方式，也可以采用监督、控制、教育和训练的方法来鼓励组织中的护士为组织目标的实现作出贡献。

### （六）权变理论学派

权变理论学派是在经验主义学派基础上进一步发展起来的管理学派。该学派强调在管理中要根据组织所处的内外部条件随机应变，针对不同的具体条件寻求不同的最合适的管理模式、方案或方法。其代表人物是弗雷德·卢桑斯（Fred Luthans），代表作是《管理导论：一种权变学说》。

**1. 权变理论学派的主要观点**　①管理同环境之间存在着一定的函数关系，但不一定是因果关系。②组织是一个既受外界环境影响，又对外界环境施加影响的开放式系统。③管理方式要适应环境的变化。

**2. 权变理论学派的主要贡献**　①增强了管理理论指导管理实践的有效性，在管理理论与管理实践之间架起了桥梁，意味着管理理论向实用主义方向发展前进了一步。②强调了管理的动态性，即不同的具体条件应采用不同的管理方法。

**3. 权变理论学派在护理管理中的应用**　首先，护理管理者要根据内外环境的变化选择最佳的管理模式和管理方法，做到因地制宜、因时制宜、因人制宜。其次，护理管理者要注重创新，通过创新适应当今社会变化和发展。最后，护理管理工作中必须注重反馈。根据所掌握的信息，实行适时而有效的控制，以修正偏差，保证护理服务不断完善。

## 二、现代管理理论的新发展

进入 20 世纪 80 年代以后，随着社会、经济、文化的迅速发展，特别是信息技术的发展与知识经济的出现，世界形势发生了极为深刻的变化。面对信息化、全球化、经济一体化等新的形势，企业之间竞争加剧，联系增强，管理出现了深刻的变化与全新的格局。在这样的形势下，管理理论也出现了新的发展趋势。

### （一）学习型组织理论

学习型组织理论认为学习型组织是一种有机的、高度弹性的、扁平化的、符合人性的、能持续发展的、具有持续学习能力的组织。学习型组织的五项要素包括自我超越、改善心智模式、建立共同愿景、团体学习、系统思考（即五项修炼），该理论的代表人物是美国的彼得·圣吉（Peter M. Senge）。

在知识更新速度极快的今天，新的护理理念、知识、技术不断涌现。作为护理管理者，应加强学习型护理人才培养，树立其终生学习理念，不断提升护理人员的专业技能和素养。此外，护理管理者也要创造良好的组织学习环境，促进组织内知识的流动共享，提升护理团队的

整体学习氛围。

### （二）业务流程再造理论

业务流程再造理论是 20 世纪 90 年代开始在美国出现的关于企业经营管理方式的一种新的理论和方法。该理论强调企业为了能够适应新的世界竞争环境，必须摒弃已成惯例的运营模式和工作方法，以工作流程为中心，重新设计企业的经营、管理及运营方式。该理论的代表人物有美国的迈克·哈默（Mike Hammer）与詹姆斯·钱皮（Jame Champy）。

随着人们对护理服务需求的不断提高，为做到真正体现以病人中心，护理流程的改进和管理是护理管理者的重要任务之一。目前，护理管理中开展了不少流程改进和流程再造项目，如优化门诊病人就诊流程、优化护士取药流程、改进患者转运流程等，这些项目大大提升了病人对护理服务的满意度。

### （三）战略管理理论

战略管理理论分为四个阶段。20 世纪 60 年代初，美国著名管理学家艾尔弗雷德·钱德勒（Alfred Dupont Chandle）的《战略与结构：工业企业史的考证》一书出版，开企业战略问题研究之先河，提出了组织结构适应企业战略的论点。20 世纪 80 年代初，以哈佛大学商学院的迈克尔·波特（Mike Porter）为代表的竞争战略理论取得了战略管理理论的主流地位。他认为企业战略的核心是获取竞争优势，而影响竞争优势的因素有两个：一是企业所处产业的盈利能力，二是企业在产业中的相对竞争地位。20 世纪 90 年代，关于核心能力的研究热潮开始兴起，并且形成了战略理论中的"核心能力学派"。到 90 年代后期，战略联盟理论出现，将人们关注的焦点转向了企业间各种形式的联合。

随着当前社会环境的变迁和医疗卫生体制改革的推进，护理组织要更好地生存和发展，护理管理者需对护理的组织结构进行变革与调整。此外，护理管理者应具有战略发展的眼光，加强各种形式的联合及多学科合作，增强护理学科的创造力和吸引力。

### （四）企业文化理论

企业文化理论发源于日本，形成于美国。该理论认为杰出而成功的企业都有强有力的企业文化，即为全体员工共同遵守，但往往是自然约定俗成的而非书面的行为规范，并有各种各样用来宣传、强化这些价值观念的仪式和习俗。标志着企业文化诞生的著作有威廉·大内（William Ouchi）在美国出版的《Z 理论 – 美国企业如何迎接日本的挑战》，理查德·帕斯卡尔（Richard Tanner Pascale）和安东尼·阿索斯（Anthony G. Athos）所著的《日本企业管理艺术》。

医院护理组织系统的凝聚力、执行力都与护理组织文化的建设密切相关。护理管理者要从物质、行为、制度及精神层面加强组织的文化建设，将护理组织内部各种力量汇聚于共同的宗旨和哲理之下，齐心协力实现护理组织的目标。

## 第四节　管理的基本原理和原则

管理原理是管理现象的抽象，是对管理工作的实质内容进行科学分析后总结而形成的基本真理。学习和掌握管理的基本原理，对于做好管理工作有着重要的指导意义。管理原则是在管理原理框架下处理特定管理问题的准绳，它既有严格性，又有一定的灵活性。

### 一、系统原理

系统指相互作用、相互依赖的各要素结合而成的具有特定功能的有机整体。系统具有 4 个特征。①目的性：指系统在一定的环境下，必须具有达到最终状态的特性。每个系统都有明确的目的，它贯穿于系统发展的全过程，并集中体现了系统发展的总倾向和趋势。②整体性：系统的整体性又称系统性，通常理解为"整体大于部分之和"。系统的功能不等于要素功能的简单相加，而是往往要大于各个部分功能的总和。③层次性：任何较为复杂的系统都有一定的层次结构，其中低一级的要素是它所属的高一级系统的有机组成部分。④环境适应性：任何系统都存在于一定的环境之中，都要和环境有现实的联系。

### （一）主要内容

系统原理指人们在从事管理工作时，运用系统理论、观点和方法，对管理活动进行充分的系统分析，以达到管理的优化目标。利用系统原理分析管理活动时，应将组织作为人造开放性系统来进行管理，从组织整体的系统性出发，按照系统特征的要求，从整体上把握系统运行的规律，对管理各方面的前提做系统的分析，进行系统的优化，并按照组织活动的效果和社会环境的变化，及时调整和控制组织系统的运行，最终实现组织目标，这就是管理系统原理的基本含义。

### （二）对应原则

**1. 整分合原则** 指管理必须在整体规划下进行明确的分工，又在分工的基础上进行有效综合的原则。

**拓展阅读** 整分合原则文献

**2. 相对封闭原则** 指在任何一个管理系统内部，管理手段、管理过程等必须构成一个连续封闭的回路，才能形成有效的管理活动。管理有对内和对外的管理：对外，任何系统是开放的，以保证与相关系统的输入输出关系；对内，其内部要素的结构又必须是环环相扣、首尾相接的整体，以便形成闭合回路，保证内部多环节畅通，从而使功能作用得以充分发挥。

**拓展阅读** 相对封闭原则文献

### （三）系统原理在护理管理中的应用

**1. 护理各部门分工协作** 根据系统原理，护理系统由不同层次的护理部门分工合作形成，不同职位和部门之间权责分明、分级管理，保证护理组织管理系统的高效运行。

**2. 护理系统内部环节通畅，形成闭合回路** 例如，在医院护理质量管理中，护理质量管理委员会、护理质量管理部门专职人员、科室质量管理兼职人员，在护理部领导下开展工作，各级人员相对固定，各司其职，形成组织责任封闭。再比如，护理质量管理人员对护理质量实施全面监督监测，有相关监督监测的具体内容与方法，避免出现监督监测上的漏洞和开口，形成监测监督封闭。

## 二、人本原理

人具有思维和创造性，是保持组织有效运作的首要资源。充分发挥组织中人的主观能动性，提升组织的生产效率，是当代管理思想的重要组成部分。

**管理箴言**

### （一）主要内容

人本原理指组织的各项管理活动都应以调动和激发人的积极性、主动性和创造性为根本，追求人的全面发展。人本原理要求人们在管理活动中坚持一切以人为核心，充分肯定人在管理活动中的主体地位和作用。

**拓展阅读** 人本原理文献

**（二）对应原则**

1. **动力原则**　指通过管理中物质动力、精神动力、信息动力的运用，以科学的手段，激发人的内在潜力，使其充分发挥积极性、主动性和创造性。

2. **能级原则**　指根据人的能力大小，赋予相应的权力和责任，使组织中的每一个人都各司其职，以此来保持和发挥组织的整体效用。能级原则是实现资源优化配置的重要原则。

**拓展阅读**　能级原则文献

3. **行为原则**　人类的行为规律是需要决定动机、动机产生行为、行为指向目标、目标完成则需要得到满足，于是又产生新的需要、动机、行为，以实现新的目标。掌握了这一规律，管理者就应该对自己的下属行为进行行之有效的科学管理，最大限度地发掘员工的潜能。

**（三）人本原理在护理管理中的应用**

1. **护理管理中实行柔性管理**　护理管理者通过以情感和文化为基础，运用尊重、引导和启迪等方式进行管理，对降低护理人员职业疲劳、提升工作积极性、增强凝聚力和归属感均起到较好效果。

2. **护理管理中重视人岗匹配、人尽其才、才尽其用**　对护理人员的培养和任用应形成梯队，在一定程度上调动护士的工作积极性。

3. **护理管理中采用多种有效的激励方法**　护理管理者应注意发现护士的长处，对护士的付出及时肯定，采用各种方法调动护士的工作积极性。

## 三、动态原理

管理的要素包括人、财、物、时间和信息等，都处在一定的时间和空间之中，并随着时空的运动而发展和变化。动态原理要求管理者不断更新观念，避免僵化的、一成不变的思想和方法，不能凭主观臆断行事。

**（一）主要内容**

动态原理指管理者要明确管理的对象和目标都是在发展变化的，不能一成不变地看待它们，要根据内部和外部情况的变化，注意及时调节，保持充分的弹性，有效地实现动态管理。

**拓展阅读**　动态原理文献

**（二）对应原则**

1. **弹性原则**　指在实施管理活动中必须留有充分的余地，保有必要弹性，以保证在出现变化后仍能较好地适应环境，实现组织目标。

2. **反馈原则**　反馈指由控制系统把信息输送出去，又把作用结果返送回来，以便对信息的再输出产生影响。管理者充分运用有关实际管理系统运行信息的反馈，灵敏、正确、及时、有效地进行调整与控制，以保证管理目标的实现。

**拓展阅读**　反馈原则文献

**（三）动态原理在护理管理中的应用**

1. **护理管理中实施弹性管理**　设置护理应急队，平时在相应科室从事护理工作，遇到应急情况时能迅速集结，满足应急救援需求就是这一原理的具体应用。

2. **护理管理中进行权变管理**　护理部根据医院和社会的总体发展需求的变化，修订护理的工作计划，以适应社会环境的变化对护理的要求；护士长根据护士年资不同，采取不同的管理方式。这些均是权变管理思想的体现。

3. **护理管理中实施动态质量控制**　针刺伤后进行原因分析，提出改进措施；护理部组织夜查房制度，对发现问题及时提出建议和指导等。这些都是动态质量控制。

## 四、效益原理

效益指效果和收益，是某种活动所要产生的有益效果及其所达到的程度。在管理活动中，如果劳动成果大于劳动耗费，则具有正效益；如果劳动成果小于劳动耗费，则产出负效益。

### （一）主要内容

效益原理指组织的各项管理活动都要以实现有效性、追求高效益作为目标的一项管理原理，强调用最小的投入获得最大的产出。管理思想、管理制度、管理方法、管理环境和管理措施等因素都会对管理效益产生影响。

**拓展阅读** 效益原理文献

### （二）对应原则

1. **价值原则** 是效益的核心，管理工作的根本目的就是通过科学有效的管理来追求价值，实现经济价值和社会价值的最大化，充分发挥管理工作的职能。

2. **投入产出原则** 是效益的一个对比概念，通过以尽可能小的投入来取得尽可能大的产出，从而实现效益的最大化。

### （三）效益原理在护理管理中的应用

1. **实施护理成本效益分析** 通过掌握护理价值综合分析、护理成本核算、护理经济效益评价，确立成本指标和效益指标，以较低的护理成本为病人提供高质量护理。

2. **护理流程改进** 应用科学的方法改进护理工作流程，获得更经济有效的方法与程序，增进工作效率，降低成本。建立护理信息化系统，如电子病历、移动工作站的使用等，减少护理工作量，降低护理人力成本等。

3. **护理管理中实施有效时间管理** 护理管理者需要强化时间观念，对时间进行计划和分配，提高对时间的利用率，保证重要工作顺利完成，这是效益原理在护理管理中的又一体现。

---

**临床链接**

#### 管护士长的管理之道

你想成为一名优秀的护理管理者吗？你想了解临床护士长的成长经历吗？你想知道临床中是如何运用这些管理理论的吗？"不想当将军的士兵不是好士兵"，相信数字资源中的视频会给你很多启发。

请结合视频，做以下几方面的思考：

1. 如果你是管护士长，你将如何管理科室呢？

2. 管理在临床护理中的作用有哪些？

（方进博）

---

### 📶 数字资源详见新形态教材网

📌 编者导学    🎓 学习目标    🎬 教学课件    🎧 微视频    🎞 案例

📺 临床链接    💻 拓展阅读    📝 自测题    👥 榜样的力量    📊 管理箴言

NOTE

## 章前导学

在我们的日常生活中，计划是一件非常重要的事情。无论是个人还是企业，没有一个好的计划，做任何事都很难取得成功。计划不仅能够帮助我们更好地规划未来，还能够让我们更有目的地去实现目标。计划不仅能够帮助我们在个人生活中做好规划，也是管理中必不可少的一环。在护理管理中，计划能够帮助管理者更好地规划资源，提高工作效率和质量。

在本章中，我们将深入探讨计划的概念、方法和应用，以及计划在不同领域的实践案例。希望通过本章的学习，同学们可以更好地了解计划的重要性和价值，以及如何制订一个行之有效的计划，提高自己的规划和管理能力。

## 第一节 计 划 概 述

计划在行政职能中处于首要地位，直接关系到其他职能的作用和效果，管理者必须制订计划，以确定需要什么样的组织关系、什么样的人员配备，以及要按照什么样的方针、政策去领导员工，并且采取什么样的控制方法。

**微视频** 计划概述

### 一、计划的概念与作用

#### （一）计划的概念

"计"的本义为"计算、核算"，引申义为"策略、谋划"；"划"的本义为"用刀分割"，引申义为"划分界限、规划"。"计划"的定义是为实现目标，通过分析计算制定策略，并将目标系统性分解为可执行步骤的过程及方案。

计划（plan）是管理学术语。在管理学中，计划具有两重含义：一是计划工作，指根据对组织外部环境与内部条件的分析，提出在未来一定时期内要达到的组织目标及实现目标的方案和途径，如护理部制订全院护理工作年度计划的"计划制订"过程；二是计划形式，指用文字和指标等形式所表述的，在未来一定时期内，组织及组织内不同部门和不同成员关于行动方向、内容和方式安排的管理文件，如全院护理工作年度计划。

管理箴言

## （二）计划的作用

在管理实践中，计划是其他管理职能的前提和基础，并且还渗透到其他管理职能之中，是管理过程的中心环节。因此，计划在管理活动中具有特殊重要的地位和作用。

**1. 计划是组织生存与发展的纲领** 变革与发展既给人们带来了机遇，也给人们带来了风险。管理者在看准机遇和利用机遇的同时，又能最大限度地减少风险，减少工作中可能的失误，保证组织长期稳定发展。

**2. 计划是组织协调的前提** 护理组织及其内部的各个组成部分之间，分工越来越精细，过程越来越复杂，协调关系更趋严密。要把这些繁杂的有机体科学地组织起来，让各个环节和部门的活动都能在时间、空间和数量上相互衔接，既围绕整体目标，又各行其是，互相协调，就必须有一个严密的计划。

**3. 计划是指挥实施的准则** 计划的实质是确定目标及规定达到目标的途径和方法，是护理管理活动中护士一切行为的准则。围绕护理计划所设立的总目标细化分解目标任务，使每一位护士明确自身承担的任务、要求和努力的方向，可为实现护理总目标形成合力。

**4. 计划是控制活动的依据** 未经计划的活动是无法控制的，因为控制本身是通过纠正偏离计划的偏差，使管理活动保持与目标的要求一致。管理者可根据计划要求进行对照，发现问题和偏差，及时采取措施纠正，修订和调整原计划，以保持正确的方向。例如，护理质量检查就应该依据计划中制订的护理质量标准，评价计划落实的效果。

## 二、计划的类型

计划的种类很多，可以按不同的标准进行分类，主要分类标准有计划的重要性、时间界限、明确性和抽象性等。不同类型的计划不是相互独立的，而是密切联系的，如短期计划和长期计划、战略计划和作业计划等。

### （一）按计划规模分类

**1. 战略计划** 应用于整体组织的，为组织设立总体目标和寻求组织在环境中地位的计划，称为战略计划。一般由高层管理者制订，战略计划的重要任务是设立目标，趋向于包含持久的时间间隔，通常为5年甚至更长，覆盖较宽的领域和不规定具体的细节，如中国护理事业发展规划、医院人才队伍建设规划等。

**2. 战术计划** 是规定总体目标如何具体实现的计划，即假定目标已经存在，提供实现目标的方法。一般由中层管理者负责制订，通常按照组织的职能制订，涉及范围是指定的职能领域，时间跨度较短，如病区护理业务学习计划、专科护士培养计划等。

### （二）按计划时限分类

**1. 长期计划** 一般指5年以上的计划，描述了组织在较长时期的发展方向和方针，规定了组织各个部门在较长时期内从事某种活动应达到的目标和要求，绘制了组织长期发展的蓝图。一般由高层管理者制订，对组织具有一定的战略性、纲领性和指导性意义，如《全国护理事业发展规划（2021—2025年）》。

拓 展 阅 读 全国护理事业发展规划（2021—2025年）

**2. 中期计划** 一般介于长期和短期计划之间，具体规定了组织各个部门在未来各个较短时期阶段，特别是最近时段中，应该从事何种活动、从事该种活动应达到何种要求，为各组织成员行动提供了依据，如护士培训专项计划的时间为3年。

**3. 短期计划** 一般指 1 年或 1 年以内的计划，是具体工作部署、活动安排和应达到的要求，为各组织成员在近期内行动提供了依据，具有战术性特点，如科室年度个人计划。

### （三）按计划约束性分类

**1. 指令性计划** 由主管部门制订，以指令的形式下达给执行单位，要求严格按照计划的方法和步骤执行，具有强制性。指令性计划易于执行、考核及控制，但缺少灵活性，如护理部年度绩效考核计划。

**2. 指导性计划** 只规定某些一般的方针和行动原则，给予行动者较大的自由处置权，它指出重点但不把行动者限定在具体的目标上或特定的行动方案上，如《关于开展养老护理员在岗培训工作的指导意见》等。

### （四）由抽象到具体分类

哈罗德·孔茨（Harold Koontz）和海因·韦里克（Heinz Weihrick）从抽象到具体，把计划划分为目的或使命、目标、战略、政策、程序、规则、方案及预算。

**1. 目的或使命** 它指明一定的组织机构在社会上应发挥的作用、所处的地位，是社会赋予一个组织机构的基本职能，它决定组织间的区别。目的或使命使一个组织的活动具有意义，如中华护理学会的使命是"凝仁爱之心、聚守护之力、促人类健康"。

**2. 目标** 是围绕组织存在的使命所制定的，并为完成组织使命而努力，是在抽象和原则化的基础上，进一步具体化，必须具体、可测量和可评价。例如，医院规定本年度的护理质量目标是全院护士护理技术考核合格率达到 95%、患者健康教育落实率达到 100%。

**3. 战略** 为了达到组织总目标而采取的行动和利用资源的总计划，其目的是通过一系列的主要目标和政策去决定和传达一个组织期望自己成为什么样的组织，而不是确切地概述组织怎样去完成它的目标。例如，《全国护理事业发展规划（2021—2025 年）》把保障人民健康放在优先发展的战略位置。

**4. 政策** 是组织为了达到目标而制订的一种限制活动范围的计划，具体规定了组织成员行动的方向和界限。政策有助于事先决定问题处理方法，减少处理某些例行问题的时间成本，统一其他计划，如医院高层次护理人才引进政策、绩效考核政策等。

**5. 程序** 是根据时间顺序确定的一系列互相关联的活动，它与政策不同，它没有给行动者自由处理的权利，而是详细列出处理问题的例行办法、步骤，是执行政策的具体实施方法。例如，完成护理计划的过程，就是运用护理程序，详细规定护理工作中处理问题的方法和步骤。

**6. 规则** 详细、明确地阐明必须行动或无须行动，其本质是一种管理决策。规则通常是最简单形式的计划，是根据具体情况对是否采取某种特定行为所做出的规定。例如，医院病房内禁止吸烟、技术操作规则、护理常规等。

**7. 方案** 是一个综合的计划，它包括目标、政策、程序、规则、任务分配、要采取的步骤、要使用的资源及为完成既定行动方针所需要的其他因素。通常情况下，一个主要方案（规划）可能需要很多支持计划。例如，护理部制订的护士科研能力提升培养方案中应包含不同能力水平层次的护士的不同培养方案，包括培训目标、培训专家、培训方法、时间与地点安排、经费支持等。

**8. 预算** 是一份用数字表示预期结果的报表。预算通常是为计划服务的，使计划更加精准和科学，如护理部关于护士参加学术交流的预算。

### 三、计划的步骤及在护理管理中的应用

#### （一）计划的步骤

任何计划都要遵循一定的程序或步骤。虽然小型计划比较简单，大型计划相对复杂，但管理人员在编制计划时，其工作步骤是相似的，大致都包括以下内容。

**1. 认识机会**　认识机会先于实际的计划工作开始以前，严格来讲，它不是计划的一个组成部分，但却是计划工作的一个真正起点。因为它预测到了未来可能出现的变化，通过态势分析法，分析组织现存形势和资源、外部条件和内部条件、组织自身优势和劣势等，对做好计划工作十分关键。

**案例**　认识机会——草船借箭

**2. 确定计划目标**　在认识机会的基础上，为整个组织及其所属的下级单位确定目标。目标是期望达到的成果，它为组织整体、各部门和各成员指明了方向，描绘了组织未来的状况，并且作为标准可用来衡量实际的绩效。计划的主要任务，就是将组织目标进行层层分解，以便落实到各个部门、各个活动环节，形成组织的目标结构，包括目标的时间结构和空间结构。

**3. 确定前提条件**　计划工作的前提条件就是计划工作的假设条件，简言之，即计划实施时的预期环境。负责计划工作的人员对计划的前提条件了解得愈细愈透彻，并能始终如一地运用它，则计划工作也将做得越协调。

**4. 拟定备选方案**　综合多种因素集思广益，运用创造性思维从不同角度出发，寻求、拟定、选择可行的行动方案，要体现方案的合理性、适宜性和创新性。方案不是越多越好，对可供选择方案的数量应加以限制，以便集中主要精力在可行性方案论证上。

**5. 评价可供选择的方案**　根据前提条件和计划目标，权衡备选方案的优劣，对可供选择的方案进行评估。认真考察、论证、综合评价每一个方案，包括方案的可靠性、科学性、可行性、经费预算合理性、效益显著性等，可以应用运筹学中较为成熟的矩阵评价法、层次分析法、多目标评价法，进行评价和比较。

**6. 选定方案**　是最重要的抉择阶段。备选方案根据上述步骤的分析、比较及优先次序的排列后，必须结合组织、部门或成员的实际情况和可以完成的具体条件，确定出首先采取哪个方案，同时将其他方案也进行细化和完善，以作为后备方案。

**7. 制订派生计划**　方案选定后，还需要制订辅助计划来帮助总计划的落实。辅助计划是以总计划为核心编制的分计划，要清楚地确定和描述分计划，确保有效执行并达到预期总计划。例如，医院引进一项新技术，相应的辅助计划包括采购计划、设备安装计划、设备维修计划、人员培训计划等。

**8. 编制预算**　实质是对组织资源的分配计划，包括人员、经费、物、资源、时间等方面的内容。在确定计划后，最后一步就是把计划转变成预算的形式，使计划数字化。编制预算，一方面是为了计划的指标体系更加明确，另一方面是使组织更易于对计划执行进行控制，也成为衡量计划完成进度的重要标准。

#### （二）计划在护理管理中的应用

**1. 护理行政管理计划**　主要指促进护理组织高效有序运转的行政统筹规划，围绕组织理、物资管理、人力管理、经济管理等方面制订。例如，护理部制定本院护理发展规划，各病区护士长制订相应实施计划，护士落实具体方案，各层级护士各负其责、共同协作，以实现全

院的护理发展目标。

**2. 护理业务计划**　主要指针对护理服务目标制订的质量提升计划,围绕保障患者安全、提高护理专业能力、护理服务质量、职业防护意识等方面。例如,持续改善医疗护理服务计划、安宁疗护服务的专业人员培训计划、老年医疗护理提升计划、"互联网＋护理服务"计划、降低不良事件发生率计划、锐器伤防护培训计划等。

**3. 护理教育计划**　主要指针对护理人才培养目标制订的教育教学进度安排,围绕培养对象、培养目标、培养内容、培养时间、培养方式等要素。例如,年轻护士规范化培训计划、护士分层培养计划、专科护士培养计划、护士进修计划、护理管理人才培养计划等。

**4. 护理科研计划**　主要指为了提高护理科研水平而进行的人、财、物统筹管理规划,围绕护理科研目标、科研进度安排、科研经费分配、预期科研成果、支持保障措施等方面。例如,护理学学科建设规划、护理科研项目申报计划等。

# 第二节　目标管理

**微视频**　目标管理

## 一、目标管理的概念及内容

计划管理表现在管理方式上是目标管理。目标管理由美国著名管理学家彼得·德鲁克（Peter F. Drucker）提出,他认为,古典管理学派偏重以工作为中心,忽视人性的一面,行为科学又偏重以人为中心,忽视了同工作相结合。德鲁克提出的目标管理实现了工作和人的需要的统一,强调在工作中满足社会需求,同时又致力于组织目标的实现。

### （一）目标管理的概念

目标管理（management by objects, MBO）是以目标为导向,以人为中心,以成果为标准,而使组织和个人取得最佳业绩的现代管理方法。目标管理亦称"成果管理",俗称责任制。它既是一种思想,也是一种管理办法。与传统的管理模式不同,目标管理重视人的因素,把个人需求与组织目标结合起来,通过将组织的整体目标逐级分解,转换为各单位、各员工的分目标,实现了从"要我干"到"我要干"的过程。只有每个人员完成了自己的分目标,整个组织的总目标才有完成的希望。在目标管理制度下,监督的成分很少,而控制目标实现的能力却很强。

**案例**　目标管理——爱丽丝和猫的对话

### （二）目标管理的内容

**1. 目标的制定**　动员全体员工参与制定目标并保证目标实现,即由组织中的上级与下级一起商定组织的共同目标,并把其具体化展开至组织各个部门、各个层次、各个成员。

**2. 过程的管理**　与组织内每个单位、部门、层次和成员的责任和成果相互密切联系,在目标执行过程中要根据目标决定上下级责任范围,上级权限下放,下级实现自我管理。

**3. 成果的评定**　在成果评定过程中,严格以这些目标作为评价和奖励标准,实行自我评定和上级评定相结合。以此最终组织形成一个全方位的、全过程的、多层次的目标管理体系,提高上级领导能力,激发下级积极性,保证目标实现。

## 二、目标管理的实施及应用

### （一）目标管理的实施

#### 1. 项目管理的步骤

（1）目标的设置：是目标管理最重要的步骤，可以细分为以下四步。

第一步：高层管理预定目标。这是一个暂时的、可以改变的目标预案，既可以由上级提出，再同下级讨论；也可以由下级提出，上级批准。无论哪种方式，必须共同商量决定。领导必须根据组织的使命和长远战略，估计客观环境带来的机会和挑战，对该组织的优劣有清醒的认识。

第二步：重新审议组织结构和职责分工。目标管理要求每一个分目标都有确定的责任主体，因此预定目标之后，需要重新审查现有组织结构，根据新的目标分解要求进行调整，明确目标责任者和协调关系。

第三步：确立下级的目标。下级明确组织的规划和目标，然后商定下级的分目标。在讨论中，上级要尊重下级，平等待人，耐心倾听下级意见，帮助下级发展一致性和支持性目标。分目标要具体量化，便于考核；分清轻重缓急，以免顾此失彼；既要有挑战性，又要有实现可能。每个员工和部门的分目标要和其他的分目标协调一致，支持本部门和组织目标的实现。

第四步：上级和下级就实现各项目标所需的条件及实现目标后的奖惩事宜达成协议。分目标制定后，要授予下级相应的资源配置的权力，实现权责利的统一。由下级写成书面协议，编制目标记录卡片，整个组织汇总所有资料后，绘制出目标图。

（2）实现目标过程的管理：在目标管理的过程中，管理者必须随时跟踪达成目标的每一个过程，发现问题及时协调、及时处理、及时采取恰当的补救措施，确保目标达成方向正确、进展顺利。例如，科室设定的护理质量管理目标，需有细化的和数据化的日常查验与监控。

（3）总结和评估：任何一个目标的达成都必须有一套严格的考核评估方法。考核、评估、验收工作需选择执行力很强的人员进行，严格按照目标管理方案或项目管理目标，逐项进行考核并作出结论。护理管理往往注重过程管理，而对目标完成的结局重视不够，这也导致日常管理工作"忙"却成效欠佳，按照目标管理要求，定时对想要实现的目标给予测定评价，明确并及时修正努力方向，方可较好地达成目标。

#### 2. 目标管理实施的关键　组织要想取得目标管理的成功，必须充分把握实施过程中的关键点。

（1）选择最有效的管理风格：一般采用参与式管理，在参与式管理中，管理者要就对下属要达到的具体目标、实现目标的时限、下属享受的权限及可以支配的资源与下属达成一致意见，然后让下属独自管理他自己的目标，上级的控制要少，但必须有效。

（2）做到组织层次分明：在目标管理实践中，组织层次分明是目标体系具体明确的前提和基础，这就需要组织要明确指定每一个管理人员承担的具体目标，并且每一个管理人员承担的目标必须与授予的权限相一致。

（3）制定有挑战性的目标：管理者和下属要经过充分沟通，制定出具有挑战性的目标。目标的难度应当适中，要保证组织中绝大多数的部门和个人通过努力能实现目标。目标难度太高或者太低都不利于激发员工的潜力。

（4）进行及时的工作反馈：在目标管理中，管理者要及时对自己和员工的工作进行反馈，以便及时了解工作结果，进而进行必要的调整，并为下一阶段的目标及战略的制定和调整做好准备。

### （二）目标管理的应用

**1. 激发护士内在潜力** 目标管理重视人的因素，通过让护士参与、由上级和下属经过协商共同确定医院或者科室绩效目标，来激发护士的工作兴趣和价值，满足护士自我实现的需要。例如，护士在实现"加强护理质量控制和提高护理安全"的目标管理中，积极查阅文献资料、学习各种管理工具，不断挖掘自身潜力和提高个人能力。

**2. 促进组织目标的实现** 目标管理可以帮助护理管理者理清思路，有利于组织目标的顺利实现。目标管理通过专门的过程，使组织各级管理者及所有护士都明确组织的目标、组织的结构体系、组织的分工与合作及各自的任务。在目标制定的过程中，护理管理者通过明确权利和责任，将个人的需求和组织目标结合起来，这有利于目标实施过程中的相互配合和既定目标的顺利实现。例如，管道护理是普外科护士工作的重要内容，患者压疮的发生比较少见，在制定目标时充分与护士沟通，确定要侧重"降低非计划拔管"等管道护理相关的目标，而不是"压疮发生率为0"等无关或关系较小的目标，使目标与实际需求一致，提高护士的向心力。

**3. 改进护理管理方式** 有效实施目标管理能够改进护理管理方式。目标管理以目标制定为起点，以目标完成情况的评价为重点，以评价结果反馈为终点，其中工作结果是评价工作绩效的最主要依据。在实施目标管理的过程中，虽然监督的成分较少，但控制目标实现的能力却增强了。例如，在病区开展PDCA和"品管圈"等质量控制活动中，护理部改变由上级向下级发布命令的方式进行管理，而是赋予病区护士长和护士们更多的权利与空间，分工明确。

**4. 改善组织氛围** 目标的制定和执行需要上下级充分沟通，这样能够有效地改善人际关系，营造良好的组织氛围。例如，在制定"护士服务能力培训比例不低于95%"的目标时，通过充分协商，护理部和下级科、病区护士长能够相互了解对方的处境，拉近护理部与临床科室的距离，充分调动所有护士长和护士参与管理的积极性。

## 第三节 项目管理

### 一、项目管理的概念及内容

项目管理是第二次世界大战后期发展起来的重大新管理技术之一，最早起源于美国，后逐渐形成了两大项目管理的研究体系：一是以欧洲为首的体系——国际项目管理协会（IPMA）；二是以美国为首的体系——美国项目管理协会（PMI）。

### （一）项目管理的概念

项目管理（project management，PM）是美国最早的曼哈顿计划开始的名称，后由华罗庚教授在20世纪50年代引进中国（由于历史原因叫统筹法和优选法）。项目管理，也就是项目的管理者，在有限的资源约束下，运用系统的观点、方法和理论，对项目涉及的全部工作进行有效的管理，即从项目的投资决策开始到项目结束，对全过程进行计划、组织、指挥、协调、控制和评价，以实现项目的目标。

**案例** 项目管理——成功的道路

### （二）项目管理的内容

**1. 项目范围管理** 是为了实现项目的目标，对项目的工作内容进行控制的管理过程，包括范围的界定、范围的规划、范围的调整等。

2. **项目时间管理**　是为了确保项目最终按时完成的一系列管理过程，包括具体活动界定、活动排序、时间估计、进度安排及时间控制等各项工作。

3. **项目成本管理**　是为了保证完成项目的实际成本、费用不超过预算成本、费用的管理过程，包括资源的配置，成本与费用的预算及费用的控制等各项工作。

4. **项目质量管理**　是为了确保项目达到客户所规定的质量要求所实施的一系列管理过程，包括质量规划、质量控制和质量保证等。

5. **项目人力资源管理**　是为了保证所有项目关系人的能力和积极性都得到最有效地发挥和利用所做的一系列管理措施，包括组织的规划、团队的建设、人员的选聘和项目的班子建设等一系列工作。

6. **项目沟通管理**　是为了确保项目信息的合理收集和传输所需要实施的一系列措施，包括沟通规划、信息传输和进度报告等。

7. **项目风险管理**　涉及项目可能遇到各种不确定因素，包括风险识别、风险量化、制订对策和风险控制等。

8. **项目采购管理**　是为了从项目实施组织之外获得所需资源或服务所采取的一系列管理措施，包括采购计划、采购与征购、资源的选择及合同的管理等项目工作。

9. **项目集成管理**　指为确保项目各项工作能够有机地协调和配合所展开的综合性和全局性的项目管理工作和过程。它包括项目集成计划的制订和实施、项目变动的总体控制等。

10. **项目干系人管理**　指对项目干系人需要、希望和期望的识别，并通过沟通上的管理来满足其需要、解决其问题的过程。项目干系人管理将会赢得更多人的支持，从而确保项目取得成功。

## 二、项目管理的过程及应用

### （一）项目管理的过程

1. **项目的启动**　项目的提出来源于社会发展趋势、技术发展驱动、社会大众需求、工作中有待改进之处等。面对各种需求，需要辨明做什么项目可以满足需求，进行项目识别，由此提出项目，制定项目章程。例如，以临床工作中存在的问题作为项目主题，各科室自愿组建团队，每个团队设 1 名项目负责人，项目团队撰写申请书，护理部组织立项评审。

2. **项目的规划**　包括以下内容：制订项目管理计划，规划范围管理，收集需求，定义项目要提供什么，确定项目要做什么，规划进度管理，确定采取哪些活动，确定工作执行的先后顺序，估算行动所需时间，制定行动指南，规划成本管理，估算成本，制定预算，规划质量管理，规划需要什么资源、多少资源及如何获取资源，估算所需人、财、物，规划沟通管理，规划风险管理，识别风险，实施定性风险分析，实施定量风险分析，规划风险应对，规划采购管理，规划相关方参与。例如，以导管相关性感染中"提高中心静脉置管过程管理中最大无菌屏障执行率"项目为例，护理部将整个项目进行工作分解，指导各项目团队使用甘特图进行时间进度管理。

3. **项目的执行**　指导与管理项目工作；管理质量：查过程、保质量；获取资源：获取所需人、财、物；建设团队：营造氛围、提高绩效；管理团队：解决问题、优化绩效；管理沟通：保证双方的有效信息流动；实施风险应对：依照计划处置信息；实施采购：买卖谈判、签订合同；管理相关方参与：提升支持、降低抵制。

4. **监控过程**　全面监控项目偏差，包括控制项目变更，控制范围不能做多、做少、做错，控制进度的快慢，控制成本的俭奢，控制质量的好坏，控制资源的分配和使用，监督沟通的效果，监督老风险、识别新风险，控制采购，监督相关方参与。例如，护理部对当年项目进行总结，发现存在的问题，如项目负责人准入资质、项目时间分配、项目覆盖面及人员培训等。

### （二）项目管理的应用

**1. 确定项目管理内容** 项目实施前应做好充分的准备，确定项目管理的内容。例如，护理部决定在一个月内组织申报临床重点专科，在项目实施之前，需要成立以护理部主任牵头、护理部干事为负责人的项目小组，根据申报材料需要提交的内容确定资料收集的范围、申报材料准备的时间节点、参与申报筹备的相关人员，由护理部干事负责沟通协调全院各职能科室、各级护士，把控申报材料质量，护理部主任统筹管理，组织全体项目成员通力合作，确保项目申报成功。

**2. 设置项目管理机构和人员** 针对项目的规模、复杂程度、专业要求等因素，设置项目管理的专门机构及项目专职人员。例如，在"核酸采样护理应急项目组"中，对应急项目组进行层级设置，建立决策层、管理层、执行层为主体的三级管理架构。决策层由分管院领导组成，主要结合国家、省、市卫生健康委员会及医院总体要求进行统筹部署；管理层由护理部主任、副主任组成，负责结合医院护理工作实际情况进行具体安排与协调管理；执行层由总护士长、护士长、专业护士组成，主要任务是进驻社区、企业、机构，执行核酸采样任务。

**3. 明确目标和计划** 明确目标是完成项目管理的首要任务；对目标细化，做出周全的计划是项目成功的基础。例如，在"儿科病区基数药品管理项目"中，将减少基数药品品种、数量及提高管理合格率及清点工作效率作为项目目标，能有效提升病区基数药品管理质量，节约护士清点耗时，达到实时精准化管理。

**4. 打破传统管理思路** 在项目管理中应运用矩阵结构的组织形式，对项目进行综合管理。矩阵结构就是由纵横两套管理系统组成的矩形组织结构。部门职能系统为纵向组织，项目系统组成的是横向组织。在运行中，横向项目系统与纵向部门职能系统两者互动交叉，重叠起来，充分发挥矩阵组织的强大力量。因此，要打破传统管理思想中的条块分割、各行其是的局面，使项目在某一职能部门负责下，做好全方位沟通，部门间协调配合，共同解决问题，确保项目顺利完成。例如，医院感染管理科要建立院内感染监测系统，需要组成临床科室医生、护士和医院管理者共同参与的项目组织。医务科、护理部、感染管理科是医院的职能部门，医生和护士是临床科室人员，分别归属于医务科和护理部管理。因此，由感染管理科牵头，临床科室医生、护士组成的院内感染上报小组，完成院内感染控制。

**5. 加强项目监测评估** 定期监测项目实际进程，明确实际进程与计划进程的差距和变化，及时调整，是有效完成项目管理的关键。例如，当项目完成后，护理管理者应针对项目团队和完成情况进行反馈，对项目绩效进行评价，总结经验和不足，为今后的项目管理提供可借鉴的建议和意见。

# 第四节 时间管理

**微视频** 时间管理

## 一、时间管理的概念及作用

"一寸光阴一寸金"，时间对于每个人来说都是非常宝贵的。正如管理学大师彼得·德鲁克

NOTE

所说：如果不对时间进行管理，那么任何管理都没有必要了。

### （一）时间管理的概念

时间管理（time management）指在同样的时间消耗情况下，为提高时间的利用率和有效率而进行的一系列控制工作，包括对时间的计划和分配，以保证重要工作的顺利完成，并能够及时处理突发事件或紧急变化。

### （二）时间的作用

**1. 提高时间价值**　时间的价值是以一个人（或社会群体）在一定时间里取得的成果及对社会的贡献与作用来测量的。成功者与不成功者拥有相同的时间，但时间的价值却不尽相同。对于成功者来说，其取得的成果愈多，对社会贡献愈大，其时间价值也就愈大。人们期望通过时间管理，在有限的时间里创造更多的成果，更有效地提高时间价值。

**2. 有效利用时间**　时间往往并不能完全由个人来掌握或控制，可分为可控和不可控的两个部分，即被动时间和可支配时间。被动时间又称响应时间，是个人不可控的时间，是用于响应其他人提出的各种请求和要求，或处理各种意外事件的时间。可支配时间又称自由时间，指个人可以控制的时间。时间管理的重点就是如何利用好可支配时间。越是中下层的管理者，可支配时间在其工作时间中所占的比重越小。学会灵活运用时间管理方法，可对时间资源进行合理分配和使用。

**3. 提高工作质量和效率**　时间管理可以帮助明确工作的优先级，合理地分配时间和资源，避免拖延和杂乱无章，从而在有限的时间内完成更多的任务，同时保证任务的质量和标准。

**4. 培养自律性**　对于一项任务而言，如果总是抱着明日复明日的想法，那永远也无法成功。只有做好时间管理，养成自律的习惯，通过规划和遵循自己时间表，培养自己的自律性和责任感，去思考、创新和解决问题，从而提高自我管理能力、创造力和解决问题的能力。

**5. 提升生命价值**　探索如何提高时间的效率和克服时间浪费，一方面是由于发展生产力的客观需要，时间管理有利于提高生产力，促进未来发展；另一方面，时间管理的作用不只在节省多少时间，而是帮助人们寻求更好的策略及方法提高自身的能力，把握现在，追求生命的价值。

## 二、时间管理的过程及应用

### （一）时间管理的过程

**1. 明确目标**　是时间管理的第一步，需要建立一个清晰可行的目标。这个目标是具体的，并且可以根据你的能力和意愿进行设定。它应该是你可以衡量并达成的事项，比如在某个考试中取得一定分数或者在跑步锻炼时增加一定的距离。

**2. 制订计划**　有了明确的目标之后，下一步就是制订详细的学习或工作计划。这包括为每个目标设定截止日期，并根据任务的优先级和个人日程表来安排时间。计划还应包含合理的任务分解和时间限制，以便于更好地管理复杂任务。

**3. 优先排序**　在执行计划的过程中，需要根据任务的紧急性和重要性进行优先排序。可将任务分为不同的类别，如重要又紧急、重要但不紧急、紧急但不重要及不紧急也不重要，并专注于解决最重要的任务。

**4. 提高效率**　为了更有效地管理时间，还需要采取一些积极的策略，如减少不必要的干扰，集中精力在工作上，利用时间管理工具，如番茄钟技术，以及保证充足的休息和睡眠，以维持高效的工作状态。

### （二）时间管理的方法

#### 1. ABC 时间管理法

（1）分类及管理要点：ABC 时间管理法由美国管理学家莱金（Lakein）提出，他建议为了提高时间的利用率，每个人都需要确定今后 5 年、今后半年及现阶段要达到的目标。人们应该将各阶段目标分为 ABC 三个等级：A 级为最重要且必须完成的目标，B 级为较重要很想完成的目标，C 级为不太重要可以暂时搁置的目标（表 3-1）。

表 3-1　ABC 时间管理分类及管理要点

| 分类 | 特征 | 管理要点 |
| --- | --- | --- |
| A | 最迫切、紧急、重要；如果不处理，对完成组织目标影响大 | 重点管理：亲自、立刻、花时间去做好 |
| B | 应该做，迫切、较重要；如果不处理，对完成组织目标有一定的影响 | 一般管理：最好亲自去做，但也可以授权让下属去做 |
| C | 可做可不做，不紧急或不重要；如果不处理，对完成组织目标影响不大 | 不必管理：有时间时去做，没有时间时拒绝或延迟去做，或授权去做 |

（2）ABC 时间管理步骤

列出目标：每日工作前列出"日工作清单"，可以使用日历表、便笺纸等方式，做好规划和登记。

目标分类：对"日工作清单"分类，完成工作主要有两种方式：一是自己做，二是授权给别人做。

排列顺序：根据工作的重要性，分清楚优先顺序和紧急程度，从而确定 ABC 顺序。

分配时间：按 ABC 级别顺序定出工作日程表及时间分配情况，保证 A 类事项优先完成。判断 A 类事情有几个标准：一是给个人带来最大价值，二是不做就没有机会能做好，三是别人不能替代。

要事第一，重点事情重点做：集中精力完成 A 类工作，效果满意再转向 B 类工作。对于 C 类工作，在时间精力充沛的情况下，可自己完成，但应大胆减少 C 类工作，尽可能委派他人执行，以节省时间。也就是，A 类事项最重要，自己做；B 类事情重要，压缩去做；C 类事情授权别人做或者暂停做。

记录：每一事件消耗的时间要及时记录下来。

总结：工作结束时评价时间应用情况，以不断提高自己有效利用时间的技能。

#### 2. 四象限时间管理法

是美国管理学家科维提出的一个时间管理理论，把工作按照重要和紧急两个不同的程度进行了划分，基本上可以分为四个"象限"。第一象限是重要又紧急的事，第二象限是重要但不紧急的事，第三象限是紧急但不重要的事，第四象限属于不紧急也不重要的事。四象限法的关键在于区分第二象限和第三象限的事情。另外，也要注意划分好第一象限和第三象限的事情，它们都是紧急的事，区别在于前者是重要的，能带来价值、实现某种重要目标，而后者是不重要的（图 3-1）。

#### 3. 时间账本法

把你每天花在各种事情上的时间记录下来，然后分析哪些时间是有效的，哪些时间是无效的，哪些时间是可以节省或优化的。通过这样的记录和分析，可以清楚地了解自己的时间使用状况，找出时间浪费点和改进点，从而提高时间管理能力。

#### 4. 番茄时钟法

把一个大任务分解成若干个小任务，每个小任务用 25 分钟来完成，中间

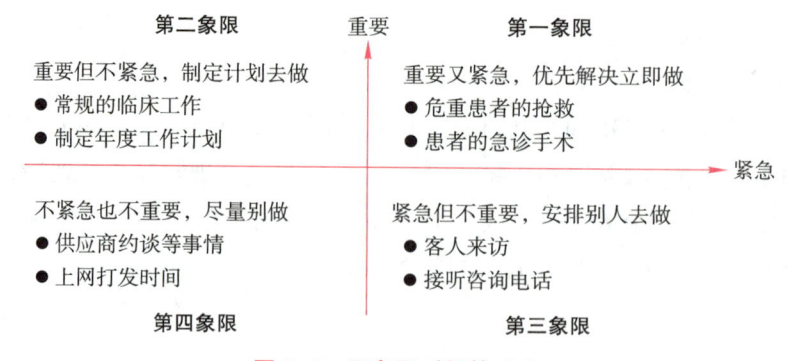

图 3-1 四象限时间管理法

休息 5 分钟。每完成四个小任务，就休息 15 分钟。这样可以让你保持专注和效率，避免拖延和分心。番茄时钟法可以帮助养成良好的工作习惯和节奏，提高工作质量和满意度。

### （三）时间管理的应用

时间管理在于简化工作方式，更快更好地完成工作。"善用时间"可以提高时间的利用效率。

**1. 制定计划** 每天早上或工作开始之前，制订一个详细的计划，列出当天要完成的任务和目标，这有助于组织时间和精力。

**2. 学会授权** 将任务根据重要性和紧急性进行排序，优先完成重要且紧急的任务，这样可以确保最重要的事情得到优先处理。护理管理者适当授权可以使管理者从日常事务中脱离出来，增加自由支配的工作时间，摆脱日常忙碌的事务，集中时间与精力专心处理重要问题。

**3. 集中注意力，避免拖延** 专注于当前任务，减少干扰和分心，如关闭手机通知、关掉社交媒体和电子邮件，创造一个专注的工作环境。尽量避免拖延任务，采取行动并立即开始，分解任务为小步骤，逐步推进。

**4. 保持时间利用的相对连续性和弹性** 古人云：一鼓作气，再而衰，三而竭。做一项工作或思考某一问题时，最好能够一气呵成，不要间断，因为被中断的注意力通常需要很长时间才能恢复。护理管理过程中容易出现突发事件，在计划时间时要留有余地，并需注意劳逸结合，有利于工作的持久性。

**5. 设定时间限制** 当人们意识到时间有限时，会有更大的动力去迅速而有效地完成任务。通过设定具体的时间段来完成特定的任务或活动，可以减少拖延行为，提高工作效率和质量，激发竞争意识，培养自律性，帮助养成良好的时间管理习惯，提升自我控制能力和工作纪律。

**6. 学会拒绝** 护理管理者必须明确，一个人不可能在一定的时间内完成所有的任务，达到所有人的期望，满足所有人的要求。因此，护理管理者在遇到以下几种情况时要巧妙果断地说"不"，以更好地完成工作目标：①不符合个人的专业或职务目标的事情；②不属于自己职责范围的事情；③非自己能力所及，且需花费业余时间的事情；④会影响自己正常职责范围内工作的事情。

**7. 学会休息和放松** 长时间的劳动和学习会导致身体和大脑的疲劳，而适当的放松和休息可以帮助恢复体力和精力，提高工作效率。每隔一段时间，要进行短暂休息，保证充足的睡眠时间；学习一些放松技巧，如深呼吸、冥想、温水浴、按摩等，这些技巧可以帮助我们在短时间内迅速放松身心。

榜 样 的 力 量

# 第五节 管理决策

微 视 频 管理决策

## 一、管理决策的概念及原则

决策是计划的前提，计划是决策是逻辑延续。决策为计划的任务安排提供了依据，计划为决策活动的选择提供组织保证。护理管理者要引导和组织下属实现一定的目标，必须掌握和提高决策水平。

### （一）管理决策的概念

管理决策（management decision making）指管理者在管理活动中，为了实现预期目标，选择合理方案的分析判断过程。广义的决策可以理解为决策者制订、选择、实施方案的整个过程，狭义的决策专指决策者对行动方案的最终选择。

### （二）管理决策的原则

1. **明确目标原则**　决策的第一步是清晰定义目标，确保决策的方向和目的得到明确。作为护理组织的各级领导者，一方面要根据所处的情境，做出符合实际的决策；另一方面要注意所做的决策不能与护理组织的目标、医院的目标、卫生工作的目标，以及国家、社会的有关政策相违背。

2. **信息准确原则**　信息的质量和数量对决策至关重要。决策者需要通过多种途径收集有用信息，并进行系统的归纳整理，以保证决策的准确性。只有掌握了大量真实的信息，并对其进行科学的归纳、整理、比较、选择，去粗取精、由表及里、由此及彼地加工制作，才可能做出正确的决策。没有资料、情报、数据做依据，难以做出科学的决策。由于信息对决策具有十分重要的意义，所以各级护理管理者务必要高度重视信息工作，力求各种数据、资料的全面性和真实性。

3. **比较优选原则**　在多个备选方案中，决策者需要进行系统的分析和综合，从中选择最满意的方案。科学的决策必须建立在对多种方案对比择优的基础之上。如果只有一种方案，就无法对比，也无从择优。对于较重要的决策，应事先准备两种以上的方案，以供管理者对比择优。从某种意义上说，决策就是管理者从多种方案中选择出最优方案的过程。

4. **可行性原则**　考虑方案的可行性，要充分评估决策方案完成所要求的主客观条件，预测决策结果及实施后的影响。把握和控制决策的风险要尽量收集全面的信息，对未来进行判断，抓住决策时机，敢冒风险又不蛮干。

5. **集体决策原则**　在决策过程中，要充分利用集体成员的智慧和力量，通过集体讨论和协商达成共识。集体决策原则有助于解决个体决策难以处理的复杂问题和困难，因为它允许从多个角度分析和解决问题，从而提高了决策的质量和效果。集体决策原则要求增强集体决策参与者的使命感和责任感，营造真正的而不是形式上的民主决策气氛，特别是要避免"一言堂"式的决策方式。

## 二、管理决策的程序及方法

### （一）管理决策的程序

管理决策的制定包括以下几个方面。

1. **识别决策问题** 一切决策都是从问题开始的。所谓问题，就是应有状况与实际状况之间的差距。决策是为了解决问题而做出的决定和采取的行动，管理者首先要界定存在的问题和需要解决的问题，识别问题就是对事物进行分析，找到问题所在。通过调查研究全面掌握一手资料，从而发掘出难题和发展机会，找出产生问题的主要原因和相关因素。

2. **确定决策目标** 目标是决策所要达到的预期结果和要求。需要决策的问题确认后，要分析和确定什么因素与决策相关，通过认识问题、分解问题、明确差距、分析变化和寻找原因，根据现存的和可能的条件、重要程度、优先顺序，确定决策目标。力求做到：①目标具体化、数量化；②各目标之间保持一致性；③分清主次，抓好主要目标；④明确决策目标的约束条件。

3. **拟订方案** 即提出 2 个或以上的方案供比较和选择。决策者充分收集相关信息，全面分析，从多角度审视问题，拟定出各种情况下的备选方案；分析每种方案的价值、优势、劣势、预期结果、可操作性、技术合理性、环境适应性、资源达成的可行性等，评判各方案可能出现的问题、不确定性、困难、风险；运用定量分析和定性分析的方法，综合权衡判断，对各种方案进行排序，提出取舍意见。

4. **选择最优方案** 即对拟定的多个备选方案进行分析评价，从中选出一个最满意的方案。决策者在确定获取足够的信息、认真判断和缜密的思考分析的基础上，选择以最低的代价、最短的时间、最优的效果实现既定目标的最佳方案。最合理的决策必须具备三个条件：第一，决策结果符合预定目标的要求；第二，决策方案实施所带来的效果大于所需付出的代价，即有合理的费用效果比或成本收益比；第三，妥善处理决策方案的正面效果与负面效果、收益性与风险性的关系。

5. **实施决策方案** 方案的执行是决策过程中至关重要的一步。执行过程中应做好以下工作：①制定相应的具体措施，保证方案的正确执行；②确保有关决策方案的各项内容都为所有的人充分接受和彻底了解；③运用目标管理方法把决策目标层层分解，落实到每一个执行单位和个人；④建立重要工作的报告制度，以便随时了解方案进展情况，及时调整行动。

6. **评价决策效果** 最后要对决策的方案进行评价，并随着执行过程中可能发生的组织内部条件和外部环境的变化，不断修订方案，以减少和消除目标的不确定性。既定目标发生偏离的，及时调整；目标无法实现的，要重新拟订方案并实施。

### （二）管理决策的影响因素

管理决策并非一件简单的事情，不同的决策往往取决于各种影响因素的共同作用。只有考虑到这些影响因素，决策才能真正落地并取得成果。

1. **决策者的个人因素** 个人的背景和经验起着至关重要的作用。每个人的成长环境和工作经验都不同，对问题的看法和处理方式也会不尽相同。因此，在进行管理决策的时候，必须考虑到决策者的背景和经验，充分了解决策者的决策思路和方法，才能更好地进行决策分析和评估。

2. **决策情境和目标** 会对管理决策产生重要影响。人处在不同的情境下，可能会有不同的看法和选择；不同的目标也可能会使决策结果有不同的方向和重心。因此，在进行管理决策之前，必须充分了解决策的背景和目标，并在此基础上制定出相应的决策方案。

3. **外部环境** 政策法规、经济政策、技术发展等外部环境，会对决策方向和重点产生深刻的影响。当外部环境发生变化时，管理决策的方向和重点也会发生变化。比如，在互联网＋时代，护理工作决策也需要做出相应的调整。因此，在制定决策方案时，需要充分考虑到外部

NOTE

环境因素的作用，制定出高效的应对方案。

4.**内部组织因素** 是影响管理决策的关键因素之一。医院内部的组织结构、文化氛围、管理方式等，都会对决策结果产生重要的影响。因此，在制定决策方案时，需要充分了解医院内部的组织文化和管理方式，并结合实际情况制定出相应的决策方案。

**案 例** 管理决策——老农赶集

### （三）管理决策的方法

管理决策关系到组织的生存和发展，因而在管理决策时应运用各种科学手段和技术，增强科学性，减少失误。护理管理者可选择应用的决策方法及技术包括头脑风暴法、德尔菲法、专家会议法、名义群体法、调查研究法、互动群体法、电子会议分析法等。

1.**头脑风暴法** 在群体决策中，由于群体成员心理上相互影响，易屈于权威或大多数人意见，形成所谓的"群体思维"。群体思维削弱了群体的批判精神和创造力，损害了决策的质量。为了保证群体决策的创造性，提高决策质量，管理上发展出一系列改善群体决策的方法，头脑风暴法是其中较为典型的一个。采用头脑风暴法组织群体决策时，要集中有关专家召开专题会议，主持者以明确的方式向所有参与者阐明问题，说明会议的规则，尽力创造融洽轻松的会议气氛。主持者一般不发表意见，以免影响会议的自由气氛，而是由专家们"自由"提出尽可能多的方案。

2.**德尔菲法** 采用匿名发表意见的方式，通过多轮次对专家进行问卷调查，获取专家对所提问题的看法，经过反复征询、归纳、修改，最后形成专家一致性的意见，作为预测的结果。具体实施步骤包括：①根据预测问题和涉及面的要求，遴选专家，确定人数。②以问卷的形式，向所有专家提供背景材料，提出征求意见的内容。③各个专家根据自己的判断独立给出意见。④将各位专家的判断意见进行归纳、修改，再发回各位专家，专家在此基础上再提出修改意见和方案。⑤根据专家意见的集中程度，重复多次收集意见和信息反馈，直至专家间的意见基本一致。德尔菲法是一种成本较低、效果较好的决策方法，采用背对背的方式，每位专家能够独立做出自己的判断，避免受到各种因素影响，结论具有一定的科学性、可靠性；但是，专家主观因素难以避免，也难以进行专家间思维启迪探讨。

3.**专家会议法** 也称专家座谈法，指由有较丰富知识和经验的人员组成专家小组进行座谈讨论，互相启发、集思广益，最终形成预测结果的方法。专家会议有助于专家们交换意见，通过互相启发，可以弥补个人意见的不足；通过内外信息的交流与反馈，产生"思维共振"，进而将产生的创造性思维活动集中于预测对象，在较短时间内得到富有成效的创造性成果，为决策提供预测依据。但是，专家会议也有不足之处，如有时心理因素影响较大；易屈服于权威或大多数人意见；易受劝说性意见的影响；不愿意轻易改变自己已经发表过的意见。

4.**名义群体法** 指在决策过程中对群体成员的讨论或人际沟通加以限制，但群体成员是独立思考的，使群体成员正式开会但不限制每个人的独立思考。具体步骤如下。

（1）成员集合成一个群体，但在进行任何讨论之前，每个成员独立地写下自己对问题的看法。

（2）经过一段沉默后，每个成员将自己的想法提交给群体，然后一个接一个地向大家说明自己的想法，直到每个人的想法都表达完并记录下来为止（通常记在一张活动挂图或黑板上）。在所有的想法都记录下来之前不进行讨论。

（3）群体开始讨论，以便把每个想法搞清楚，并做出评价。

（4）每一个群体成员独立地把各种想法排出次序，最后的决策是综合排序最高的想法。

**5. 调查研究法**　指人们有目的、有意识地认识事物和现象的做法。护理管理者要做好工作决策就要准确把握所面临的问题，进行深入调查研究，了解事实、意愿、要求及状况，为制订相应的举措提供依据。调查研究方法包括问卷法、观察法、访谈法、抽样调查法及文献调查法等。

**6. 互动群体法**　指通过会议的形式，参与的成员聚集在一起，面对面讨论所要解决的问题，相互启发，共同决策形成可行的方案。此种方法简单易行，成为常用的管理决策方法。

**7. 电子会议分析法**　是群体预测与计算机技术相结合的预测方法，有专家认为电子会议分析法比传统的面对面会议快55%，未来的群体决策很可能会广泛地采用电子会议分析法。在使用这种方法时，先将群体成员集中起来，每人面前有一个与中心计算机相连接的终端。群体成员将自己有关解决问题的方案输入计算机终端，然后再将它投影在大型屏幕上。

管理决策的方法多种多样，互动群体法有助于增强群体内部的凝聚力，头脑风暴法可以使群体的压力降到最低，德尔菲法能使人际冲突趋于最小，电子会议分析法可以较快地处理各种观点，护理管理者可以根据不同的决策环境和目标来选择合适的策略与方法。

**临床链接**

**忙碌不盲目，计划来带路**

"凡事预则立，不预则废"。计划是成功的关键，让我们一起来看看经验丰富的老护士长是如何制订工作计划的。结合老护士长的慕课讲解，请同学们一起来完成以下两个任务：

1. 你们即将进入临床实习，请制订一份自己的临床实习计划。
2. 作为护理专业学生，请思考未来如何规划自己的职业生涯。

（陈　玲）

---

🌐 **数字资源详见新形态教材网**

　📍编者导学　　🎓学习目标　　📺教学课件　　🎧微视频　　📊案例

　📖临床链接　　🖥拓展阅读　　📝自测题　　👥榜样的力量　　📚管理箴言

# 第 四 章
# 组　织

编者导学

学习目标

---

**章前导学**

　　组织是管理活动的根本职能，是其他一切管理活动的保证和依托，是落实管理目标、管理计划的手段和实施控制的工具。中华护理学会是与护理工作者相关的、最具代表性的组织之一；是中国共产党和中国政府联系护理科技工作者的桥梁和纽带；是凝聚中国500余万护士的全国性护理学会。自成立至今，中华护理学会走过了百余年漫长而不平坦的路程。在全国护士的努力下，中华护理学会为制定、统一、编译护士学校课程，组织全国护士会考，办理护士学校注册，颁发护士毕业证书等作出了突出贡献。中华护理学会加入国际护士会后，有力推动了中国护理学科的发展、护理科技人才的成长，以及医疗保健事业的进步。

---

## 第一节　组织概述

### 一、组织的概念和基本要素

#### （一）组织的概念

　　组织一词有名词和动词两种词性。名词性组织指由两个或两个以上的个体为了实现共同的目标，按程序和规则设计的社会团体，如学校、医院等。动词性组织指一种工作过程，对人、财、物、信息进行有效组合，为实现目标而进行一系列活动。组织包含以下几方面含义。

　　1. **组织是一个人为系统**　组织不是自然形成的，组织是由两个或两个以上的个体组成的集合体。它是一个开放的系统，各个部分相互作用、影响，并与其他组织发生联系。

　　2. **组织有明确的目标**　任何组织都是为目标而存在的，目标是组织的前提和基础。组织作为一个整体，要有共同的目标才能有统一的行动。

　　3. **组织是不同层次的分工与合作**　组织的目标是个体无法达到的，组织的高效率也是个体无法实现的。为了达到其目标和效率，组织就必须分工合作。

　　4. **组织有不同层次的权力和责任制度**　根据管理跨度原则划分不同管理层次，规定不同的机构或成员职位、职责和分工，赋予每个部门及每个人相应的权力和责任。

　　5. **组织不断发展和完善**　当组织的环境与目标变动时，组织也相应随之调整，才能发挥

NOTE

组织最大的作用。

### （二）组织的基本要素

1. **资源**　即组织内所需的人员、经费、设施等。

2. **精神**　组织内成员的职责、工作规范、服务精神、认同感及归属感等。

3. **目标**　组织是为实现组织目标而设立的，组织目标是组织机构、成员努力的方向。这种共同的目标既为组织运营和组织协调所必需，又被组织成员所理解、接受。

4. **时机**　指组织形成的时间和环境。组织为了实现目标，必须不断地与周围环境进行能量、物质和信息的交换，根据环境变化调整自身的运营机制。

## 二、组织的分类

### （一）正式组织

1. **正式组织的概念**　正式组织指依据一定的法规制度，为了有效地实现组织目标，而明确规定组织成员之间职责范围和相互关系的一种结构，其制度和规范对成员具有正式的约束力。例如，医院、学校都属于正式组织。

2. **正式组织的特点**　①有共同的、具体的组织目标；②有明确的信息沟通系统；③有协作的意愿，即成员在组织内积极协作，服从组织目标；④讲究效率，以最高效的方式达到目标；⑤分工专业，强调配合协作；⑥结构具有层级，并赋予成员相应的职位权力，且下级必须服从上级；⑦强调团队的整体功能和作用，而不强调个体的独特性；⑧组织成员的工作职位可以相互交换。

### （二）非正式组织

1. **非正式组织的概念**　非正式组织指人们在共同的工作和活动中，由于有相同的兴趣爱好，以感情逻辑为行为规范，形成的一种松散的、没有正式结构的群体。例如，同乡会、校友会等都属于非正式组织。

2. **非正式组织的特点**　①由组织成员根据共同的兴趣爱好自然或自发形成，一般没有具体的章程；②组织有较强的凝聚力，容易产生"抱团"现象；③组织内自然产生领袖人物，不一定有很高的地位与权力，但在组织中有较强的影响力；④形成不成文的奖惩办法，具有一定的行为规范控制成员的活动；⑤组织内部信息交流便捷，并经常带有感情色彩。

### （三）正式组织与非正式组织的关系

正式组织与非正式组织的组织目标和形成过程不同。正式组织把成本和效率作为主要标准，要求组织成员协调合作，以较低的成本、较高的效率共同朝着组织目标努力，根据成员在活动中的表现给予奖惩，以此引导他们的行为。而非正式组织有较高感情色彩，要求成员遵守不成文的规定，以欢迎、赞美作为奖励，以嘲笑、讥讽作为惩罚。

一般组织管理都是针对正式组织，注重组织结构、规范等。但非正式组织在管理工作中也扮演着不可或缺的角色，它是在正式组织中位于各种职位的组织成员在较长时间的接触合作过程中，逐渐形成的超出组织正式关系体系的、稳定的非正式关系模式。这种关系影响着个体及集体，在一个组织的工作效率中起到重要的作用。非正式组织的存在及其活动，既可对正式组织目标的实现起到积极促进作用，也可能产生消极的影响（表4-1）。

表 4-1 正式组织与非正式组织的关系

| 类别 | 正式组织 | 非正式组织 |
|---|---|---|
| 标准 | 以效率的逻辑为重要标准 | 以情感的逻辑为重要标准 |
| 组织章程 | 是具有一定结构、同一目标和特定功能的行为系统，组织目标是具体的<br>一般具有明确的组织结构或章程 | 是没有正式文件规定的、自发形成的一种开放式的社会组织<br>一般没有明确的组织结构或章程 |
| 权力 | 具有强制性服从的特点，并且还具有正统性、合法性和稳定性等特点 | 其领袖一般能力较强、经验较多或具有现实的影响力，而不一定具有较高的地位和权力 |

## 三、组织结构

### （一）组织结构的概念

组织结构（organizational structure）指构成组织各要素之间相对稳定的关系模式。它表现为组织各部分排列顺序、空间位置、聚集状态、联系方式及各要素之间相互关系的一种框架体系模式，以保证组织工作中的人流、物流和信息流的正常流通。组织能否顺利实现目标，在很大程度上取决于组织结构的完善程度。

### （二）组织结构的基本类型

组织结构是随着生产力和社会的发展而不断发展的，常见的组织结构类型有：直线型结构、职能型结构、直线－职能型结构、矩阵型结构和委员会型结构等。在现实中，大部分组织是多种类型的综合体。

1. **直线型结构（pure line structure）** 又称单线型结构，是以一个纵向的权力线从最高领导逐渐到最基层一线管理者，构成直线结构。其领导关系按垂直系统建立，不设专门的职能机构，结构简单而权力明显。

2. **职能型结构（functional structure）** 又称 U 型结构，是为分管某项业务的职能部门而设立并赋予相应职权的组织结构。以工作方法和技能作为部门划分的依据，各职能部门在分管业务范围内直接指挥下属。

3. **直线－职能型结构（line and functional structure）** 是一种下级成员除接受一位直接上级的命令外，又可以接受职能参谋人员指导的组织结构。直线上级在分管的职责范围内拥有直接指挥权；职能参谋人员可提供建议与业务指导，在特殊情况下可以代替上级行使权力，并对直线上级负责。

4. **矩阵型结构（matrix structure）** 是一种由组织目标管理与专业分工管理相结合的组织结构。该结构由两套管理系统组成，一套是纵向的职能领导系统，另一套是为完成某一任务而组成的横向项目系统。直线部门管理者有纵向指挥权，按职能分工的管理者有横向指挥权。

5. **委员会型结构（committee structure）** 是组织结构中的一种特殊形式，是一种执行某方面管理职能和以集体活动为主要特征的组织形式。当一个结构有许多重要的专业计划很难指派组织中的某个单位独立负责时，多以委员会的形式与上述的组织机构相结合，发挥合作、协调作用。各种管理问题由来自不同单位的专业人员和专家共同研究，以弥补正式组织中一些管理上的功能。例如，各种护理学科委员会就是这种结构。

**管理箴言**

## 四、组织设计

### （一）组织设计的概念

组织设计（organization design）是管理者将组织管理中涉及的战略任务、责任与职权、工作流程等相互之间的关系组合成结构，以实现组织目标的过程。

### （二）组织设计的原则

**1. 目标明确原则**　在进行组织设计时，首先要有明确的目标体系；其次，在这一目标体系的基础之上，建立组织结构的总体框架，包括组织内部管理层次的划分、部门结构的确立、员工职责权力及工作任务的确立等。

**2. 分工协作原则**　要做到分工合理、协作明确，护理管理者要合理划分组织内部各职能部门的工作范围，分工方面应适应组织内外部环境的变化，把每位护理人员都安排在合适的领域，分工时要注意粗细适当。

**3. 统一指挥原则**　在管理工作中实行统一领导，每个下属只接受和服从一个上级主管的指挥，建立严格的责任制，消除多头领导。例如，在护理组织上划分为护理部主任—科护士长—护士长—护士的管理等级结构，能有效避免多头指挥和无人负责的现象，提高管理效率。

**4. 层幅适当原则**　在组织设计中，层幅必须适当。上级的指令和命令必须通过组织层次逐层下达，下级的报告也要逐层上报。管理幅度过小、管理层次过多，将导致机构臃肿、人浮于事、信息不畅、官僚主义等负面效应；管理幅度过宽而管理层次过少，则可能使管理者疲于应付、同级间沟通困难。例如，一个护士长能有效管理 15 个护士，让她管理 25 个护士就会有力不从心的感觉。

**5. 责权一致原则**　职责是担任某一职位时应履行的责任。职权是行使职责的工具，职责是岗位任务的具象化，职位的职权和职责要对等一致。首先，要做到因事设岗、因职设岗，并明确规定每个职位、每个岗位成员的工作任务和相应的责任；其次，要对负有责任的组织成员授予明确的权力；第三，要使权力和责任相适应。例如，在护理管理工作中，护理管理者应保证组织结构的完善和组织工作的有效进行，确保每位护理人员的职权和职责要对等一致。

**6. 集权与分权相结合原则**　集权指把组织中的权力较多地集中在组织的较高管理层，分权指把组织中的权力适当分散到较低管理层。护理管理者必须正确处理好集权与分权的关系，这样才能保证护理工作的良好运行。集权有利于统一指挥，提高绩效；分权有利于调动各级人员的积极性。

**7. 稳定性与适应性相结合原则**　要保证组织的正常运行，就要在组织结构的稳定性与适应性之间维持平衡。组织结构如果一成不变，就不能适应环境的变化。相反，经常调整组织结构，又会影响组织的正常秩序。护理管理者必须在稳定与动态变化之间寻找一种平衡，既保证护理组织有一定的稳定性，又使其有一定的发展弹性和适应性。

### （三）组织设计的基本内容

组织设计是从组织职能出发，涉及部门和岗位之间的分工和合作，从而使得组织本身能够顺利运行。根据组织设计要达到的目的划分，组织设计包括工作设计、部门设计、层次设计、责权分配和整体协调 5 个方面。

**1. 工作设计**　通过编制职务说明书或岗位说明等，以文字或表格的形式来规定组织内各个成员的工作范围，具体说明其工作内容、职责和权限，尤其是与其他部门、其他职务的关系。在工作设计中，工作专业化逐渐成为主要趋势，即分工更精细，每个人承担的任务更明

确。这也给组织设计的专业人员一个提示：在考虑工作专业化时要适度，做到灵活调整，既能兼顾工作专业化的优势，又能巧妙地避免其不足之处。

**2. 部门设计** 是在确定各种工作岗位的基础上，对组织内各个工作岗位的特征及组织职能加以分类。据此所组成的专业化的亚单位称之为部门。根据组织职能相似、活动相似的特点，把各部门机构的任务和功能分解，设置相关的具体职务，将相应职务的人员聚集在一个部门内，按照职位要求和编制数配置合适的人员，从而构成组织的各个内部机构，以便进行有效的分工和管理。这个过程也称为组织的部门化。

**3. 层次设计** 在确定了岗位设计和部门划分的基础上，根据组织外部环境和内部条件的客观要求获取人力资源状况，确定从组织最高一级到最低一级管理组织之间应设置多少等级，每一个组织等级即为一个管理层次。当组织规模一定时，管理层次与管理幅度之间存在反比例关系。一般地，管理层次分为上、中、下三层，每个层次都应有明确的分工。

**4. 责权分配** 指组织根据其组织结构的设置和内部控制的要求等，明确各部门或岗位的工作内容、工作职责和工作权限的过程，将职责和职权分配到各个层次的部门和岗位中，使整个组织形成一个责任与权力有机统一的整体。责权分配的关键是通过规范组织中的授权程序，使管理层从日常琐事中摆脱出来，更多地从事战略规划等对全局具有战略意义的活动，从而促进组织目标的实现。正确处理集权与分权的关系，既保证部门有充分的权力，又尽可能避免权力被滥用或越权行事。

**5. 整体协调** 调整和平衡各部门、各职务的工作内容和数量，使层次设计和责权分配进一步合理化，并根据各部门工作的性质、内容和需要，设计调整组织结构及其横向、纵向的组织关系，使之联结成一个完整的组织结构网络，从而形成有效的组织内部协调机制。

### （四）组织设计的程序

**1. 确立组织目标** 组织设计的基本出发点是组织目标。因此，要通过收集与分析资料，进行设计前的评估，以确定组织目标。

**2. 确定业务内容** 由若干部门构成的组织，根据组织的工作内容和性质，以及工作之间的联系，将护理工作分配到部分群体或个人。

**3. 确定组织的基本框架及结构** 按组织设计要求，确定业务的范围和工作量，决定组织的规模、组织的部门设置及层次结构等，形成层次化的组织管理系统。

**4. 确定人员配备** 根据业务工作的职务、岗位及技能要求，选择配备恰当称职的管理人员和员工，并明确其职务与职称。例如，护理部主任、主任护师等，都知道自己在组织中所处的位置及具体负责的内容。

**5. 规定职责权限** 在组织目标的要求下，明确规定各层次、各部门及各具体职位的权限、责任。一般用职位说明或岗位职责等文件形式表达，并根据业务工作需要，给予相应单位及人员适当的权力。

**6. 联成一体** 对组织设计进行审查、评价及修改，并确定正式组织结构及组织运作程序，明确各单位、各部门之间的相互关系，将各组织全方位联结成一体。

## 第二节 医疗卫生组织

世界卫生组织是联合国下属的一个专门机构，是国际上最大的政府间卫生组织，其宗旨是使全世界人民获得尽可能高水平的健康。世界卫生组织以促进流行病和地方病的防治，提供和改进公共卫生、疾病医疗和有关事项的教学与训练，推动确定生物制品的国际标准为主要职能。

我国的卫生组织是以促进、恢复和维护人群健康为基本目的的机构或团体，是贯彻实施国家的医疗卫生政策，调动卫生专业人员制定和实施各种疾病的预防及控制政策，以及在一定程度上推动医疗制度改革和卫生服务体系建设的专业组织。

## 一、医疗卫生组织的分类和功能

### （一）国际卫生组织的分类与功能

1. **世界卫生组织**（World Health Organization，WHO）　是由 194 个会员国组成的国际组织。它有 6 个区域办公室，包括东南亚、非洲、欧洲、美洲、东地中海和西太平洋。世界卫生组织的最高管理机构是世界卫生大会，每年举行一次。其主要职能是保障全球的公共卫生安全和提高全球卫生水平，负责在全球范围内监测、预防和控制疾病的爆发。此外，它还致力于帮助各国改善卫生资源的质量和分配，以使整个世界的人们都能够享有基本的卫生保健服务。

2. **国际护士理事会**（International Council of Nurses，ICN）　是一个拥有超过 130 多个国家的护士协会联合会，代表了全球超过 1600 万名护士。该组织成立于 1899 年，是世界上第一个和最大的国际卫生专业人员组织。该组织主要促进各国护士学会的发展和壮大，提高护士地位，提高护理水平，并为各会员团体提供一个媒介，以表达其利益、需要及关心的问题，同时确保护理质量，聆听全球健康政策，促进护理知识的推广。

### （二）我国卫生组织的分类与功能

我国卫生部门组织的布局以行政建制为基础，不同层次的行政区域设置规模大小不一的卫生组织。每一层次的卫生组织都是按医疗、预防、保健、教育和科研等主要职能配置的。我国卫生组织系统可根据其性质和职能，主要分为卫生行政组织、卫生事业组织和群众性卫生组织三类。

1. **卫生行政组织**　是贯彻执行党和政府有关卫生事业方针、政策和各项规章制度，领导全国和地方卫生工作，按照实际情况，因地制宜地制定卫生事业发展规划，并督促、检查和实施的机构系统。

2. **卫生事业组织**　又称"卫生业务组织"，是开展业务工作并向社会提供卫生服务的各类专业机构，主要包括 6 种机构类型：①医疗预防机构；②卫生防疫机构；③妇幼保健机构；④有关药品、生物制品、卫生材料的生产、供销及管理检测机构；⑤医学教育机构；⑥医学研究机构。

3. **群众性卫生组织**　主要包括 3 种组织。

（1）由国家机关和人民团体的代表组成的团体，主要任务是协调有关方面的力量，推进卫生防病，如爱国卫生运动委员会和初级卫生保健委员会。

（2）由卫生专业人员组成的学术性团体，包括中华医学会、中华护理学会、中华预防医学会、中医学会、中华药学会等。这类卫生组织的主要任务是通过团结各级各类医务工作者，组织会员学习，开展各种学术活动，交流工作经验，提高医药卫生技术，促进学术水平的提升及各项卫生事业的发展。

（3）由广大群众卫生积极分子组成的基层群众卫生组织，主要任务是发动群众开展卫生工作、宣传卫生知识、组织自救互救活动等。

## 二、医院

医院（hospital）是对个人或特定人群进行防病治病的场所，备有一定数量的病床设施、专业的医疗设备和医务人员等，在医学科学理论和技术的帮助下，通过医务人员的协同配合，对住院或门诊患者实施诊治与护理的医疗事业机构。

### （一）医院的分类

根据不同划分标准，可将医院划分为不同类型（表4-2）。

按照收治患者范围不同，可分为综合医院和专科医院。

按照经营目的不同，可分为非营利性医院和营利性医院。

按照《医院分级管理标准》，根据医院的规模、医院的技术水平、医疗设备的配备、服务地域范围和隶属关系、技术力量、管理水平及服务质量等综合水平，可确定为三级（一、二、三级），每级再划分为甲、乙、丙三等，其中三级医院增设特等级别，因此医院共分三级十等。

表4-2 医院的分类

| 依据 | 类型 |
| --- | --- |
| 收治患者范围 | 综合医院、专科医院 |
| 经营目的 | 非营利性医院、营利性医院 |
| 分级 | 一级医院（甲、乙、丙等）、二级医院（甲、乙、丙等）、三级医院（甲、乙、丙等） |

### （二）医院的组织机构

不同级别的医院在机构的设置规模上有所不同。医院的组织机构可分为医院的行政管理组织机构和医院的业务组织机构两大类。根据医院各组织中的不同职能作用，医院的组织系统可分为党群组织系统、行政管理组织系统、临床业务组织系统、护理组织系统和医技组织系统。在大型医院的组织系统中，为进一步做好联系和协调各部门的工作，可增加专家委员会、院务会等以专家为主的某些组织管理系统。

### （三）医院的基本功能

1. **医疗** 为医院的主要功能和中心任务。诊治和护理作为医院医疗工作的两大业务主体，与医院的医技部门和其他辅助科室密切协作，形成医疗整体，为患者提供服务。

2. **教学** 除了承担医疗服务的任务外，医院还应承担一定的教学任务。医院的医学教育对象可划分为以下三类：①医学院校学生临床教育与毕业实习；②毕业后继续教育；③继续医学教育。医学教育任务的比重，由医院的类型和层次决定。

3. **科研** 医学上许多关于科学研究的课题，首先是在临床实践中提出，通过临床观察和实践，能够解决医疗问题中的部分疑难点，从而提高医疗质量，推动医疗教学和医疗技术的发展。

4. **预防和社区卫生保健服务** 各级医院要发挥预防保健功能，指导基层做好计划生育工作、门诊和住院体格检查、妇幼保健指导、卫生宣教、健康咨询和疾病普查工作。

## 三、护理组织系统

### （一）各级卫生行政组织中的护理管理机构

国家卫生健康委员会下设的医政司护理处，是我国护理工作的最高领导机构，也是卫生健康委员会主管护理工作的职能机构，负责为全国城乡医疗机构制定有关护理工作的政策法规、人员编制、规划、管理条例、工作制度、职责和技术质量标准等；配合教育人事部门对护理教育、人事等进行管理；并通过"卫生健康委员会护理中心"进行护理质量控制、技术指导、专业骨干培训和国际合作交流（表4-3）。

表 4-3 各级卫生行政组织中的护理管理机构

| 机构名称 | 机构级别 | 机构职能 |
| --- | --- | --- |
| 医政司护理处 | 国家级 | 我国护理行政管理的最高机构 |
| 各级地方卫生行政部门的护理管理机构 | 省部级及以下 | 一名领导分管护理工作，负责所辖范围内的护理管理机构和人员 |

### （二）医院护理管理组织系统

目前全国各地医院健全了护理管理指挥系统，贯彻实施"护理部垂直领导体制"的规定（图4-1）。卫生部（1986年）《关于加强护理工作领导，理顺管理体制的意见》中指出：300张病床以上的医院设护理部，实行院长（副院长）领导下的护理部主任—科护士长—病区护士长三级管理体制；300张病床以下的医院实行总护士长—病区护士长二级管理体制；100张病床以上或3个护理单元以上的大科，以及任务繁重的手术室、急诊科、门诊部设科护士长1名，在护理部主任领导和科主任业务指导下，全面负责本科的护理管理工作，有权在本科范围内调配护理人员。护理部主任或总护士长由院长聘任，副主任由主任提名，院长聘任。病房护理管理实行护士长负责制，病房护士长在科护士长领导下和病房主治医师配合做好病室管理工作。

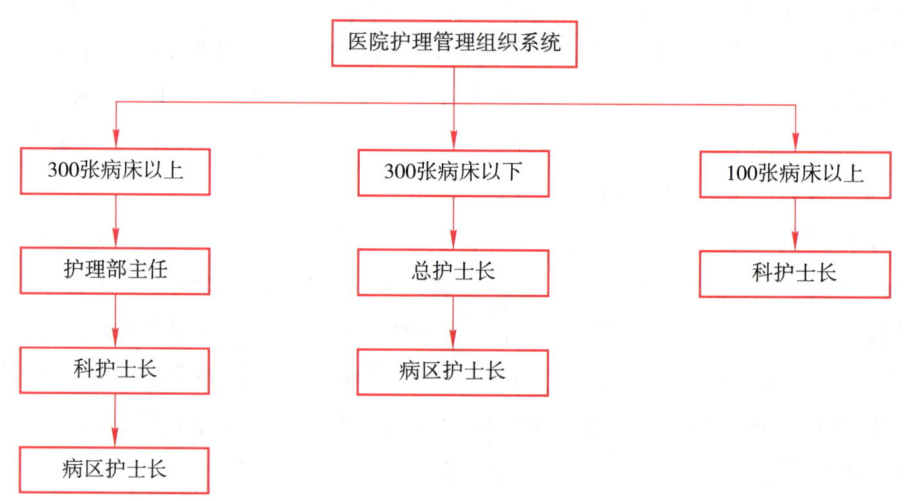

图 4-1 医院护理管理组织系统

### （三）医院护理管理组织的职能

随着医疗服务水平的提高，护理质量逐渐成为医疗服务非常重要的指标，而护理管理是医院提高医疗质量和实现医疗工作目标的关键之一。因此，护理部在护理质量管理方面的职能和作用至关重要。护理部发挥的作用主要体现在以下几个方面。

1. **医院管理** 全面负责医院护理行政管理、护理人力资源管理和护理质量管理，同时根据医院工作重点，制订全院护理工作计划，经主管院领导审批后组织实施。

2. **医疗护理** 护理部制定与医院工作效率和质量符合的护理工作制度和标准，建立健全各项疾病护理常规、护理技术操作规程、护理质量监控标准等，使护理服务及管理达到制度化、标准化、规范化、程序化、系统化，全面实施以患者为中心的整体护理。

**3. 人才培养及预防保健** 护理部负责落实医院护理队伍建设、教学与科研，并领导护理人员参与社区卫生服务工作，拓宽医院护理的工作领域。

## 四、护理团队建设

### （一）团队的概念

团队是由员工和管理层组成的一个共同体，有共同理想目标，愿意共同承担责任，共享荣辱。

### （二）团队与组织的关系

**1. 二者有共同性** 首先，团队和组织都是有组织、有纪律的一个单元；其次，二者都是由多人组成（至少3人）；最后，二者都有一个基本的共同目标或使命。

**2. 二者存在区别** 组织指一个社会实体，它具有明确的目标导向、精心设计的结构、有意识协调的活动系统，同时又同外部环境保持密切的联系。而团队是由基层和管理层人员组成的一个共同体，它合理利用每一个成员的知识和技能协同工作，解决问题，达到共同的目标。

### （三）团队的组成要素

团队的组成要素包括目标、人、定位、权限和计划，其中每个词的英文单词都是以P开头，总结为5P要素。

**1. 目标（purpose）** 团队应该有一个既定的目标，为团队成员起到导航的作用，没有目标这个团队就没有存在的价值。

**2. 人（people）** 是构成团队最核心的力量，3个及以上的人就可以构成团队。

**3. 定位（place）** 团队的定位包含两层意思：一是团队的整体定位，团队在企业中处于什么位置，由谁选择和决定团队的成员，团队最终应对谁负责；二是团队的个体定位，作为团队的成员在团队中起到什么作用，扮演什么角色。

**4. 权限（power）** 团队当中领导人的权力大小跟团队的发展息息相关。一般来说，团队越成熟，领导者所拥有的权力会越小。而在团队发展的初期阶段，领导权是相对比较集中的。

**5. 计划（plan）** 包括2层含义：①目标最终的实现，需要一系列具体的行动方案，可以把计划理解成目标的具体工作程序。②提前按计划进行可以保证团队目标的顺利实现。只有在计划的引领下团队才会一步一步地贴近目标，从而最终实现目标。

**榜 样 的 力 量**

### （四）团队的类型与发展阶段

**1. 团队的类型**

（1）多功能型团队：由同一等级、不同部门的员工组成，为完成一项特定的任务，常用于新产品开发中。

（2）问题解决型团队：核心任务是提高产品质量、生产效率等。在这样的团队中，成员就如何改变工作程序和工作方法相互交流，提出一些建议。

（3）自我管理式团队：指团队成员共同拥有坚定的目标，自行决定工作任务分配、控制工作节奏等，具有自我监督的能力，共同担负完成某项任务的全部责任。

（4）虚拟团队：指一群在不同地域的个人，通过信息技术进行合作的共同体。虚拟团队成员跨地区甚至跨组织地协同工作。

**2. 团队的发展阶段** 共有 5 个阶段。

（1）形成期：是团队的起始阶段。在此阶段，团队成员开始认识对方、了解目标，并与团队逐渐建立信任和联系。当团队成员开始感觉自己是群体的一员时，这一阶段就宣告结束。

（2）震荡期：团队经过形成期后，获得了信心，同时也形成了各种观念激烈竞争、碰撞的局面，出现人际冲突和分化。

（3）规范期：进入规范期，团队的规则、流程、价值观、行为、方法、工具均已建立，团队成员逐渐提升工作技能，掌握新技术。团队成员之间建立起互谅、互让、互助的关系，目光重新聚焦到工作上，关注目标和任务，有意识地解决问题，实现组织和谐。

（4）成熟期（表现期）：团队呈现开放、坦诚、及时沟通的状态，具备多种技能，能够协力解决各种问题，用规范化的管理制度和标准工作流程进行沟通、化解冲突、分配资源，团队成员愿意分享建设性的观点和信息，有一种完成任务的使命感和荣誉感。

（5）解散期（修整期）：任何团队都有其寿命，尤其是项目团队。当项目目标完成后，就进入修整期。团队解散是任何团队生命周期的自然组成部分。

**管理箴言**

**（五）高绩效护理团队的建设原则**

**1. 领导管理层推动与全员参与相结合原则** 领导者的目标必须与团队所有成员的美好愿景结合起来才有群众基础，否则，这种目标就会变得不切实际，难以实现。有效的领导者能使团队具有很强的凝聚力，使其共同为组织的目标努力，同时也能积极地为团队的发展提供创新思路，充分发挥团队的协同效应。

**2. 相对稳定与适度竞争相结合原则** 过分的安全感和稳定性对员工工作的积极性和创造性是一种束缚。员工如果没有压力，也就失去了动力，因此在团队内部适当引入竞争机制是必要的。

**3. 满足需要与引导需要相结合原则** 人总是期望在达到预期的成绩后能得到适当合理的奖励，能够按劳取酬，实现多劳多得。奖励使所有人在工作绩效的问题上有了一个最基本的共识：良好的工作绩效会赢得美好的生活。

**4. 制度化与人性化相结合原则** 单有先进的技术是远远不够的，制度化与人性化的结合在高绩效团队中是十分重要的。

# 第三节 组 织 文 化

组织是按照一定的目的和形式而建构起来的社会集合体。每个组织都有自身特殊的环境条件与历史传统，形成了各自独特的组织文化。组织文化代表组织成员的共同认知，是不同部门共同拥有一种文化的现象。组织文化能在很大程度上影响组织成员的行为，甚至超过正式的权责关系、管理制度等，发挥着重要作用。

## 一、组织文化的概念

### （一）组织文化

组织文化（organization culture）是组织在长期实践中逐渐形成，并被全体成员普遍认可和遵循的价值观念及行为准则的总和。

组织文化包括两方面内容：其一，组织文化是理念，是价值观，这种价值观需要被全体成

员共享，通过观念共享，让组织成员形成凝聚力；其二，这种价值观强烈影响组织成员的行为和组织目标。

### （二）护理组织文化

护理组织文化（organization culture in nursing）指在长期的护理活动过程中所形成的，并为全体护理人员共同遵守和奉行的思想意识、价值观念、职业道德与行为准则的总和。

护理组织文化所倡导的价值观一旦被全体护士所认同并内化为所有人的行动指南后，这种文化本身就成为一种团结和凝聚全体成员的强有力的中介力量。先进的护理组织文化对于整个护理队伍具有凝聚、导向、约束和辐射作用，让护士在潜移默化中受到影响，从内心深处自觉产生积极的工作动机，投入所从事的工作中。

**管 理 箴 言**

## 二、组织文化的层次

**拓 展 阅 读** 组织文化的荷花池隐喻

美国管理大师埃德加·沙因（Edgar H. Schein）认为，组织文化可以分为三个层次（图4-2），这些层次从肉眼可见的有具体实物形象的外显物，到只能感觉、存在于内心深处的属于潜意识的基本假设。

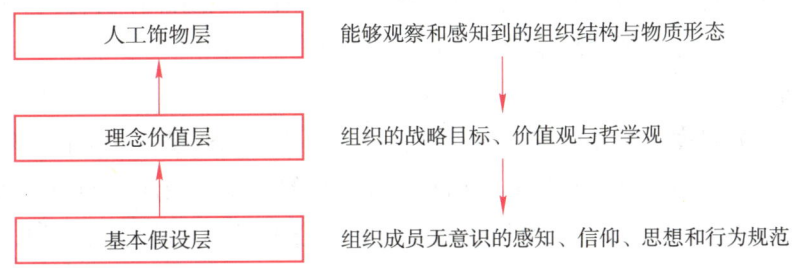

图 4-2　组织文化的层次

### （一）人工饰物层

人工饰物指能够观察和感知到的组织结构与物质形态。它属于组织文化的外在表现，最容易接触但却不易被理解。人工饰物是组织文化的可见符号，包括当一个人进入新团体面对不熟悉的文化时看到、听到和感受到的所有现象，体现在护理工作的环境布局、文化设施、护理设备及组织标志等。人工饰物层具体可指医院的建筑设计、院史馆、护理器材、护士标牌及护理组织名称等。

### （二）理念价值层

理念价值指组织的战略目标、价值观与哲学观。这些理念和价值观最初由组织创建者或领导者传播，最后逐渐为广大员工普遍接受并演变成具体的思想体系或组织哲学。理念价值只有被组织成员普遍接受和认可，才能转变为成员潜意识里的行为准则和精神力量，在他们无意识的状态下，指导其开展工作与处理问题。护理工作以满足人民群众多样化护理需求作为出发点和落脚点，推进护理服务模式创新，提升护理专业服务能力，进而制定出切实可行的规章制度，并规范护士的护理行为。这些既是保证护理工作正常运行、协调多方面关系的基础，也是护理组织宗旨、道德规范与科学管理的反映。

### （三）基本假设层

基本假设指组织成员无意识的感知、信仰、思想和行为规范。基本假设通常存在于人们的自然属性、人际关系和人类活动中，是组织价值观和持续发展的原动力，也是组织文化最深层与最核心的部分。在护理组织中，由护理管理者所倡导，全体护士共同认同的护理理念和职业精神，是护理组织文化的核心和灵魂。例如，通过倡导"救死扶伤、爱岗敬业、团结互助、创新求实、科学严谨"等职业精神，可起到规范护理人员行为、提高护理组织凝聚力的作用。

**拓 展 阅 读** 跨文化管理

## 三、组织文化的功能

### （一）导向功能

组织文化汇集组织的价值取向，对每一位成员都有强大的号召力，能够使组织内的成员自觉地把行为统一到组织目标上去，对组织行为方向起到显示和诱导的作用。护理组织文化的导向功能体现在对全体护士的价值观及行为层面所起的引导作用，在"润物细无声"中引导护士的思维模式与行为方式去主动适应护理工作的要求与社会公众的需求。

### （二）凝聚功能

组织文化通过组织共同的价值观念，整合个体之间及个体与组织之间的关系、行为和目标，进而增强组织的凝聚力。这种功能主要体现在两方面：一是目标的凝聚，即通过组织目标向成员和社会公众表明组织群体行为的意义，使其成为全体员工努力奋斗的方向，从而形成强大的向心力；二是价值的凝聚，即通过共同的价值观，让组织内部存在着共同的目的和利益，把员工牢牢联结起来，为实现理想聚合在一起。

### （三）激励功能

激励功能指最大限度地激发员工的积极性和创造性。组织通过优秀文化的塑造，让每个成员从内心自觉地产生高昂的情绪和进取的精神，使其始终处于积极向上的最佳状态。这种自我激励在员工心中持久发挥作用，避免传统激励方法的强制性与被动性。例如，在"优质护理服务示范工程"中，某医院通过为患者提供"放心、暖心、舒心"的护理服务，丰富医院的护理内涵，收获患者信赖及社会满意，实现了塑造医院护理品牌，增强了员工对医院的认同感。

### （四）约束功能

文化作为一种意识形态和控制机制，能够约束和塑造组织成员的意识和行为，进而营造和谐的工作环境。组织文化是一种软约束，是来自医院内部的习惯、传统及观念等因素。这种约束产生于组织的文化氛围、群体行为准则和道德规范中，通过倡导员工间的积极沟通与互帮互助，减少具有消极作用的"破坏行为"，从而维持组织的良好秩序。例如，提倡"仁爱、慎独"的护理文化，可以让护理人员严于律己，恪守职责，以促进患者健康恢复为己任，在工作中自觉关心、关爱患者。

### （五）辐射功能

组织文化一旦形成较为固定的模式后，不仅会在组织内部发挥作用，还会通过各种途径在社会产生影响。这种影响体现在两个方面：首先是良好的组织形象，可以给组织带来有形和无形的效益，使组织的知名度和信誉度得以大幅提高；其次是良好的员工形象，优秀的员工是组织的象征，员工在对外交往过程中所表现出来的各种思想和行为，都是向社会传播、扩散、辐射组织文化，间接地影响组织获得竞争优势的能力。例如，医院借助微信公众号，既可以报道最新的护理资讯及工作进展，也可以对优秀护理组织及护理人员进行宣传，起到发挥塑造护理组织良好形象、扩大医院美誉度的作用。

## 四、护理组织文化的创建过程

### （一）分析诊断

分析诊断阶段的主要目的是通过深入的调查研究，分析组织文化的现状及问题。可运用专项研讨、头脑风暴、问卷调查、实地调查、典型事件分析等方法，对已经形成的护理组织文化进行深入分析，了解护士对组织文化建设的认同程度、参与情况和改进建议等，初步明确护理组织文化的建设方向。

### （二）设计优化

设计优化阶段主要结合护理组织的战略发展目标，坚持继承和创新相结合的原则，设计或优化符合组织自身特点和发展需求的组织文化。根据发展目标形成护理工作发展规划、护理服务宗旨、护理理念、护理规章制度等具体方案，并将这些文化内容用视觉形象展现出来，如院徽、护理团队标识、护士职业形象等。

### （三）倡导实施

倡导实施阶段主要是通过各种途径倡导护理文化，如加强舆论宣传、树立优秀人物、强化培训教育、传播组织文化核心的价值观和职业精神，使护士潜移默化地接受新的价值观，达成共识，成为自觉自律的行为准则。

拓展阅读 怎样学习倡导组织文化

### （四）提升发展

提升发展阶段的目的是让组织文化建设能够与时俱进、持续优化，发挥不断提升组织效率、为组织发展提供精神动力的作用。护理组织应随时关注内外环境的变化，不断地充实、完善和发展组织文化。

榜样的力量

# 第四节 组织变革

组织生存在一个充满不确定性因素、时刻面临变化的环境中，要想获得长久发展，就必须进行组织变革。通过变革，才能提高组织适应内外环境变化的能力，让组织变得越来越好。只有变革，才是组织唯一不变的内容。这种变革，不仅是技术、体制等方面的变革，也包括组织成员的思想和心理上的变革。

## 一、组织变革的概念

### （一）组织变革的基本概念

组织变革（organizational change）指组织为了实现自身的目标，根据外部环境和内部因素的变化，主动对组织现状，即组织结构、内部层级、工作流程、沟通方式及组织文化等，进行修正、改变和创新的过程，以提高组织的生存效能。简言之，组织变革就是对原有组织结构和功能的调整、革新和再设计。组织变革伴随在组织成长的各个时期，当组织出现工作业绩下降、创新缺乏、组织指挥系统失灵或信息沟通不畅、员工士气低落等征兆时，管理者应及时进行组织变革。

### （二）组织变革的内容

**1. 结构变革** 组织的结构是由工作谁来做和如何做所定义的。管理者可以改变其中一个或两个结构变量来进行变革。例如，合并部门职责，减少组织层级，拓宽管理宽度，使组织扁平化，减少官僚机构特征。

**2. 技术变革** 无论是管理技术，还是医疗技术的更新迭代，都会在行业内引起震动，进而推动管理者进行组织变革。云计算、大数据、物联网及移动技术等互联网信息技术在医疗领域的应用，加快了智慧医院的建设步伐，包括智慧医疗、智慧管理、智慧服务等方面也促使患者就医方式及医疗服务模式发生相应的转变。

**3. 物理环境变革** 组织的物理环境，包括整体空间结构、内部规划设计、设备陈列布局等，均会影响组织运行效果。例如，医疗机构装修时充分考虑光线、温度、色彩搭配、场地清洁、设施摆放等因素，判断是否方便人员流动，能否符合物流通畅等要求，这些都属于组织的物理环境变革。

**4. 人员变革** 包括成员的价值观、态度、信念、期望、能力和行为的改变，组织成员应在这些方面达成一致，相互合作，否则需要进行变革。但由于惯性原因，这些改变不是在短期内可以完成的，应设立长期的变革计划。通过设置职业发展通道、调整岗位角色设定等，体现出人尽其才、才尽其能的人才发展战略，最终实现提高组织效率的目标。

**5. 组织文化变革** 文化变革应深入到每一个组织成员的行为规范中，需要提供持续的支持、明确的价值判断及与之相配套的制度体系。组织文化的核心作用是实现凝聚共识和凝聚人心，积极、主动、民主的组织文化氛围会给组织成员带来无形的激励与约束，并潜移默化地渗透在员工的行为之中。

## 二、组织变革的动因

### （一）外部环境因素

**1. 政治经济环境** 国家的政治经济环境决定着医疗组织的管理政策和管理方法，制约和限制着护理组织的活动。我国现行的与护理相关的政策法规、发展规划共同构成了护理组织的政治环境。国务院相继印发《"健康中国 2030"规划纲要》《关于实施健康中国行动的意见》等文件，对全面推进健康中国建设作出重要部署。医药卫生体制改革的深入推进、医疗卫生服务体系的不断完善、公立医院综合改革的全面推开，都将给护理工作带来新的挑战和机遇。加快构建与当前经济社会发展水平相适应、加强护士队伍建设、提高护理服务资源配置效率的管理体制，可推进护理服务模式创新，实现护理高质量发展。

**2. 社会文化环境** 护理事业需要紧密结合人口结构变化及疾病谱特点开展组织变革，以不断满足群众差异化的护理服务需求。在人口老龄化背景下，积极应对护理事业发展所面临的新任务，有效增加老年护理服务供给，扩大老年医疗护理人力资源，加快发展居家医疗护理服务和长期照护，为老年人提供居家护理、日间护理等服务。面对重大疫情和突发公共卫生事件，重点培养护理人员快速反应、高效处置的应急管理能力，满足社会卫生服务需求。

**3. 科学技术因素** 信息技术的快速发展为护理组织变革创造了新条件。云计算、大数据、物联网、区块链等新一代信息技术与卫生健康服务深度融合，推动了护理服务模式的创新。结合分级诊疗要求和群众实际需求，继续扩大"互联网＋护理服务"试点覆盖面，提高护理服务效率，为引领我国护理高质量发展提供了有力支撑。在信息化技术的支持下，"互联网＋护理服务"、延续护理、上门护理等将机构内护理服务延伸至社区和家庭，可为出院患者、生命终末期患者或行动不便、高龄体弱、失能失智老年人提供便捷、专业的医疗护理服务。

### （二）内部环境因素

**1. 组织发展目标** 组织目标会随着组织的发展作出相应的改变和调整。随着《"健康中国2030"规划纲要》《全国护理事业发展规划（2021—2025年）》等文件的出台，医疗护理工作的发展目标及服务内容也在调整，过程中会面临各种危机和管理问题，这就促使医院改进管理模式，调整组织结构，重新规划资源，有针对性地做出改革。

**2. 组织管理模式** 随着医疗卫生体制改革的深入推进，为推动优质医疗资源的下沉，各医院的建设方式及管理模式也在更新。新型管理模式下的组织结构趋向扁平化，委员会制的应用也更加广泛，但过程中存在管理幅度增宽、权力相对分散、中层管理者工作压力大等局限性。面对这些问题，如何提高管理效率、整合管理职能等，也是管理者实施组织变革的重要因素。

**3. 组织内部矛盾** 组织内部的矛盾与冲突也是组织变革的重要动力。例如，医院由于患者服务需求的多元、新生代员工的加入、人工智能技术的引进等因素，在其内部会相应出现各种矛盾增加、人际关系复杂等问题。这些问题会促使医院通过创新组织文化、调整内部结构及改进服务方式等途径，来达到缓解医患矛盾、理顺医疗关系、保障护理服务质量的管理目的。

## 三、组织变革的阻力与消除变革阻力的措施

### （一）组织变革的阻力

组织变革阻力的来源主要分为个体阻力源和组织阻力源两个方面。

**1. 个体阻力源** 来自基本的人类特征，如知觉、个性及需要等，具体表现为以下两个方面。

（1）利益方面：组织变革包括组织机构的撤并、管理层级的扁平化等，都会给组织成员造成压力。变革使员工与过去熟悉的工作环境脱离，转向更新知识结构、管理观念及工作方式的进程中。担心个人在组织的权力地位、相关经济利益受到影响等，这些都会使员工的安全感受到威胁，对组织变革产生抵制。

（2）心理方面：变革意味着原有的平衡系统被打破，要求成员调整已经习惯的工作方式。对未来不确定性的担忧、对失败风险的惧怕及对公平竞争环境的恐慌都可能造成人们心理上的倾斜，进而产生变革阻力。个人厌恶风险的保守心理、因循守旧的习惯心理等都会成为抵制变革的原因。

**2. 组织阻力源** 有两方面影响。

（1）组织结构变动的影响：组织结构变革会打破过去固有的管理层级和职能机构，并采取新的措施对责权利重新做出调整和安排，这就必然要触及一些团体及个人的利益和权力。如果变革与这些团体及个人的目标不一致，团体及个人就会采取抵制和不合作的态度，以维持原状。

（2）人际关系调整的影响：组织变革意味着组织固有关系结构的改变，组织成员之间的关系也随之调整。非正式团体的存在使得这种新旧关系调整需要一个较长的过程。在这种新的关系结构未被确立之前，组织成员很难磨合一致，一旦发生利益冲突就会对变革的目标和结果产生怀疑和动摇。

### （二）消除变革阻力的措施

**1. 教育和沟通** 通过交流和解释使员工正确理解变革的原因及变革策略的科学性，转变认识，消除异议，克服变革阻力。

**2. 参与和投入** 让员工直接参与变革的决策过程，鼓励员工帮助设计和执行变革，让参与其中的人产生归属感，热衷于变革的实施。

3. **促进和支持** 采取一系列帮助性和支持性的措施，从心理和技能上帮助那些受到变革影响的员工。例如，在实施技术变革时，给难以适应变化的员工提供技术培训。

4. **谈判和同意** 当阻力来自那些具有强大影响力的个人和部门时，可以通过协商进行，也可通过给予补偿换取他们的支持或是不反对的承诺。

5. **强制实施** 当面临时间紧急且变革发起人具有实权时，可以强制推行变革，直接对抵制者实施命令和施加压力。

## 四、组织变革的步骤

美国管理与心理学家库尔特·勒温（Kurt Lewin）认为，成功的组织变革需要遵循解冻、改变和固化三个步骤。

### （一）解冻

解冻（unfreeze）是变革前的心理准备阶段。这一阶段需要抛弃原有的观点和做法，为树立新的行为和观念做好准备，要在组织内部做好宣传，采取组织成员出去参观、请专家进来讲座等方式，进行积极的引导和鼓励，让员工接受必须改革的事实。

### （二）改变

改变（change）是变革过程中的行为转换阶段。通过前一个阶段的准备，组织成员已经对变革的方向和方法有了比较充分的认识，变革措施就此开始。组织把员工激发起来的改革热情转化为改革行为，适当运用一些策略和技巧减少人们的抵制情绪，增加思想认同和行为内化，加速变革的进程。

### （三）固化

固化（refreeze）是变革后的行为强化阶段。该阶段的工作主要体现在组织结构的确定、业务流程的稳定及管理制度的完善等方面。由于人们的传统习惯、价值观念、行为模式、心理特征是在长期的社会生活中逐渐形成的，并非通过一次变革就能彻底改变，而是需要通过连续多次的巩固和强化，使已经实现的变革稳定、持久，进而形成模式行为。

## 五、组织变革在护理管理中的应用

**拓 展 阅 读** 《进一步改善护理服务行动计划（2023—2025 年）》

### （一）提升护士服务能力

在持续增加护士总体数量的基础上，结合现阶段人口结构变化、疾病谱特点及群众医疗护理服务需求，建立以岗位需求为导向、以岗位胜任力为核心的护士培训制度。加强新入职护士培训，提高其独立、规范为患者提供健康服务的能力。开展护理管理人员岗位培训，适应现代医院管理要求。结合护理学科发展需要，有针对性地开展老年护理、儿科护理、重症监护、传染病护理、急诊急救、康复护理、中医护理等紧缺护理专业护士的培训。

### （二）创新护理服务模式

促进互联网信息技术与护理工作的深度融合，支持开展"互联网＋护理服务"、延续护理及上门护理等服务，拓展护理服务空间及内容。通过人工智能手段为慢性病、常见病患者提供个性化健康管理服务，逐步形成线上线下一体化护理服务模式。加强护理信息化建设，利用信息化手段，优化护理服务流程，提高护理工作效率。

### （三）调整护理组织结构

依据《全国护理事业发展规划（2021—2025 年）》相关要求，未来几年，将逐步增加妇儿、老年、康复、中医等领域的护理服务供给，发展社区和居家护理、安宁疗护等服务。因此，在稳步增加护士队伍数量的同时，应适时结合人们的健康需求，不断丰富和拓展护理服务内涵，提高护理服务可及性。在护理管理组织架构方面，医院在原有的三级管理基础上，可尝试引入委员会制等新型组织体系，增强组织的凝聚力和创造力。

### （四）改进护理管理机制

公立医院综合改革的全面实施，推动了医疗机构护理管理机制的建立与完善。逐步建立岗位管理制度，在护士岗位设置、收入分配、职称评定、管理使用等方面，对护士进行统筹管理。健全科学的护士评聘考核和绩效考核机制，引导护上立足护理岗位，深耕临床护理实践。通过多措并举、综合施策，充分调动护士的工作积极性。

---

**临床链接**

**组织如纽带相连，团队似众人划桨**

集众人之长，聚智慧之光。团队的力量是强大的，一段动漫带你走进管护士长的护理团队，看看她是如何组织团队积极开展和落实"五型"护理工作方案的。

请思考：

1. 管护士长是如何利用组织的分类及特点进行护理管理的？其意义是什么？

2. 如果你是"学习型"组长，将如何组织你的小组取得优异成绩？

3. 如果要组织一次社区义诊，你将如何策划？

（刘彦慧　孔繁莹）

---

🌐 **数字资源详见新形态教材网**

| | | | | |
|---|---|---|---|---|
| 🕯编者导学 | 🧭学习目标 | 📺教学课件 | 🎧微视频 | 📽案例 |
| 📊临床链接 | 🖥拓展阅读 | 📝自测题 | 👥榜样的力量 | 📊管理箴言 |

# 第 五 章

# 领 导

 编者导学

 学习目标

> **章前导学**
>
> 　　领导是管理的一项重要职能，是管理者使下属努力、高效完成组织目标的活动。在护理管理中，无论是基层、中层还是高层的领导，都扮演着至关重要的角色。他们各自的作用和职责不同，但共同的目标是提高护理质量和患者满意度。基层领导主要负责日常护理工作的组织和协调。中层领导在护理管理中起承上启下的作用，他们既要关注基层护理工作的具体实施，又要为高层领导提供决策依据。高层领导在护理管理中主要负责制定护理战略和目标，通过制定合理的政策和措施，推动护理团队不断提高服务水平。在护理管理中，各层领导各自发挥着不同的作用，共同推动护理工作的发展和进步。

　　领导是管理的一项重要职能，它在各种组织中都存在，并超越地理、文化或民族的差异。领导在组织中起到统一和协调的作用，将独立的个体组织起来，朝着共同的目标努力。

## 第一节　领 导 概 述

### 一、领导的相关概念

#### （一）领导

　　领导（leadership）指个人或集体通过影响下属实现组织目标的行为过程，其目的是使下属为实现组织目标而努力。领导的定义包含以下三个方面：一是领导要施加影响力，二是领导是一个过程，三是领导必须实现某种目标。领导行为的主体包括个人或集体，扮演着指导和管理的角色；领导的客体是被领导者，即下属或追随者。

#### （二）领导者

　　领导者（leader）是在正式的社会组织中被任命或选举来担任特定领导职务、履行特定领导职能、掌握一定权力、承担领导责任的个人和集体。领导者在组织中可通过以下三个途径发挥重要作用：一是领导者负责制定组织的目标和战略，并通过行使权力和职能来影响和指导下属的行为和决策；二是领导者在组织中代表着权威及拥有决策的权力，负责组织资源的分配、决策的制定及团队成员的激励和管理；三是领导者的行为和决策会对组织的方向和绩效产生重要影响。

### （三）被领导者

被领导者（follower）是相对于领导者而言的，指在一个组织中处于被领导地位的成员，具体包括组织中的下属、员工等。他们是在领导者的带领下，为实现组织目标而工作的成员。被领导者在领导活动中，接受和服从领导者的领导，在某些情况下，也可以通过自己的行为对领导者的决策和组织目标产生影响。

领导者和被领导者之间是一种权力和影响力的关系。领导者通常拥有某种形式的权力，使其能够指导、指挥或引导其他人。被领导者则是那些接受领导者影响、指导和指挥的人。在组织中，领导者和被领导者需要共同努力，建立良好的沟通和合作机制，以实现组织的目标。

## 二、领导与管理的区别和联系

领导与管理是两个紧密相关但又有所不同的概念。在组织中，领导和管理都具有至关重要的作用，它们在实现共同目标和推动组织发展方面发挥着不可或缺的作用。

### （一）领导与管理的区别

领导与管理在职能、管理方式等方面有显著区别（表5-1）。

表5-1　领导与管理的区别

| 区别 | 管理 | 领导 |
|---|---|---|
| 职能 | 规划、组织、领导和控制组织内的资源和活动，以实现既定的目标和任务 | 激发和引导团队成员，提供愿景和目标，以影响和激励员工实现共同的使命和目标 |
| 管理方式 | 组织和协调工作、制定策略和流程、分配资源和责任为主要方式，注重规划和执行 | 采用鼓舞人心、激励和影响他人的方式来引导团队，并注重建立良好的人际关系和团队合作 |
| 权力基础 | 来自其在组织结构中的职位和权威地位，以及对资源和决策的掌控 | 建立在个人的魅力、影响力和能力上，以及团队成员的信任和支持 |
| 时间对象 | 注重日常的运营和绩效，关注组织的日常管理和任务执行 | 注重长远的愿景和目标，关注组织的长期发展和战略规划 |
| 评价指标 | 基于其对资源的合理利用、工作流程的优化和绩效目标的实现等方面的能力 | 基于其对团队成员的影响力、团队绩效和实现组织目标的能力 |

### （二）领导与管理的联系

虽然领导与管理存在区别，但是它们之间也存在紧密的联系。

**1. 互补关系**　领导与管理是组织成功的关键要素。在现代组织中，领导者需要具备管理能力，通过激励和影响来实现组织目标。管理者需要具备领导能力，建立团队的凝聚力和信任，以提高员工的工作动力和创造力。

**2. 目标一致性**　领导与管理追求组织成功。领导者引领并激励团队实现目标，管理者通过资源规划和工作流程管理来支持目标实现。

**3. 互动和合作**　领导者和管理者紧密合作。领导者需要管理者的支持力和执行力，管理者需要领导者的指导和愿景。二者共同协调团队工作，确保组织的协同运作。

总而言之，领导与管理是组织中不可或缺的两个角色。领导关注愿景和方向，激励和影响他人；管理关注资源和目标的实现，规划和控制工作流程。尽管存在一些区别，领导和管理之间紧密联系，相互补充，共同推动组织的成功。

### 三、领导者的影响力

影响力指在人际交往中，能够影响和改变他人心理和行为的能力。领导者通过运用自身的权力来影响其他人的行为，使他们按照某种方式工作。领导者的影响力是多维度的，来源于多方面的因素。有效的领导者通常能够综合运用这些因素，以影响和激发团队成员，实现组织的共同目标。

#### （一）领导者影响力的来源

**1. 职位权力（positional authority）** 指由上级和组织授予的一种权力，它在法律、制度等方面得到保护和支持，属于"正式权力"。这种权力随职位的变动而变动，组织成员往往出于压力和习惯而不得不服从。职位权力包括法定权、奖赏权和惩罚权。

（1）法定权（legitimate authority）：指领导者在担任特定职位时所拥有的合法权力。这种权力源自法律、规章制度或组织内部的规定，赋予领导者特定的职责和权限。法定权包括决策权、人事权，如任免权、罢免权等。

（2）奖赏权（reward authority）：指领导者通过给予奖励和认可来激励和鼓励下属的权力。领导者根据组织的目标和绩效标准，可以对表现出色的员工给予奖励，包括物质或非物质性奖励，如增加薪酬、晋升职务、奖金、奖品、口头表扬等。

（3）惩罚权（punishment authority）：指领导者通过施加惩罚措施来对不符合要求或不良行为进行制裁的权力。当员工违反规章制度、不履行职责或表现不当时，领导者可以行使惩罚权来采取相应的纠正措施，包括批评、降薪、罢免等。

**2. 个人权力（private authority）** 指一个人在社交关系中拥有的独特能力和资源，使其能够影响和控制他人的行为、观点或决策。这种权力不是来自特定职位或角色，而是源自个人的特质、能力和社交关系。个人权力包括专家权力和参照权力。

（1）专家权力（expert authority）：领导者通过展示专业知识和技能来影响他人。他们可能在特定领域具有丰富的经验和专业能力，因此被认为是权威人士。这种权力是基于领导者的专业知识和技能，使他们在特定领域内具有影响力。

（2）参照权力（referent authority）：领导者通过成为榜样来影响他人。通过展示出良好的价值观、行为模式和领导风格，激励他人去追随和效仿。这种权力是基于领导者的行为和品德而使他们成为他人追随的对象。

#### （二）领导者影响力的种类

领导者影响力按性质可分为权力性影响力和非权力性影响力。

**1. 权力性影响力（authority power）** 指领导者利用其担任的职位所赋予的权力，通过强制、命令或控制的方式来影响下属的行为和决策的能力。权力性影响力的核心是拥有的权力，具有以下特征：对他人的影响带有强制性，以外推力的形式发挥作用；下属的心理与行为主要表现为被动服从；影响程度是有限的。权力性影响力由三个因素构成：职位因素、传统因素和资历因素。

（1）职位因素：领导者在管理中担任的职位和职责赋予了其特定的权力。领导者的职位越高、权力越大，下属对其敬畏感就越强，其影响力也越大。例如，护理部主任拥有制定护理政策和流程的权力，可以对科护士长下达工作指令和分配任务。这种权力基于职位的授权和组织的层级结构，通过职位因素对下属产生影响。

（2）传统因素：指领导者基于社会和文化传统所获得的影响力。例如，一些医疗机构中的护士长可能因为其多年的护理管理经验而获得一定的权威地位，下属可能更倾向于服从他们的指令和决策。这种影响力基于个人的资历和地位，被认为是一种传统赋予的权力。

（3）资历因素：指领导者基于其个人的经验、知识和技能所获得的影响力。例如，在护理管理中，一位具有丰富临床经验和专业知识的护士长可能会通过其在护理实践中的专业能力来影响下属的行为和决策，下属可能会更愿意接受并遵循这样一个具有专业能力和资历的领导者的指导。

**2. 非权力性影响力（no-authority power）** 指领导者基于其个人素质和行为所形成的一种自然而然的影响力，而非依赖于拥有特定职位或权力的能力。这种影响力建立在领导者的个人魅力、专业能力和行为示范的基础上，通过激发他人的认同感和动机来影响他人的行为和决策。非权力性影响力具有以下特征：对他人的影响不带有强制性，无约束力；这种影响力以内在感染的形式潜在地发挥作用；被影响者的心理和行为表现为主动随从和自觉服从。非权力性影响力由四个因素构成：品格因素、能力因素、知识因素和情绪智力。

（1）品格因素：主要包括品行、修养、道德和价值观。一个品格高尚的领导者能够树立良好的道德标准，展示出正直和诚信的行为。他们的品格会赢得下属的尊重和信任，影响下属的行为和决策。例如，一位护士长因公正和正直的品格而闻名。他始终遵循伦理准则，诚实透明地与团队沟通。他的品格因素使得团队成员愿意接受其指导，积极践行道德原则。

（2）能力因素：主要包括专业技术能力和领导才能。具备丰富临床经验和专业知识的领导者展现出卓越的技术实力，并为团队提供指导和支持，在处理问题和作出决策时展现出高效的领导力。例如，一位经验丰富的护士长凭借深厚的专业知识和临床实践，能够精准评估复杂的临床情况，并提供合理的护理决策。她的能力因素使团队成员愿意接受其指导，并信任她在护理决策上的专业判断。

（3）知识因素：具备深厚的专业知识，从而对他人产生影响。领导者掌握的知识越多，越能激发下属学习和专业发展的内驱力。例如，一位护士长持续关注护理领域的最新研究和发展趋势，通过分享最新的护理知识和实践指南，帮助团队成员保持专业知识的更新，并鼓励他们在实践中运用最新的证据，极大提升了护理管理的工作效能。

（4）情绪智力：指个体认识、理解、管理和表达自己的情绪，以及理解和管理他人情绪的能力，对个体的社交和情感发展具有重要作用。领导者通过情绪智力的运用来影响下属。例如，一位护士长关心和支持团队成员的个人和职业发展，她与团队成员建立了亲密的工作关系，倾听他们的需求并提供情感上的支持，她的情绪智力使得团队成员受到关怀和尊重，愿意为团队付出更多努力。

## 四、护理管理者领导效能

领导效能指领导者在实施领导过程中的行为能力、工作状态和工作结果，即实现目标的领导能力和所获得的领导效率与领导效益的系统综合。在护理管理实践中，衡量领导效能的重要指标是实现目标的程度。具体包含以下内容。

**1. 领导能力** 护理管理者需要具备一系列的领导能力，包括但不限于沟通能力、决策能力、问题解决能力、团队建设能力、变革管理能力等。他们应有效地与团队成员和其他利益相关者进行沟通，做出明智的决策，解决问题，并激发团队成员的潜力。

**2. 领导效率** 护理管理者需要在一定时间内高效地完成领导任务。这包括有效地分配和管理资源，制定合理的工作计划和时间表，以及提高工作效率。护理管理者应能够在有限的时间内完成重要的任务，确保工作的顺利进行。

**3. 领导效益**　护理管理中涉及多方面的领导效益。首先是经济效益，即通过有效的护理管理实践，实现成本控制和资源优化，提高护理服务的效率和质量。其次是政治效益，包括与其他部门和利益相关者的合作和协调，以实现整体护理管理目标。此外，文化效益、人才效益和社会效益也是衡量领导效益的重要指标。护理管理者应该在管理过程中考虑到这些方面，并确保护理工作对组织和社会产生积极的影响。

领导效能的提升需要领导者不断地反思和改进自己的领导行为和方法。领导者应能够通过有效的管理和领导实践，促进护理团队的协作和工作效能，提高护理的质量和安全性，达到组织设定的护理管理目标。

## 五、领导力与护理管理

### （一）领导力的概念

领导力指一个人在组织、团队或社会中通过影响、激励和引导他人，共同实现目标的能力。领导力是一种关于影响和激励他人的艺术和科学，涉及领导者与他人的互动和影响过程。

领导力不仅局限于担任正式的领导职位，如管理者或高层领导者，还可以在各个层级和各个角色中展现。领导力可以在工作场所、学校、社区、政府等各种环境中发挥作用。

### （二）领导力的构成

关于领导力构成的研究中，主要包括约翰·麦克斯韦尔（John Maxwell）提出的领导力五力模型、查普曼（Chapman）和奥尼尔（O'nell）提出的领导力六力模型。本章讲述约翰·麦克斯韦尔的领导力五力模型（Five Forces of Leadership），主要用于描述领导力的关键要素。该模型强调领导者应具备领导力的五个重要能力，具体如下。

**1. 视野力（vision）**　领导者应该有一个清晰的愿景和目标，能够激发团队成员的激情和承诺。领导者应该能够将愿景传达给团队，并帮助他们理解愿景的重要性和意义。

**2. 信任力（trust）**　信任是领导力的基石。领导者需要赢得团队成员的信任和尊重。他们应该展现出诚实、正直和可靠的品质，并与团队成员建立良好的人际关系。

**3. 影响力（influence）**　领导者应该具备良好的影响力，能够激发和影响团队成员的行为和态度。他们应该能够有效地沟通和传达信息，以及与他人建立有效的合作关系。

**4. 指导力（equipping）**　领导者应该具备指导和培养团队成员的能力。他们应该能够识别和发展团队成员的潜力，并提供必要的培训和资源，以帮助他们实现个人和团队的目标。

**5. 结果力（result）**　领导者应该关注结果和成果。他们应该制定明确的目标和计划，并能够激励团队成员积极努力地工作，以实现这些目标。领导者应该具备解决问题和应对挑战的能力，以确保取得可衡量的成果。

### （三）护理管理者领导力的提升策略

**1. 确定和传达明确的护理团队愿景和目标**　以激发团队成员的参与和承诺。与团队成员进行定期沟通，分享组织和部门的发展方向，并与他们讨论如何实现这个共同的愿景。鼓励团队成员提出新的想法和创新，以推动护理实践的改进和发展。

**2. 建立坦诚和透明的沟通渠道**　与团队成员建立良好的工作关系和相互尊重。按照承诺和承担责任的原则行事，并展现出可靠和诚实的品质。鼓励团队成员参与决策过程，尊重他们的意见和贡献，以增强信任感。

**3. 建立良好的沟通技巧**　包括积极倾听、清晰表达和有效传达信息。与团队成员建立良

好的人际关系，建立信任和共享价值观的基础。通过榜样行为和积极的工作态度来激发团队成员的动力和参与度。

**4. 识别团队成员的潜力和发展需求** 并提供适当的培训和发展机会，以帮助他们提升技能和知识。提供支持和反馈，帮助团队成员实现个人和职业目标。鼓励学习和持续专业发展，以保持团队成员的工作激情和职业满足感。

**5. 设定明确的目标和绩效指标** 并与团队成员共同制定实现这些目标的计划和策略。提供必要的资源和支持，以确保团队成员能够顺利完成任务并实现预期的结果。鼓励团队成员在工作中追求卓越，认可和奖励他们的成就和贡献。

这些策略可以帮助护理管理者提升领导力，并有效地引导护理团队提供高质量的护理服务。然而，每个管理者的情况和环境都不同，应根据实际情况选择适合自己的策略和方法。

# 第二节 领 导 理 论

西方现代领导理论的发展主要经历了三个阶段。第一阶段发生在 20 世纪初至 20 世纪 40 年代，被称为领导特质理论阶段；第二阶段发生在 20 世纪 50 年代至 60 年代末，被称为领导行为理论阶段；第三阶段始于 20 世纪 60 年代末，被称为领导权变理论阶段。近年来，领导理论的发展也出现许多新进展。

## 一、领导特质理论

领导特质理论主要研究有效领导者应具有的个人特质。这一理论的出发点是领导效率的高低主要取决于领导者的特质，那些成功的领导者也一定有某些共同点。该理论主要关注领导者应具备的个人特质，以确定有效的领导者。他们致力于寻找与领导成功相关的普遍特质，如决断力、自信心和智力水平等。然而，特质能否准确预测领导成功，这一问题在学界存在争议。下面主要介绍 2 个经典的领导特质理论。

### （一）斯托格迪尔的领导特质理论

心理学家斯托格迪尔（R. M. Stogdill）于 1974 年在《领导手册》一书中，提出了领导者应该具备的 10 项特质：才智，强烈的责任心和完成任务的内驱力，坚持追求目标的性格，大胆主动的独创精神，自信心，合作性，乐于承担决策和行动的后果，能忍受挫折，社交能力和影响别人行为的能力，处理事务的能力。

### （二）鲍莫尔领导条件品质论

美国普林斯顿大学教授威廉·杰克·鲍莫尔（William Jack Baumol）针对美国企业界的实况，提出了企业领导者应具备的十项条件：合作精神，决策能力，组织能力，精于授权，善于应变，勇于负责，勇于求新，敢担风险，尊重他人，品德超人。

领导特质理论强调了具备某些特质确实能提高领导者成功的可能性，但没有一种特质是成功的保证。此理论的不足之处：忽视了下属的需要，没有指明各种特质之间的相对重要性，没有对因与果进行区分，忽视了情境因素。

## 二、领导行为理论

领导行为理论主要研究领导者行为对领导有效性的影响，着重研究和分析领导者在工作过程中的行为表现及其对下属行为和绩效的影响，以确定最佳的领导行为。他们关注领导者如何与员工互动、设定目标、提供指导和支持等行为。

## （一）领导方式论

以美国管理学家怀特（Ralph K. White）和李皮特（Ronald Lippett）为代表的一批研究者提出了三种领导方式，即独裁式领导、民主式领导和放任式领导。这个理论在领导研究和实践中被广泛引用和讨论。

**1. 独裁式领导（autocratic leadership）** 指领导者在决策和控制方面具有高度集中的权力和决策权。独裁式领导者通常独自制定决策，不征求下属的意见或不允许下属参与。他们传达明确的指令，期望下属服从并执行任务。这种领导方式强调领导者的权威和控制，并且在一些紧急情况下可能是有效的。

**2. 民主式领导（democratic leadership）** 指领导者与团队成员之间存在积极的互动和参与关系。在这种领导方式下，领导者会鼓励下属的参与和意见表达，共同制定决策。领导者会倾听下属的建议和想法，并尊重他们的权利和自主性。民主式领导强调团队合作和共同决策，能够增强团队成员的参与感和工作动力。

**3. 放任式领导（laissez-faire leadership）** 指领导者在决策和干预方面相对较少参与的领导方式。在这种领导方式下，领导者往往不干预下属的工作，给予他们较大的自由和自主性。放任式领导者通常提供必要的资源和支持，但不直接参与决策过程。这种领导方式可能适用于具备高度能力和自主性的团队成员，但对于缺乏方向或指导的团队可能不太适用。

现有文献发现，民主式领导方式在工作效率方面最高，它不仅能够实现工作目标，而且有助于建立融洽的成员关系，激发成员的工作积极性和创造力。相比之下，独裁式领导方式虽然能够实现工作目标，但成员缺乏责任感，士气低落，并且情绪消极。放任式领导方式的工作效率最低，只能达到社交目标而无法达到工作目标。

## （二）领导行为四分图理论

1945 年，美国俄亥俄州立大学斯托格蒂（Ralph Stogdill）提出领导行为四分图理论。通过收集大量的下属对领导行为的描述，该理论列出了 1 000 多种刻画领导行为的因素，并经过筛选最终将领导行为分为两个维度，分别称为结构维度和关怀维度。

**1. 结构维度** 指领导者更愿意界定和建构自己与下属的角色，以达成组织目标。高结构特点的领导者向小组成员分派具体工作，要求员工保持一定的绩效标准，并强调工作的最后期限。

**2. 关怀维度** 指领导者尊重和关心下属的看法和情感，更愿意建立相互信任的工作关系。高关怀特点的领导者帮助下属解决个人问题，友善而平易近人，公平对待每一个下属，并对下属的生活、健康、地位和满意度等问题十分关心。

两个维度可以组合成四种领导模型，即高结构高关怀、高结构低关怀、低结构高关怀、低结构低关怀，也就是领导行为四分图，又称二维构面理论（图 5-1）。

相关研究发现，高结构高关怀的领导风格相对于其他 3 种领导风格更能使员工在工作中取得高绩效并获得工作满足感。但由于未加入情境因素，无法解释为什么高结构高关怀领导风格并不总能产生积极效果。

## （三）管理方格理论

在俄亥俄州立大学提出的领导行为四分图理论的基础上，美国管理学家布莱克（Robert R. Blake）和穆顿（Jane S. Mouton）提出了管理方格理论（Managerial Grid Theory）。该理论提出，领导方式涵盖了"对人的关心"与"对生产的关心"两个维度。为形象地展示这两种维度的结

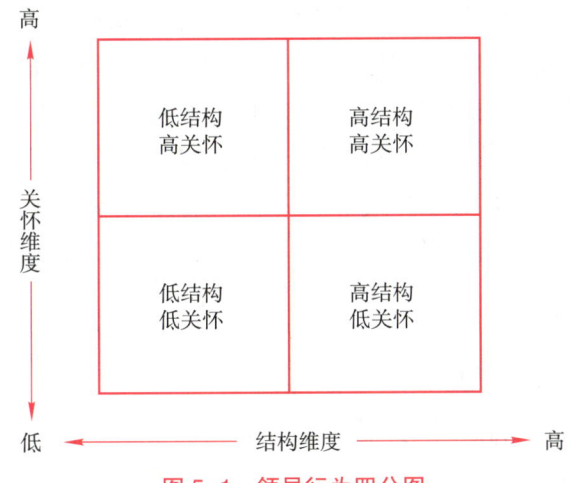

图 5-1 领导行为四分图

合方式，研究者设计了一种管理方格图，该图以坐标形式呈现，横轴代表领导对生产的重视程度，纵轴则代表领导对员工的关心程度。每个维度均细分为 9 个等级，构成 81 个方格，每个方格代表一种独特的领导风格（图 5-2）。在评估领导方式时，需根据这两个维度的行为特征确定交叉点，该交叉点即代表特定的领导方式类型。管理方格图还标明了 5 种典型的领导风格组合，每种组合均反映了不同的领导策略。

1. **协作式管理** 即 9.9 型管理。管理者对生产和员工的关心都有高标准的要求，上下级关系协调，充分调动员工的积极性，任务完成出色。

2. **中庸式领导** 即 5.5 型管理。这种领导对生产和员工的关心都在中等水平，只追求正常的工作成绩和员工士气，"比上不足比下有余，差不多就行"，该种领导的主要特点是不偏不倚，缺乏创新精神。

3. **俱乐部式管理** 即 1.9 型管理。管理者对员工高度关心，为员工创造友好的组织气氛，领导者和善待人、态度轻松，但对生产很少关心。

4. **权威式管理** 即 9.1 型管理。管理者偏重任务完成，对生产高度关心，虽能达到一定的工作效率，但不注意人的因素，不关心员工，很少注意下属们的发展和士气。

5. **贫乏式管理** 即 1.1 型管理。管理者对工作和员工都不关心，只是以最小的努力来完成必须做的工作及维持人际关系。

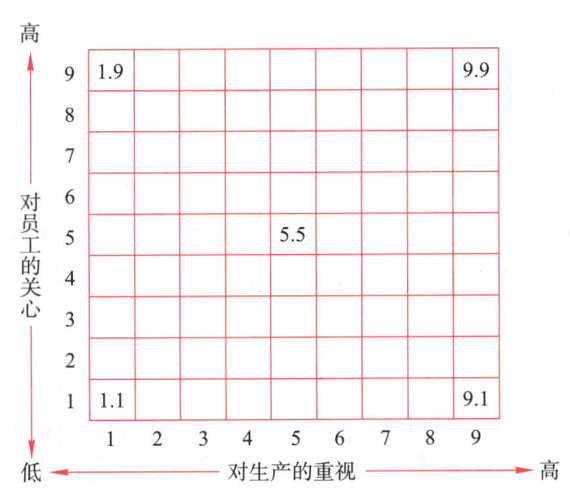

图 5-2 管理方格理论模型

管理方格法问世后，受到了管理学家的高度重视。它启示在实际管理工作中，一方面要高度重视手中的工作，要布置足够的工作任务，向下属提出严格的要求，并且要有纪律规章做保障；另一方面又要十分关心下属个人，包括关心他们的利益，创造良好的工作条件和工作环境，给予适度的物质和精神的鼓励等，从而使下级机构及其工作人员在责、权、利等方面高度统一起来，以提高下属的积极性和工作效率。总体来说，研究者在确定领导行为类型与群体工作绩效之间的一致性关系上仅获得了有限的成功。行为理论的欠缺，在于其对影响成功与失败的情境因素未加考虑。

## 三、领导权变理论

领导权变理论是 20 世纪 60 年代末 70 年代初在经验主义学派基础上进一步发展起来的管理理论，其核心概念指世界上没有一成不变的管理模式。此理论主要关注领导行为与情境之间的相互作用，并认识到有效的领导行为可能因情境的不同而需要相应地调整和变化。该理论强调了领导行为的有效性不单纯取决于领导者个人的行为，某种领导方式在实际工作中是否有效主要取决于具体的情景和场合。该理论认为，领导者需要对自己所处的情境进行准确的分析和判断，并相应地选择和调整领导行为，以实现组织目标和团队成员的发展。下面介绍 2 种经典的领导权变理论。

### （一）领导生命周期理论

领导生命周期理论（Leadership Lifecycle Theory）也称情景领导理论，最初由赫尔西（Hersey）和布兰查德（Blanchard）于 1969 年提出，并在此基础上进一步发展。该理论强调领导者应根据其下属的成熟度来调整领导方式，以实现有效的领导。

1. **成熟度**　指个体对自身直接行为负责任的意愿和能力，包括工作成熟度（从事工作所具备的知识和技能）和心理成熟度（从事工作所具备的意愿和动机）。

成熟度的概念包括以下 4 种类型。

（1）M1（不成熟）：下属对于执行某任务既无能力又不情愿，他们可能缺乏必要的技能和知识，并且对完成任务缺乏自信或动力。

（2）M2（初步成熟）：下属缺乏足够的技能，却愿意从事必要的工作任务。他们有积极性，但仍需要领导者的指导和支持。

（3）M3（比较成熟）：下属虽然具备了完成任务所需的技能和知识，却没有足够的动机和意愿。

（4）M4（成熟）：下属具备高度的技能和知识，并且对任务有强烈的自信和动力。

2. **领导行为**　该理论将领导行为分为工作行为和关系行为两个维度。每一维度有低有高，从而组合成 4 种具体的领导方式，分别为命令型、说服型、参与型、授权型。

（1）命令型（高工作 – 低关系）：强调领导者对工作任务的指导和控制，关注工作任务的执行和结果。领导者会明确定义角色，告诉下属应该做什么、如何做及何时何地去做。这种方式通常通过指导性行为来实施，领导者会提供具体的指导和指示，关注任务的完成和效率。适合 M1 型下属。

（2）说服型（高工作 – 高关系）：强调领导者与下属之间的沟通和影响力，以达成共识和合作。领导者会通过解释、讨论和理性的影响力来说服下属接受并支持任务目标和决策。这种方式注重任务的执行，同时也关注与下属的良好关系和建立信任。适合 M2 型下属。

（3）参与型（低工作 – 高关系）：强调领导者与下属之间的合作、共同决策和共担责任。

领导者会倾听下属的意见和建议，与他们共同制定目标、解决问题，并提供支持和资源。这种方式注重与下属的良好关系和建立合作精神，通过参与型行为来激发下属的积极性和创造力。适合 M3 型下属。

（4）授权型（低工作 – 低关系）：强调领导者对下属的信任和赋权，鼓励下属独立决策和自主工作。领导者会相对较少地进行干预和指导，而是将更多的责任和权力下放给下属。这种方式注重下属的自主性和发展，通过授权行为来激发下属的动力和创新。适合 M4 型下属。

领导生命周期理论强调了领导者需要灵活地调整领导风格，以适应下属的成熟度水平。领导者应根据下属的需求和能力来提供适当的支持和指导，以促进下属的成长和发展，从而实现组织的目标。

## （二）路径 – 目标理论

路径 – 目标理论（Path–Goal Theory）最初由加拿大多伦多大学的罗伯特·豪斯（Robert House）提出，并在后来得到华盛顿大学管理学教授特伦斯·米切尔（Terence R. Mitchell）的参与和完善。该理论起源于激励理论中的期望理论，并被视为领导权变理论的一种。它认为领导者的主要职责是帮助下属实现他们的目标，并提供必要的指导和支持，以确保个人目标与群体或组织的整体目标保持一致。路径 – 目标理论将领导行为分为 4 种主要类型。

**1. 指导性领导行为**　领导者向下属明确任务要求，提供指导和支持。

**2. 支持性领导行为**　领导者关心和支持下属，建立良好的工作关系和工作环境。

**3. 参与性领导行为**　领导者与下属进行双向沟通和参与，征求他们的意见和建议。

**4. 成就导向性领导行为**　领导者设定具有挑战性和激励性的目标，激发下属的成就动机。

路径 – 目标理论强调领导者根据下属的特征和情境来选择合适的领导行为，以激发下属的动机和提高绩效。领导者应该了解下属的需求和期望，并提供适当的指导、支持、参与和目标设定，以帮助下属实现工作目标，并增强他们的满意度和工作动机。它强调领导者的角色是为下属提供明确的目标，并通过适当的行为来激发他们的动机和提高绩效，以实现个人和组织的成功。

## 四、领导理论新进展

近年来，领导理论领域出现了一些新的进展和扩充，帮助我们更好地理解和应对不断变化的组织环境和领导挑战。

### （一）变革型领导理论

变革型领导理论的起源可以追溯到 20 世纪 80 年代，是詹姆斯·麦格雷戈·伯恩斯（James McGregor Burns）和伯纳德·巴斯（Bernard Bass）等学者在研究领导行为和效果时，观察到一种新型领导风格。它被定义为一种能够激发下属激情、鼓励创新和推动变革的领导风格。这种领导风格的核心特征是领导者能够塑造和传达一个具有吸引力的愿景，并激发团队成员对这一愿景的共同认同和承诺；核心行为包括理想化影响力、鼓舞性激励、智力激发和个性化关怀。

**1. 理想化影响力（idealized influence）**　变革型领导者通过个人魅力和道德操守来影响他人。他们成为团队成员的榜样，树立起高尚的价值观和行为标准。这种影响力使团队成员愿意跟随和信任领导者。

**2. 鼓舞性激励（inspirational motivation）**　变革型领导者能够激发团队成员的激情和动力，传达一个激励人心的愿景。他们鼓励团队成员设定高目标，并相信他们可以实现这些目标。通过鼓励、支持和表达信任，他们激发团队成员的积极性和创造力。

**3. 智力激发（intellectual stimulation）** 变革型领导者鼓励团队成员进行创新和挑战现有的思维方式。他们鼓励员工提出新的想法和解决方案，并提供支持和资源来促进团队成员的个人和专业发展。通过提问、激发思考和鼓励探索，他们激发团队成员的智力潜力。

**4. 个性化关怀（individualized consideration）** 变革型领导者关注和支持团队成员的个人需求和发展。他们建立信任的关系，倾听员工的意见和问题，并提供个性化的指导和支持。通过了解团队每个成员的优势和发展领域，帮助团队成员实现个人目标和发展。

变革型领导理论的发展不仅丰富了对领导行为和效果的理解，而且这一理论在实践中被广泛应用，为领导者提供了一种有效推动变革和提高组织绩效的方法。

### （二）领导成员交换理论

领导成员交换理论（Leader-Member Exchange Theory）起源于20世纪70年代，由弗雷德·丹斯利特（Fred Dansereau）、乔治·格雷威克（George Graen）和威廉·赖特（William Haga Wright Jr.）等学者提出和发展。该理论旨在解释领导者与其团队成员之间形成的交换关系对组织绩效和员工发展的影响。

领导成员交换理论的核心观点是领导者与其团队成员之间形成两种不同的交换关系，即内部交换（in-group exchange）和外部交换（out-group exchange）。

**1. 内部交换** 指领导者与部分团队成员之间建立的高质量交换关系。在这种关系中，领导者与成员之间存在互相信任、支持和共享资源的互动。领导者会授予这些成员更高的自主权、更多的资源和更好的发展机会。这些成员通常表现出更高的工作满意度、组织承诺和工作绩效。

**2. 外部交换** 指领导者与其他团队成员之间较低质量的交换关系。在这种关系中，领导者与成员之间的互动相对较少，缺乏互相信任和资源共享。领导者对这些成员的关注和支持较少，而这些成员的工作满意度和绩效也相对较低。

领导成员交换理论认为，内部交换关系的成员通常能够获得更多的资源和支持，从而表现出更高的工作满意度和绩效；外部交换关系的成员则面临较少的资源和支持，导致其工作满意度和绩效相对较低。这一理论的发展为研究者和组织提供了理解领导者与团队成员之间关系的框架，并对组织中的领导发展和团队管理提供了指导。

**管 理 箴 言**

# 第三节　领 导 艺 术

一个好的单位，一个优秀的团队，离不开有水平的领导带领。领导者必须善于"挑战现状、激励人心、使众人行"。领导艺术是一门很深的学问，反映领导者的综合素质，也是下属评价领导者水平的一把尺子。

## 一、领导艺术概述

### （一）领导艺术的概念

领导艺术（the art of leadership）是领导者在一定的知识、经验、才能和气质等因素基础上，创造性运用领导科学的原理原则和方式方法所表现出来的高超技巧。

### （二）领导艺术的特征

**1. 创造性** 领导者不拘泥于传统，因人因事因地制宜，在复杂多变的环境中发挥想象力和灵活的应变力，创造性地提出解决的办法。领导艺术的创造性具有创新思维、提出新方案和决策、创建新理论、形成新观念等特征，往往表现在组织发展处于十字路口时，领导者作出重大选择等。

**2. 经验性** 领导艺术是在经验的基础上形成并表现出来的，实践增多，经验也会越来越丰富。领导艺术来源于领导者本人丰富的阅历、广博的知识和通过成败得失总结出来的经验与教训。

**3. 情感性** 领导者在解决问题时需要投入自己的感情，使自己能够融入集体中。领导艺术渗透着人的情感、抚慰、友谊等，富有浓郁的感情色彩和审美价值。

**4. 多变性** 领导艺术无固定的模式。领导者在个人经历、学识、思维方式、出发点等方面存在差异，处理问题的方式和技巧也会有所不同。此外，领导艺术在不同领导者身上的表现也会不同，处理问题时采取不同的方法，具有不同的领导风格。

## 二、常用领导艺术

### （一）授权艺术

#### 1. 授权的概念和意义

（1）授权的概念：授权（delegation）指在不影响领导者原有工作责任的情形下，将职责范围内的某些任务派给某位下属，并在执行过程中给予其所需要的职务权力。授权者对被授权者有指挥权和监督权，被授权者对授权者负有汇报情况及完成任务之责。

（2）授权的意义：适当授权可以减轻负担，集中精力放在主要问题和关键问题的处理上；将部分权力交给下属，使其有被重视的感觉，便于其提高积极性和创造性；也可以充分锻炼和提高下属的工作能力，有利于后备管理人员的培养。

#### 2. 授权的原则 
领导者合理授权能提高工作效率，授权不得力，其负面影响较大。领导者授权必须坚持以下原则。

（1）视能授权：授权者需要以被授权者的能力与工作水平高低为依据进行授权。管理者要懂得适时适当授权。护理管理者要知人善任，视能授权，发挥其潜能，获得满意效果。

（2）信任授权：授权者要坚持"疑人不用，用人不疑"的原则，对具备实际能力的下属充分予以信任。作为护理管理者，权力一旦授出，就要充分信任下属，放手让他们大胆独立地完成任务，并为其创造良好的条件，同时避免授权后过多干涉。

（3）逐级授权：领导者应该且只能授权于自己的直接下属，不能越级授权，且授予权力应当在自己的职权范围内。比如，护理部主任只能将自己职权范围内的任务授权给科护士长，不能越过科护士长而直接授权给护士长，越级授权侵犯了科护士长的合法权利，造成科护士长有职无权，有可能造成科护士长和护士长之间的矛盾与隔阂。

（4）带责授权：领导者授权的事项必须明确，要让下属知晓工作内容，有何职权、负何责任、必须做到何种程度。护理管理者必须坚持带责授权，以必要的责任约束下属的权力行使，使得整个授权行为都围绕着授权目标展开，确保授权的有效性。

（5）可控授权：领导者授权后，应时刻综观全局进程，对可能出现偏离目标的局部现象进行协调，对被授权者实行必要的监督和控制。护理管理者可以通过制定明确的工作准则和考核方法，实行严格的报告制度，完善行之有效的监督措施，一旦发现下属严重偏离目标，应当及时加以纠正。

**3. 授权艺术在护理管理中的应用过程**　授权是护理管理者为更好地完成组织目标或阶段任务而经常使用的一门领导艺术，护理管理者应做好授权，在授权操作中表现出高度的艺术性。

（1）摆正授权心态：护理管理者可能会出现，一方面低估被授权者的工作能力，不信任，害怕其搞糟工作；另一方面怕被授权者能力比自己强，将来会夺权，因而处处压抑其创新精神。所以，护理管理者必须克服害怕授权的心理，摆正心态。

（2）确定授权对象：护理管理者必须仔细考虑被授权者的能力和意愿，对其进行细致了解和观察，以确保被授权者有能力和动力完成所授任务。例如，病房护士长外出开会或节假日休息时，可将病房护理质量检查授权给年资高的护士。

（3）明确授权内容：护理管理者必须向被授权者明确授权事项的目标、范围及资源，明确其权力和承担的义务及责任。这样既可以调动被授权者的工作积极性和创造性，又利于对被授权者的工作进行评价。

（4）选择授权方式：护理管理者应根据工作需要，选择合理的授权方式，达到最佳工作效果。常见的授权方式有：①模糊授权：护理管理者明确被授权者应达到的目标，但不规定实现手段，被授权者有较大自由空间和创新余地。例如，护士长让总带教全面负责实习生的带教工作。②惰性授权：护理管理者因不了解某岗位具体工作细节或某些事务性工作的简单繁琐，而将工作交给被授权者。例如，病区护士长将科室文化建设交给有才能的护士负责。③柔性授权：护理管理者对被授权者不做具体工作安排，仅指示大纲或轮廓，被授权者有较大余地动用有限资源来完成目标任务。

（5）授权后的监控：护理管理者授权后要进行监控，及时了解被授权者的工作进展，对于出现的问题及时指正。被授权者在执行过程中，也要定期汇报。如果出现原则性错误，护理管理者要及时收回所授权力。

（6）评估授权效果：护理管理者要对授权实施后的结果进行评价，及时反馈调整，成绩突出者给予表扬或奖励、晋升职位或扩大授权等。

护理管理者授予被授权者特定的权力后，要以书面通知、会议等方式在一定场合和范围内向其他相关人员说明，可以运用必要的资源、接受必要的指示、实施必要的管理等。

### （二）激励艺术

**1. 激励的概念与过程**

（1）激励的概念：激励（motivation）指利用外部诱因调动人的积极性和创造性，引发人的内在动力，朝向所期望的目标前进的心理过程。从护理管理的角度来说，激励是护理管理者调动护士工作的积极性，以提高其工作绩效和达成组织目标的过程。

（2）激励的过程：由需要开始，直到需要得到满足为止的连锁反应。当人们产生需要而未得到满足时，就会产生一种紧张不安的心理。在遇到能满足需要的目标时，这种紧张不安的心理就会转化为动机。人们在动机的驱使下向目标努力，目标一旦实现，紧张不安的情绪就会消失。随后，人们会又产生新的需要，引起新的目标和动机，这就是激励的过程。如果需要未得到满足，人们会继续寻求实现特定目标的行为，直到目标实现。

**2. 激励的原则**

（1）目标结合原则：在激励机制中，设置目标是一个关键环节。目标设置必须同时体现医院目标和满足护士的需要，若偏离医院组织目标方向，也无法满足护士的个人需要，便达不到

NOTE

满意的激励效果。

（2）物质、精神、信息激励相结合原则：护士的行为动力主要有物质动力、精神动力和信息动力，因此应将三方面有机结合制定激励政策。例如，护理管理者可以采用薪酬激励，也可以采用荣誉激励，还可以提供学习、培训获取知识的信息激励。三种激励要灵活掌握，不可机械地、固定地予以规定。

（3）引导性原则：激励措施产生的效果不仅取决于激励措施本身，还取决于被激励者对激励措施的认识和接受程度。因此，护理管理者要与被激励者进行有效沟通，使外部激励措施转化为其自觉意愿，才能达到激励效果。

（4）合理性原则：激励是否合理主要从适度和公平两个方面评判。激励适度是护理管理者根据所实现目标的价值大小，确定适当的激励措施。激励过大会使护士产生过分满足感，丧失上升的动力；激励过小会使护士产生失落感，也会丧失继续上升的动力。激励公平是对于取得同等成绩的护士要进行同等层次的奖励。激励不公平会严重影响护士的情绪和工作效率，甚至比没有激励带来的负面效应还大。

（5）时效性原则：每一种激励措施的作用都有一定的时间限度，超过该时间限度就会失效。护理管理者要把握时机，激励越及时，越能充分发挥护士的创造力。

（6）正负激励相结合原则：正激励是对护士符合护理目标的期望行为进行奖励；负激励是对护士违背护理目标的非期望行为进行惩罚。负激励容易使护士产生挫折心理，因此护理管理者应该把正负激励结合起来，以正激励为主，负激励为辅。

（7）按需激励原则：激励的起点是满足护士需要，但护士的需要因人、因时而异，能够满足最迫切需要的激励措施效果最好。护理管理者要全面了解护士，有针对性地采取激励措施。例如，对求知欲较强的护士，可提供更多学习深造的机会，而非一定采取薪酬激励方式。

（8）明确公开直观性原则：包括三层含义。一是明确激励的目的是需要做什么和必须做什么；二是公开，特别是处理奖金分配等护士关注的问题时更为重要；三是实施物质奖励和精神奖励时要直观表达它们的指标。直观性与激励产生的心理效应成正比。

**3. 激励理论**　20世纪二三十年代以来，管理学家、心理学家和社会学家从不同的角度研究怎样激励的问题，并按激励侧重点及其与行为关系的不同进行分类。主要的激励理论分为三大类，分别为内容型激励理论、行为改造型激励理论和过程型激励理论。

（1）内容型激励理论（content motivation theories）：是对激励原因和起激励作用因素的具体内容进行研究。代表性理论有马斯洛的需要层次理论、赫茨伯格的双因素理论等。

需要层次理论（need hierarchy theory）：由美国心理学家亚伯拉罕·马斯洛（Abraham H. Maslow）提出，其将需要分为生理需要、安全需要、爱与归属需要、尊重与自尊需要和自我实现需要。人们需要动力去做某些事情，实现某些需求，在有些时段某些需求优先于其他需求。我们可以根据不同人员不同阶段的主要需求采用相应的激励措施，会起到意想不到的效果。

该理论在护理管理中的应用主要有：①合理分析护士的需要。护士的需要具有复杂性和动态性的特征，首先要充分考虑护士的文化背景、学历层次、健康状况等差异带来的需要的不同。例如，护士在年龄、工龄、身体状况上的差异，使其对夜班胜任情况不同。其次，也要考虑同一护士在不同时间和不同情况下需求的不同。例如，新上岗护士需要掌握工作方法、熟悉环境等，而高年资护士则可能需要职业生涯的发展和自我价值的实现等。②根据需要层次采取适宜的激励方法。例如，对于低层次的需要多采用物质激励，如增加薪酬、改善劳动条件等；对于高层次的需要多采用精神与信息激励，如授予荣誉、派出学习培训等。

双因素理论：由美国心理学家赫茨伯格（Fredrick Herzberg）提出，其认为员工的工作满意度可以分为两类不同的因素，即保健因素和激励因素，因此，也有人把这一理论称为"激励–保健理论"（motivation–hygiene theory）。保健因素是与工作条件有关的因素，属于外在因素，能使员工满意或不满意，包括薪酬、工作条件、人际关系、组织管理政策、稳定与保障等，当这些因素恶化到可接受的水平以下时，就会产生工作不满。而激励因素指能带来积极态度、满意和激励作用的因素，属于内在因素，能使员工产生或未产生满意，包括成就感、赏识、挑战性的工作、增加的工作责任及成长和发展的机会。如果工作场景具备了这些因素，就能对员工产生激励效果。赫茨伯格认为，管理层应该认识到保健因素是必要的，但一旦消除了不满情绪，就无法再产生更多的积极影响，只有激励因素才能使人们在工作中表现得更好。

该理论在护理管理中的应用主要有：①重视保健因素对护士的影响。护理管理者应从人性化管理角度出发，建立良好的工作氛围、完善后勤保障体系、建立公平分配制度等，以尽力满足护士在保健因素方面的需求，使护士安心、安业。②发挥激励因素的作用。建立合理的奖金分配制度，奖金分配与个人贡献大小挂钩，让护士感觉到奖金是对自己工作业绩的认可，是通过努力得到的奖励。

（2）行为改造型激励理论（behavior modification motivation theories）：是着重研究激励目的的理论，即调整和转化人的行为方式进行论述，主要包括强化理论和归因理论。

强化理论（reinforcement theory）：由美国心理学家斯金纳（Frederic Skinner）提出。该理论认为，当某种行为的后果对个体有利时，这种行为就会在以后重复出现；不利时，这种行为就会减弱或消失。在管理实践中，常用的强化手段主要包括四种：①正强化：又称积极强化，指奖励那些符合组织目标的行为，以便使这些行为得到进一步加强，从而有利于组织目标的实现。正强化的刺激物不仅包含奖金等物质奖励，还包含表扬、提升、改善工作关系等精神奖励。②负强化：又称消极强化，指为了使某种行为不断重复，而减少或消除施于其身的某种不愉快的刺激。负强化的方法包括批评、处分、降级等，有时不给予奖励或少给奖励也是一种负强化。③惩罚：指对不符合组织目标的行为给予否定等不良刺激，以期减少该行为出现的可能性或消除该行为的过程。④消退：指某行为出现以后，不给予任何强化刺激，久而久之该行为被判定为无价值而使该行为出现的频率降低的过程。

该理论在护理管理中的应用主要有：①以正强化方式为主。护理管理者要善于应用正强化，引导护士保持积极情绪，激励他们为实现组织目标而努力工作。②慎重运用负强化。护理管理者在运用负强化时，应尊重事实，讲究方式方法，处罚依据准确公正，这样可尽量消除其副作用。③注意强化的时效性。护理管理者应对护士的工作给予及时反馈，及时强化可提高安全行为的强化反应程度。但需注意，及时强化并不意味着随时进行，不定期、非预料的间断性强化，往往可取得更好的效果。④因人而异。护理管理者应针对不同个体采用有效的强化方式，并随对象和环境的变化而相应调整。

归因理论（attribution theory）：由美国心理学家弗里茨·海德（Fritz Heider）提出。该理论强调人们在解释他人行为时，倾向于根据内在和外在因素的相互关系来归因，以理解和解释复杂的社交环境，并满足理解环境和控制环境的动机。该理论主要解决的是日常生活中人们如何找出事件的原因。归因理论提出，人的行为原因可以分为内部原因和外部原因。内部原因指存在于行为者本身的品质和特征因素，如需要、情绪、兴趣、态度、信念、能力、努力程度等，具有稳定性和高强可控性。外部原因指行为者周围环境中的条件和影响因素，如环境条件、情境特征、他人影响等，具有不稳定性。该理论为我们理解和解释他人行为提供了重要的框架。

通过区分内部原因和外部原因，我们可以更好地理解他人的动机、情感和意图，促进良好的人际关系和社会互动。

该理论在护理管理中的应用主要有：①合理归因。所谓合理归因，并非合实际原因之理，而是合有利于护士发展之理。护理管理者要引导护士合理归因，避免归因偏差，将成功归因于个人努力与能力可有助于提高护士的自信心，调动护士工作的责任心和积极性。②恰当归因。所谓恰当归因，是使护士形成积极的归因模式，而不是准确的归因。积极的归因有利于提高护士的积极性，而准确的归因则可能会挫伤护士的积极性。护理管理者要引导护士将失败的原因聚焦于内部的可控因素上，帮助护士客观评估外部的不可控因素，避免失败带来过重的负面影响。

（3）过程型激励理论（process motivation theories）：是着重研究动机的形成到采取具体行动过程的激励理论，主要包括期望理论和公平理论。

期望理论（expectancy theory）：由美国心理学家维克托·弗鲁姆（Victor H. Vroom）在1964年提出。该理论认为预测个体想做什么和他将投入多大努力去做，取决于三个变量：期望值、关联性和效价。期望值（expectancy，E）表示某一行为会导致一个预期成果的概率。关联性（instrumentality，I）表示工作绩效与所得报酬之间的联系。效价（value，V）表示某种回报对一个人的吸引程度。

激励水平的高低可以用公式来表示：

$$激励水平（M）= 期望值（E）× 关联性（I）× 效价（V）$$

其中，激励水平（M）表示调动一个人的积极性，激发人内部潜能的强度。从公式中可以看出，只有当三者都高时，才能真正达到高激励水平。

该理论在护理管理中的应用主要有：①确定合理期望值。护理管理者需要在确立个人期望目标客观合理的同时，强调期望行为标准，引导护士自主调整，向组织期望目标靠拢。②保持工作绩效与奖励的关联性。护理管理者需要给予护士合理的奖励，满足其对工作取得绩效后认为应有奖励程度的期望，强调工作绩效与奖励的一致性，调动护士的工作积极性。③重视个人效价。护理管理者要换位思考，重视护士的个人效价，采取差异化的奖励措施，以激发护士的工作动力。

公平理论（equity theory）：由美国心理学家约翰·斯塔希·亚当斯（John Stacey Adams）提出。该理论认为个人的激励程度来源于对自己和参照对象的报酬和投入比例的主观比较感觉，侧重于研究工资报酬分配的合理性、公平性及其对生产积极性的影响。当个体获得的报酬与所付出的努力成正比时，才能起到激励作用。当一个人完成任务并获取报酬后，会关注个人所得报酬的绝对量和相对量，通常会进行横向比较和纵向比较。横向比较是将自己获得的"报酬"（如金钱、工作安排、获得的赏识等）与自己的"投入"（如教育程度、所做努力、投入的时间和精力等）的比值与组织内其他人进行比较。纵向比较是将自己目前投入的努力与所获得的报酬的比值，与自己以往投入的努力与所获得的报酬的比值进行比较。比较结果会直接影响工作积极性。

该理论在护理管理中的应用主要有：①引导护士树立正确的公平观。护理管理者在强调按劳取酬的基础上，还应倡导和培养护士的奉献精神。②应该制定能够让护士感到公平并且乐于参与和保持的报酬分配制度。护理管理者应综合考虑多方面因素，制定绝大多数人认同的分配方案，以达到被广泛认可的公平。③管理行为必须遵循公正原则。护理管理者要平等地对待每一位护士，在分配方面，必须坚持"效率优先，兼顾公平"的原则，实行"同工同酬"，确保

"多劳多得"。

### 4. 护理激励艺术

（1）传统激励方法

奖励激励：护理管理者通过奖励来鼓励护士的行为和表现。奖励要人性化、公正、透明，分为物质奖励和精神奖励两种。奖励应根据工作的难度、重要性等因素进行及时评定、排序和颁发。

晋升激励：晋升会带来更大的工作激情和信心。护理管理者在采用晋升激励时应注意护士间可能产生的不良竞争，避免不利于团队合作的情况发生。

赞美激励：赞美能赋予人积极向上的力量，极大地激发热情。赞美是在对方做出某些事情并取得成效时给予肯定和表扬。护理管理者应注意赞美要及时、适度、真诚、源于事实，否则会引起护士的反感，起不到激励的作用。

尊重激励：护理管理者以尊重、重视护士的方式来激励他们，其效果远比物质上的激励更持久、更有效。从护士的情感需要出发，通过关心、尊重、信任来打动护士，激发其工作热情。

竞争激励：增强组织活力的无形按钮。竞争是刺激上进的有效方法，护理管理者要引入良性竞争机制，增加护士竞争观念。

榜样激励：护理管理者选择在实现目标过程中做法先进、成绩突出的个人或集体给予肯定和表扬，并号召大家学习，从而激发积极性的方法。护理管理者可用模范人物的先进事例教育、激励护士。

数据激励：用数据对比显示成绩和贡献更有可比性和说服力，护理管理者通过将工作量和护理质量的考核成绩、科研成果等数据公示，从而对护士形成激励。

（2）新型激励方法

薪酬"自助餐"激励：在护士充分参与的基础上，护理管理者建立每个护士不同薪酬组合系统，定期根据其兴趣爱好和需要的变化做出相应的调整。这种自助餐式薪酬突破了单一现金模式，各取所需，充分体现人文关怀。

"后院"激励：护理管理者激励护士，要从关爱护士家属开始，此激励体现了"以人为本"。这一现代管理思想符合现代社会的发展趋势。

"导师"制激励："老带新"的导师制度，不仅能使新护士尽快熟悉岗位职责和技能要求，而且能让老护士在心理上有一种满足感和荣誉感。

文化激励：医院的组织文化可促进护士间的认同感。医院要加强文化的导向功能，用价值观由内到外指引护士的行为，凭着护士发自内心的信念，产生真正的凝聚和激励作用。

授权激励：重任在肩的人更有积极性。护理管理者通过授权，可以提升自己及护士的工作能力，更可以极大地激发起护士的积极性和主人翁精神。

传统激励方法和新型激励方法不是孤立存在的。护理管理者要根据实际情况灵活运用激励艺术，最大限度地调动护士工作的积极性，获得最佳管理效果。

### （三）创新管理艺术

随着现代科学技术与经济的发展，医疗护理行业面临着许多新的挑战，创新管理成为护理管理者必备的领导艺术之一。

**1. 创新管理的概念**　创新管理（innovation management）指组织的管理者在完成观念和理论超前跨越的基础上，辅以组织机构和体制的创新，确保整个组织采用新技术、新设备、新物

NOTE

质、新方法成为可能，通过决策、计划、指挥、组织、激励、控制等管理职能活动和组合，为社会提供新的产品和服务。

**2. 创新管理的过程**

（1）寻找机会：创新是从发现和利用原有秩序中的某种不协调开始的。寻找创新机会是一个积累的过程，需要高度重视组织运行中出现的不协调，广泛探索，系统地分析和研究与问题有关的一切事物，从中寻找创新契机。

（2）提出构想：观察到不协调现象后，要透过现象探究原因，分析可能出现的积极或消极后果，将不利威胁转化为机会，对创新机会进行分析。在此基础上形成完整的方案，是创新活动的前期筹划。这个过程一般要经历提出创新创意、设计创新方案、开展创新活动三个步骤。

（3）迅速实施：创新方案一旦确定，不管方案是否完美，必须迅速实施。创新的构思可以在尝试中逐渐完善，避免因追求完美而错失良机，导致效益下降或失去实施价值。

（4）坚持不懈：创新是一个不断尝试、不断失败、不断提高的过程，一旦开始，就要坚持不懈，要有自信心和忍耐力，正确面对成功与失败，不断总结经验教训，以获得最终的成功。

**3. 护理管理者在创新管理中的角色功能**

（1）创新活动的引导者：护理管理者应充分理解创新带来的效应，将创新列为常态化工作，自觉带头创新，引导护士开展创新活动。

（2）创新能力的提升者：护理管理者要积极营造创新的组织氛围，宣传创新，使团队护士树立创新意识，认识创新价值，正确评估自己的创新能力和潜力；加强护士创新培训，提升团队的创新能力。

（3）创新条件的支持者：创新意味着打破原有的工作秩序，可能需要占用资源。因此，组织的计划要有弹性，能够为勇于创新者提供资金、信息、时间、物质、试验场所等条件。

（4）创新过程的指导者：创新的过程可能充满失败，护理管理者应该及时给予指导，引导护士正确对待失败，帮助护士总结教训，为继续创新奠定基础。

（5）创新工作的鼓励者：创新动力不仅来自个人成就感的需要，也来自组织的认可。护理管理者需要鼓励团队护士创新，要制定公正的评价和合理的奖酬机制，以维持和鼓励护士的创新动力。

### （四）权力运用艺术

**1. 权力运用的概念**　权力运用（the use of power）指在特定的社会、组织或个体中，人们通过行使权力来实现自己的意愿和目标。运用权力是护理管理者实施管理的基本条件。权力运用艺术是护理管理者在用权的方式方法上所表现出来的创造性和有效性。

**2. 权力运用艺术在护理管理中的应用**

（1）法定权的运用：提高法定权运用的有效性应注意：①护理管理者提出要求时多使用礼貌词语，简单明了、表述清楚，选择正确的下达指令渠道，确保护士理解并接受。②护理管理者应充满自信地发布指令或提出要求，特别在危急的情况下，护理管理者下达指令的决断比礼貌更为重要。③护理管理者应充分利用各种政策、规章等权威性文件，并按上级授予的合法权威来行使法定权。④护理管理者应通过适当的传输渠道发布正式的指令，并尽可能地减少中间人的传输，增加直接传输的机会。⑤护理管理者使用法定权要适量，频繁和过量的指令常易引起护士不满和消极的工作态度，故而过少或放弃使用，不去下达正式而严厉的指令，也会逐步丧失权威，造成护士工作怠慢。

（2）奖酬权的运用：有条件的奖酬会让下属服从组织的规定或领导者的特定要求。许诺奖赏可以是明白告知，也可以隐约暗示。在护理管理中，下列情况下行使奖酬权最可能使护士服从：①能够有效评估护士的行为表现并能准确衡量工作绩效。②充分了解任务性质及护士能力、水平，提出的要求护士可能达到。③奖赏对护士有吸引力并保证兑现。

（3）强制权的运用：成功的领导者应尽量避免使用强制权，以免引起下属不良情绪，诱发负面影响。在护理管理中运用强制权时要注意：①告知护士规定和罚则，使其了解违纪的后果。②行使惩罚要迅速而一致。在处罚前给予警告，最好采取逐步的方式，由轻到重，但非常严重的违纪除外。惩罚的同时，明确指出对护士的期望。③惩罚前充分调查事实真相。④调整情绪，从帮助护士的角度真诚地提出期望和建议。⑤维持处罚诚信，有错必罚。⑥惩罚程度必须与制度规定一致，与违纪的严重性相匹配。⑦尽量避免公开惩罚。

（4）专家权的运用：建立和运用专家权应注意：①建立并维护专家形象。护理管理者应让护士、同事和上级知道自己的教育经历、相关工作经验和显著成就，以增加专家影响力。在处理不明确事宜时，应保持谨慎态度，维护个人形象。②果断而自信地处理危急事件。遇到危急事件要果断处理，即使不确信能有效应对，也要保持冷静而自信。③保证信息准确。护理管理者必须掌握学科发展的相关信息，理性说服护士，取得信任，在说服护士的过程中重视护士的感受。

**榜样的力量**

**（五）压力管理艺术**

随着人们对护理服务水平要求的逐渐增长，工作压力成为护士不可回避的职业现状。护士的工作压力与护士个人和护理组织密切相关。压力管理已成为护理管理中的一个重要问题。

**1. 压力管理概述**

（1）压力（stress）：由于自我期望与达到目标的能力之间的差距，以及期望和个性之间的差距而产生的紧张痛苦的情绪。适度的压力能激发护士的工作潜能和工作积极性，进而提高护理组织的绩效。过度的压力则可能给护理工作带来负面影响。

（2）压力管理（stress management）：指为了预防和减少压力对护士个人和组织造成的消极影响，发挥压力的积极效应而采取的行动或措施。

**2. 护士工作压力管理**

（1）识别是否存在工作压力：首先，护理管理者要依据护士的工作态度和行为，识别是否存在工作压力及压力程度。护士压力过大时的表现：工作失去动力，常有消极抵制情绪、工作质量下降、高缺勤率、高离职率、同事间关系和护患关系紧张甚至发生冲突等。其次，要分析工作压力的主要来源，为采取措施奠定基础。

（2）组织层面的管理方法：包括各级组织，如卫生行政主管部门、医院和团队。

卫生行政主管部门的管理：应重视护士的工作压力，设法减少和消除护士工作压力源，如适当放宽护士晋升条件、扩大护士编制、提升护士的薪酬待遇等；加强社会支持，通过舆论大力宣传护理队伍中的先进典型，对有突出贡献的护士实施奖励，推动全社会形成尊重护士的良好风尚。

医院的管理：提供培训学习机会，增强护士的自信心；改善工作环境和条件，提高护士的安全感与舒适感；完善工作制度建设，制定合理的工作程序；合理配置人力，明确岗位的职责和任务；加强沟通，及时发布组织有关信息；开展减轻压力的训练，提供放松设备、心理咨询等保健或健康项目。

护理团队的管理：通过各种渠道了解团队护士的压力情况，重视护士的压力管理。落实各项培训，包括对新入职护士岗前培训及有关职业压力方面的知识培训，为护士营造良好的人际氛围及轻松的工作环境；协助护士做好职业生涯规划，及时反馈绩效评估结果；加强组织文化建设，倡导关爱护士，举办讲座、开设宣传栏等，提供压力管理资讯；护理管理者树立"人本管理"意识，在管理中要对护士实行"全人"管理；及时了解护士的状况，及时解忧，通过各种方法满足护士的需要，合理排班，根据实际情况弹性安排人力，满足护士的要求。

（3）个体层面的管理方法

加强学习，提高自我压力管理能力：明确自身的价值、优缺点，努力学习，不断开阔视野，提高自身素质，树立良好的社会形象。面对压力时，及时、科学地进行自我心理调节，增强个人自信心，而更有利于工作的开展。

建立良好的支持系统：工作中要学会放松自己，尽可能减少压力因素的侵袭。当遇到负面情绪，要寻找正确的宣泄方式和寻求外在支持，如向家人、亲朋好友倾诉，参加体育锻炼、社交娱乐活动等，以释放和调节负面情绪。

建立良好的人际关系：在工作中要严于律己、宽以待人，努力改善护患关系、医护关系等，建立良好的人际关系，使自己能够在相对宽松的环境下工作。

（4）处理好家庭与工作的关系：护士应合理安排工作、生活，使自己有效地工作、有规律地生活，处理好工作与家庭的关系；巧妙交替脑力和体力劳动；合理饮食，适当运动，保持健康的身体和充沛的精力；培养兴趣爱好，提高自身修养。

**临床链接**

### 管理是科学，领导是艺术

管理的艺术在于领导。领导者必须善于"挑战现状、激励人心、使众人行"。两段动画带领同学们穿越到三国时期，看看刘备的授权管理艺术，再看一看现代护理管理者是如何运用领导艺术来应对突发事件的。

请同学们思考：

1. 刘备是如何授权的？诸葛亮是怎样运用军权树立军威的？

2. 护士长作为科室的管理者，应该如何运用领导艺术提升领导力？

（王 琳 王桂云）

---

**数字资源详见新形态教材网**

| | | | | |
|---|---|---|---|---|
| 编者导学 | 学习目标 | 教学课件 | 微视频 | 案例 |
| 临床链接 | 拓展阅读 | 自测题 | 榜样的力量 | 管理箴言 |

# 第 六 章
# 人力资源管理

### 章前导学

　　人力资源作为第一资源，是其他一切资源效益最大化的基础和关键。人力资源管理是近 20 年来管理科学中发展迅速的领域，并逐步被管理者认识到其在组织生存发展中的重要性。人力资源是组织中最有创造力、最有价值的资本，是组织竞争和发展的关键。在风险巨大、竞争激烈的医疗市场中，人才成为医院最大的财富和资本，只有进行科学的人力资源管理，医院才能始终保持生机和活力，不断提高医疗水平和竞争力，实现医院的发展目标。护理人力资源是卫生人力资源的重要组成部分，科学合理的护理人力资源配置与使用，直接关系到医疗安全与质量，影响医院的长远发展。

## 第一节　人力资源管理概述

### 一、人力资源管理的相关概念及内涵

#### （一）人力资源管理的相关概念

　　1. **资源（resources）**　是人类赖以生存的物质基础，是组织或社会用来进行价值增值的财富源泉。资源一般分自然资源和社会资源，自然资源包括土地资源、矿产资源、森林资源等，社会资源包括人力资源、技术资源、信息资源等。

　　2. **人力资源（human resources，HR）**　又称劳动力资源，指一定范围内的人员，通过投资开发而形成具有一定体力、智力和技能的生产要素形式，包括数量和质量两个方面的内容。

　　3. **人力资源管理（human resources management，HRM）**　指有效利用人力资源实现组织目标的过程，是组织为了实现既定目标，运用现代管理方法和手段，对人力资源的获取、开发、利用和保持等方面进行管理的一系列活动的总称。人力资源管理概念包括两个主要内容：一是吸引、开发和保持一个高素质的员工队伍；二是通过高素质的员工实现组织的使命和目标。

　　4. **护理人力资源管理（nursing human resources management）**　是卫生服务组织为实现"以患者为中心"的护理服务目标，提高服务水平，运用管理学、护理学及相关学科知识，对组织中的护理人员进行规划、培训、开发和利用等管理活动的过程。

## （二）人力资源管理内涵

人力资源作为第一资源，是组织中最有创造力、最有价值的资本，是其他一切资源效益最大化的基础和关键。人力资源管理影响到组织的每一位成员，人力资源管理的内涵可以从两方面理解。

**1. 对人力资源量的管理**　人力资源的量是人力资源的外在要素，就是根据组织人力、物力变化，对人力资源进行规划、培训，组织协调配置，使组织成员数量满足岗位要求，组织内人和物有机组合，以发挥最佳效应。

**2. 对人力资源质的管理**　人力资源的质是人力资源的内在要素，就是对人的思想、心理、行为、能力等综合素质进行恰当管理，充分发挥人的主观能动性，挖掘内在潜力，以实现组织目标。

管 理 箴 言

## 二、护理人力资源管理的目标和内容

### （一）护理人力资源管理目标

医院的护理人力资源管理的目标是为组织寻求高素质护理人才，使他们在组织中得到支持和发展，并能够在实现医院目标的同时提高自己的职业价值，达到组织和成员的利益最大化。因此，护理人力资源管理要做好三方面的工作。

**1. 人与事匹配**　人的数量和质量与工作要求相匹配，即有多少事情需要多少人去做，事的难易程度与人的能力水平的对应关系。护理人力资源管理的根本目的是让平凡的人在具体护理岗位上做出不平凡的事，让组织中每位护理人员能在自己适合的岗位上发挥长处，做到事得其才，才尽其用，以取得最好的护理工作绩效，进而最大限度地提高组织效率。

**2. 人与人匹配**　合理设置护理团队中护理人员比例，使护理人员结构优势互补；注重满足护理人员多层次需求，营造良好工作氛围，减少内耗，提高群体工作效率。

**3. 人与物匹配**　护理人员的贡献与工作回报相匹配。发挥护理绩效、薪酬在组织中的有效激励作用，使薪酬具有公平性、竞争性，做到绩效考核、工作薪酬与工作岗位的强度、风险相对应，以增强护理人员的职业责任感，调动工作积极性，达到酬适人需、人尽其力的最佳工作状态。

### （二）护理人力资源管理内容

现代人力资源管理的核心功能在于通过选人、用人、育人和留人，实现人力资源的吸引、保留、激励和开发。具体说来，护理人力资源管理包括以下几个方面的内容。

**1. 护理人力资源规划**　是医院人力资源管理部门和护理职能部门对目前的护理人力资源状况、未来需求及供求状况进行评估、预测、规划，确定通过何种方式来满足医院对人力资源的需求。护理人力资源规划将帮助医院明确护理部门哪些岗位需要护理人员，以及这些岗位需要的护理人员需要具备哪些资格。

**2. 护理人员招聘**　指医院采取科学有效的方法，寻找、吸引具备资格的人到医院应聘，医院人力资源管理部门和护理职能部门根据需要和应聘者条件，从中选出适合人选予以录用的管理过程。招聘的关键是寻求足够数量具备岗位任职资格的相关岗位申请人，经筛选录用，满足组织内护理人力资源规划需求。

**3. 护理人力资源配置与使用**　指对护理人员进行恰当有效的选择，科学合理地分配护理人力，使人员与护理服务活动匹配的过程。护理人员配置比例是否合适、使用是否合理，直接

NOTE

影响到护理效率、护理质量、护理水平和护理成本消耗，甚至影响护理人员的流动及流失率。因此，护理人力配置和使用是护理人力资源管理的重要环节。

**4. 护理人员培训与职业生涯规划**　护理人员培训（training）是通过对护理人员的指导、教育和训练，使其在职业态度、知识水平、业务技能和工作能力等方面得到不断提高和发展的过程。护理人员职业生涯规划是对个人的职业生涯进行评估、设计、执行、反馈的过程。通过培训和职业生涯规划，可以帮助护理人员在工作岗位上保持理想的职业水平，高效率地完成组织和部门工作任务，对促进个人职业的全面发展和自我实现具有积极的现实意义。

**5. 护理绩效管理**　绩效管理是人力资源管理的一个中心环节，是对护理人员在一定时间内工作中取得的绩效进行考核和评价。通过及时反馈可以帮助护理人员发挥工作优势，改正存在的不足，使工作更富有成效。绩效评价结果还是护理管理人员、部门和组织作出对护理人员奖惩、培训、调整、升迁、离退、解雇等人事决策的依据。

**6. 护理薪酬管理**　薪酬是满足护理人员基本需要的重要保证，对护理人员的工作行为和绩效起着直接的影响，也是组织吸引、激励、保留优秀护理人才的重要手段。护理管理者应根据各层级护理人员的岗位、资历、工作能力、工作表现和绩效等方面因素，制定科学合理、具有吸引力的薪酬标准和制度，并有效实施。

**7. 护理人员关系管理**　主要内容包括协调护理管理者和护理人员之间的劳动关系，按照国家劳动政策给予相应的医疗保险、养老保险、失业保险、职业安全防护和福利待遇等，关注的重点是如何妥善处理好护理管理者和护理人员之间的关系，确保组织目标的实现和长期发展。

## 第二节　护理人力资源规划、工作分析及招聘

### 一、护理人力资源规划

护理人力资源规划通常包括分析护理人力资源状况、预测护理人力资源需求、编制护理人员招聘规划。

**1. 分析护理人力资源状况**　首先通过现况调查，了解医院目前护理人力资源状况，比较实际工作绩效与护理岗位职责、任务之间的差距，明晰医院护理人力资源优势与不足，掌握缺编、超编岗位，以此为依据确定医院护理人力资源配置重点，如需选拔和引进人才的类型、数量及需要分配的岗位等。

**2. 预测护理人力资源需求**　依据医院发展总体目标，分析护理人力资源需求，应考虑医院的发展规划、护理业务拓展趋势、现有护士短缺情况、护理人力流失率、护士离岗培训人数等情况。护理人力资源预测需要有前瞻性，为护理发展储备人力，并根据具体情况变化不断调整需求。

**3. 编制护理人员招聘规划**　根据护理人力资源需求，分析未来某一段时期医院外部、内部可获得的护理人力资源，确立招聘目标，制定招聘规划，包括招聘目标（岗位名称、录用的人数及要求）、招聘对象（应届毕业生或要求工作经验）、招聘手段（广告、人才交流会等）、招聘所采取的策略与途径、计划招聘流程及具体时间和地点等内容，并按照适当的格式书写人员招聘计划。构建人力资源规划执行和反馈系统，定期评估并动态调整，实现护理人力资源供需平衡。

## 二、护理工作分析

### （一）相关概念

1. **护理工作分析（nursing job analysis）** 是医院人力资源管理部门和护理职能部门通过调查，对护理各个工作岗位的性质、结构、责任、流程及胜任该岗位护理人员的素质、知识、技能等进行分析，在此基础上设置护理岗位结构、岗位数量、岗位规范，制定护理人事管理文件的过程。工作分析的结果是得出岗位说明书。岗位说明书一般包括工作描述和任职资格两大部分。

2. **护理工作描述（nursing job description）** 又称工作说明，是对护理岗位的性质、任务、责任、工作内容、处理方法等与工作相关的环节所作的书面说明。通过护理工作分析，确定工作的具体特征，由此形成工作描述，如制定临床护理工作中各个岗位职责就是护理工作描述。

3. **护理任职资格（nursing job certification）** 是根据护理工作描述拟定的工作资格，主要内容包括文化程度、工作经验、有关岗位的技术和能力要求、工作态度、生活经历和健康状况，以及各种特殊能力要求等，如护师、主管护师任职资格证书。

### （二）护理工作分析方法

护理工作分析方法很多，根据分析目标不同选择恰当的方法，是应用工作分析方法的基本原则。它以护理工作描述、护理任职资格为主要目的，需要明确岗位职责、工作资格时，可以选择访谈法、问卷调查法、观察法、工作日志法、专家咨询等传统方法；需要进行岗位价值比较以确定薪酬时，可采用职位分析问卷、美国劳工部职位分析程序等工具，量化评估不同职位的相对价值。

### （三）护理工作分析作用

护理工作分析是护理人力资源管理的基础，其结果可为护理人事决策提供多方面的依据，包括为护理人员的招聘、选拔提供标准；确定任职的基本条件；明确护理人员的具体岗位职责和工作权限；掌握护理人员的培训需求，确定培训方案；为护理人员绩效管理提供依据，促进绩效改进；评估具体岗位的工作价值，为薪酬标准的制定提供参考。

## 三、护理人员招聘

护理人员招聘是医院护理人力资源储备的关键，直接影响着医院核心竞争力及可持续发展目标的实现，具有非常重要的战略地位。在招聘工作中，各部门及其管理者的协调十分重要。护理人员招聘工作一般包括以下步骤。

### （一）招聘决策

在招聘工作正式开始前，基于护理人力资源规划的结果，对招聘工作进行具体计划。包括明确招聘的岗位类型、人数，确定招聘的范围、标准、时间、地点、经费预算，制定招聘的具体实施方案（招聘小组、考核方案、招聘简章、招聘流程等）。

### （二）人员招聘

通过适宜的招聘渠道发布招聘信息，吸引合格的应聘者，最大可能地获取职位候选人。根据护理岗位的需求不同，护理人员的招聘途径有医院内部竞聘与外部选聘两种方式，采用何种选聘形式需根据具体计划和实际情况而定（表6-1）。

表 6-1  护理人员招聘方式优缺点比较

| 招聘方式 | 途径 | 优点 | 缺点 |
|---|---|---|---|
| 内部竞聘 | 从医院内部挑选适当的人员到适当岗位，是护理部主任及护士长竞聘、护士晋升的主要途径 | 1. 对选聘者信任度较高<br>2. 对医院的忠诚度高<br>3. 候选人条件符合岗位需求的，节约培训费用<br>4. 对他人有激励示范作用 | 1. 易引发"任人唯亲"，不利于团队团结<br>2. 内部挑选余地小<br>3. 对选聘者不具备任职能力的岗位，内部培训成本较高 |
| 外部选聘 | 从医院外挑选适当人员至适当岗位，是招聘新护士的主要途径 | 1. 为组织注入新的观念与思路<br>2. 有利于老员工形成竞争意识<br>3. 外部挑选范围大<br>4. 选聘到特定岗位可减少培训费用 | 1. 对选聘者了解不深入，易混杂不合格者<br>2. 外来人员对医院忠诚度低<br>3. 需要磨合时间长<br>4. 选聘、培训成本较高 |

### （三）招聘考核和面试

**1. 招聘考核**  目的是将适当的人放在适当的岗位，为了保证应聘人员的质量能够满足护理工作岗位的需要，进行理论和技能考核是必要的环节。考核的方式主要包括理论知识考核、工作相关技能考核、素质测评等，招聘者应对考核内容做信效度检验，以保证考核的可靠性、有效性。

（1）理论知识考核：主要是通过笔答的形式进行，以了解应聘护理人员对专业知识的掌握程度，包括知识的深度和广度。一般情况下，对应聘护理人员的理论考核内容重点是护理基础知识、专科护理知识及护理相关知识。若招聘护理管理人员，除上述考核内容外，需增加管理相关知识考核。

（2）技能考核：技能是临床护理工作的重要组成部分，对应聘护理人员的专业技能考核十分必要。临床护理人员的技能考核主要是基础护理操作和专科护理操作，其他护理岗位的考核内容可针对具体的职责要求制定。常用的方法是考核者事先准备好操作项目和评分标准，让求职者抽签后进行相应的操作。

（3）素质测评：人员素质测评是应用科学的技术和方法，对应聘者的能力和人格进行测试，帮助组织选聘适当人员的一种技术。人员素质测评通常使用不同量表进行，如韦氏量表、能力倾向量表、16 种人格因素测试等。人员素质测评越来越多地应用于护理人员的选聘中，尤其是特殊重要岗位的选聘，管理者可结合具体情况选择实施。

由于同一岗位的应聘者都参加同样水平的理论考核，因此理论考核具有公平性和客观性，能够较好地反映应聘者的知识、技能水平，考核结果可作为录用的主要依据之一。

**2. 招聘面试**  面试指通过面对面交谈和观察，考察应聘者对护理岗位的适合程度，要求主考人员本着尊重、平等的原则，通过适当的提问了解应聘者的表达能力、工作经验、工作态度、专业知识、专业思想、反应能力、职业规划、科研水平、行为习惯等方面，或者设计一个场景让应聘者模拟处理，以测试其判断和解决问题的能力。面试提问时应避免涉及个人隐私和带有性别、种族、地域等歧视色彩的问题。

### （四）录用体检和试用考察

录用体检的主要目的是确认应聘护理人员身体状况是否达到岗位要求，并能胜任工作，这也是医院决定录用的程序之一。体检合格之后进入试用考察阶段，在实际工作中对拟聘护理人员进行真实工作能力考察，以提高人员招聘的有效性。试用考察时间一般为 3 个月，试用期满后，具体试用部门对拟聘护理人员在试用期的表现是否符合条件和能否胜任工作作出鉴定，在上述程序完成后作出初步录用决策。

### （五）录用决策和招聘工作评价

录用决策指护理管理部门和人事部门对应聘者所有资料进行全面审查、对比分析，做出录用决定的过程。例如，对应聘者的信用状况、护士执业许可证等情况进行背景调查，将应聘者与任职岗位要求比较，应聘者之间的相互比较，为组织遴选合格的候选人，以符合护理岗位招聘需要。正确的录用决策是保障护理队伍质量的关键，在录用决策过程中，应由熟悉护理人力资源的护理管理部门和医院人事部门共同参与，尽量避免错误的录用和错误的淘汰。

护理人员招聘活动的最后步骤是招聘工作评价，主要活动包括测算获得的求职护理人员数量和质量情况，每位受聘护理人员的工作胜任和工作成功程度，以及整个招聘过程投入和产出效率的总结，对招聘过程中存在的问题做出分析，为下一轮人员招聘提供参考借鉴。

# 第三节 护理人力资源配置与使用

**榜样的力量**

## 一、护理人力资源配置

护理人力资源配置（allocation of nursing human resources）是以护理服务目标为宗旨，根据护理岗位合理分配护理人员数量，保证护理人员、护理岗位、护理服务目标合理匹配的过程。护理人力资源合理配置主要包括以下方面：一是护理人员的数量与工作量的匹配；二是护理人员的能力与工作难易程度的匹配；三是护理人员之间知识、能力、性格等结构的匹配。

### （一）配置原则

**1. 以患者为中心原则** 满足患者需要是所有护理服务活动的首要原则，尽管各家医院的规模、条件、技术装备等因素不同，患者需求各异，但护理单元内所配置护理人员的数量、结构，提供的护理服务都应满足患者实际需求。

**2. 以结构合理为原则** 护理人员的结构配置要考虑护理单元内不同专业技术职称、年龄、学历、体力、智力等不同类型护理人员的组合，优化配置比例，在专业知识、技能、经验、体能等方面优势互补。

**3. 以能力匹配为原则** 护理人员的能力配置指护理人员的能力与所担负的工作相适应。例如，目前实施护理人员层级管理，根据不同层级护理人员的能力安排相应的岗位，并给予相应的报酬，让最恰当的人员承担最适宜的工作。

**4. 以动态调整为原则** 由于患者的护理需求随着患者数量、病情变化、治疗及护理措施等变化不断改变，护理服务工作量在动态变化中，护理管理者要根据患者需求变化，结合护理岗位的工作量、技术难度、专业要求和工作风险等，动态调整人力安排，以保障护理质量和患者安全。

**5. 以成本效能为原则** 人力资源管理的目标是效益最大化，护理人员配置在满足患者需要的同时，也要考虑人力成本。比较合理的人员配置是优化组合，充分发挥各层次护理人员个人潜能，以较少的人力投入，获取较大收益，以充分发挥人力资源的效能。

### （二）配置方法

**1. 比例配置法** 指通过床位与护理人员数量的比例（床护比）、护理人员与患者数量的比例（护患比）来确定护理人力配置的方法。目前，国内医院大多采用比例配置方法来分配护理人员数量。在卫生行政主管部门的相关政策和规定中，对医院护理人员数量做了基本要求，作为比例配置法的计算依据。《护士条例》明确指出，医疗卫生机构配备护士的数量不得低于国务院卫生主管部门规定的护士配备标准。随着临床护理发展，患者对护理需求的增加，护理人员配置比例不断提高，护理岗位设置不断增加，大部分医院根据不同岗位的性质，在特殊护理单元或岗位中，按数量实行差别化人力配置，满足不同患者的服务需求。

**拓展阅读** 护理人力资源配置政策

**2. 工作量配置法** 指根据护理人员所承担的工作量及完成这些工作量所需要消耗的时间来配置护理人力资源的方法。

（1）护理工时测定法：是目前国内最常用的一种工作量测量方法，采用此法所测得的工作量数据较客观、准确。它是在界定护理工作项目（通常包括直接护理项目和间接护理项目）的基础上，采用观察法、自我记录法或两者结合对每个护理工作项目进行工时测量，以"平均护理工时数"为依据计算工作量，并依此进行护理人力的配置。随着护理工作范畴延伸，护理项目的数量和内容也随之发生变化，"平均护理工时数"因所属地区、医院、科室不同而有所区别，应结合本单位具体情况进行对比和校正。医院通过测算各护理单元"平均护理工时数"，汇总工作量，结合实际情况分类，核算各护理单元护士配备数量。

**拓展阅读** 应用工时测定法配置护理人力

（2）患者分类法：是一种用来明确表达在某一特定时间段内护理一个特定患者或一群患者工作量的计算方法。国外普遍使用患者分类系统，通过测量患者的护理活动时数，并以此为依据将患者进行分类，进而为人力资源的配置、工作任务的分配等相关活动提供依据。该方法可分为原型分类法、因素型分类法、混合型分类法三种。

1）原型分类法：20世纪60年代初期，美国学者根据患者护理需求将患者分为三类或者三类以上，分类依据患者某个相似特点，如日常生活能力、照护需求等，根据每类患者的所需护理时间指导护理人员人力分配。我国依据患者病情、自理能力，采用特级、一级、二级、三级护理分类，就属于原型分类法的一种。该法分类指标明确，评估省时，但对患者分类过于宽泛，难以准确反映患者个体的实际护理需求。

2）因素型分类法：该分类法将与护理相关的因素分为几个维度（如分为"患者情况""基本护理""治疗需求"3个维度），每个维度包括相应的护理项目，根据每个患者每天（班）所需护理项目及其频数，计算所需护理时数并分配护理人员。该方法考虑患者个体化需求，但需要护理人员收集护理活动、治疗和操作发生的次数，它所拥有的条目要远多于原型分类法，计算繁琐容易导致数据收集偏差。

3）混合型分类法：20世纪70年代，美国学者综合了原型和因素型分类法的优点，研究出了一种混合型分类方法，首先采取原型分类量表对患者进行分类，再依据因素型分类法测算出每类患者护理时间。罗斯麦迪可斯病人分类系统（Rush Medicus Tool–Patient Classification System，RMT–PCS）便是典型代表，已开发软件平台，从"患者情况""基本护理""治疗需求"维度确定患者每个班次所需的项目与频次，附加权重，经过计算得出每班所需的护理时数，管理者通过软件平台直接了解当前患者种类及护理工作量，指导护理人员人力配置。

由于护理人力配置受多种复杂因素影响，固定人力配置难以适应临床护理需求变化，依据动态护理工作量配置更具有客观、量化、可持续的特点。因此，动态护理工作量预测是实现护理人力资源合理配置的关键，以护理工作量为基础，综合考量患者护理难度、技术难度、护理人员负荷等因素，利用现代信息技术，实现医院大数据下工作量精准预测，指导合理人力资源配置，为医院护理人力资源精细化管理提供可能，这将是医院管理发展的必然趋势。

## 二、护理岗位管理

岗位是组织管理的基本单位，以实施护理人员岗位管理为切入点，设置护理岗位，按照"因需设岗、以岗择人、按岗聘用、科学管理"的原则实施护理岗位管理，有利于调动护士工作积极性，提高工作效率，提升工作质量，为患者提供优质的护理服务。

### （一）护理岗位管理相关概念

1. **护理岗位（nursing position）** 指在医院的运行过程中，承担护理相关的工作和任务，并具有相应权力和责任的工作职位。

2. **护理岗位管理（nursing position management）** 是以护理组织中的岗位为对象，对岗位的五大要素，即工作、岗位人员、职责与职权、环境、激励与约束机制进行整合与运作，以充分调动护理人员的主观能动性，建立持续质量改进的长效机制。

### （二）护理岗位分类

2012 年，卫生部制定了三级综合医院护理人力配置标准，明确界定医院护理岗位的类型为护理管理岗位、临床护理岗位和其他护理岗位，根据工作性质、任务和技术难度等要素，要求不同岗位的护理人员应具有相应的任职资格，承担不同的岗位职责。

1. **护理管理岗位** 是从事医院护理管理工作的岗位，医疗机构要建立扁平化的护理管理层级，可结合本单位实际，建立三级护理管理体制，即护理部主任（副主任）—科护士长—护士长，或二级护理管理体制，即护理部主任（副主任）—护士长。

2. **临床护理岗位** 是护理人员为患者提供直接护理服务的岗位，是护士从事护理工作的主要岗位，如病房护士岗位、门诊护士岗位、手术室护士岗位等。

3. **其他护理岗位** 是护理人员为患者提供非直接护理服务的岗位，如消毒供应中心护士、医院感染管理科的感控护士。

随着护理工作范围的扩大，护理人员的工作岗位也在不断拓展，如在医院承担科研工作的科研护士；在社区工作的初级保健护士；承担患者康复任务的康复护士；满足临床护理特定岗位或领域的特殊要求，为患者提供某方面专科护理的专科护士、临床护理专家等。因医院需求和地区差异，各工作场所中护理人员的岗位职责有所不同。

## 三、护理人员层级管理

### （一）护理人员层级管理概念

护理人员层级管理是按照护理人员实际工作能力将护理人员分层分级，不同层级赋予相应的职责范围、培训内容、绩效方案、晋级标准等。通过对护理人员进行分层管理，充分体现能级对应，引导护理人员成长，从而最大限度地发挥各层级护理人员的潜力和自身价值。

### （二）护理人员层级管理意义

1. **促进护理人员专业成长** 护理人员层级管理有利于护理人员更好地对自身能力作出定位，明确自己的职业成长路线，确立职业进阶目标，是促进护理人员专业成长、提高护理能力的一种有效方法。

2. **提升护理服务质量** 实施护理层级管理是对"以患者为中心"的优质护理服务的良好诠释。根据患者的病情，安排具备相应能力的护理人员完成照护工作，能够实现无缝隙、延续性地为患者提供优质护理服务，从而提高工作效率，提升护理质量。

**3. 提高护理管理成效**　护理人员分层管理可以调动临床护理人员的主观能动性，做到人尽其才、才尽其用、按职取酬，充分发挥不同层次护理人员的作用，从而提高护理人员满意度，降低护理人员离职倾向，为医院节约再招聘与培训护理人员的成本。

### （三）护理人员层级管理应用

**1. 护理人员层级管理国外应用**　美国、英国等国家的护理人员按不同层级承担相应的岗位职责，美国部分医院将注册护士分为新手、责任护士、带教护士、高级护士、护理专家五个等级，依据不同层级的表现和工作能力给予报酬；英国部分医院注册护士从 C 级到 H 分为六个等级（A、B 级是助理护士），依据各个层级设置相应岗位进行相应的培训、考核，以此作为晋升和薪酬的依据。

**2. 护理人员层级管理国内应用**　我国于 1979 年开始建立独立护士职称序列，形成了一支由初、中、高级职称构成的护理队伍，这是护理人员层级管理在我国的最早体现。随着优质护理服务的不断深化，各医院对护理人员层级管理进行了探索，部分医院已逐步形成了 N1～N5 的护士层级体系，给予不同岗位配置。我国台湾地区护士分为 N1～N4 四个层级，以实际工作能力为主要条件，注重临床护理经验的积累；香港地区注册护士分为初级实践护士、实践护士、专科护士、高级实践护士、顾问护士五个等级。

## 四、护理工作模式及人员排班

### （一）护理工作模式

护理工作模式是以满足不同患者护理需要，经归纳总结形成的护理服务模式。随着医学模式转变和护理学不断发展，以患者为中心的护理工作模式不断完善，临床常见的护理工作模式如下。

**1. 个案护理（case nursing）**　是一名护理人员负责一位患者全部护理内容的护理工作模式，又称"特别护理"或"专人护理"。这种护理工作模式主要适用于病情复杂严重、病情变化快、护理服务需求量大，需要 24 小时监护和照顾的患者，有助于护理人员了解患者情况，提供全面、细致的护理服务。同时，个案护理对护理人员的能力、技术要求较高，护理人力成本也较高。

**2. 功能制护理（functional nursing）**　是一种传统的以工作性质分工的护理模式。其特点是以单纯的完成护理任务为目标，将患者的护理工作内容分为处理医嘱、打针发药、病情观察等若干功能模块，每个护理人员有单一的工作内容，如治疗护士负责所有患者的治疗任务，基础护理护士则承担患者的各种生活护理，办公室护士负责处理医嘱。功能制护理人力成本较低，工作效率高，同时护士分工明确，技术相对熟练，便于量化考核。但是，这种方式下，患者的护理活动由多人提供，病情观察缺乏连续性与完整性，也不利于患者与护理人员之间的沟通。

**3. 小组护理（team nursing）**　指由一组护理人员负责护理一组患者，是个案护理与功能制护理相结合的护理模式。小组一般由 3～4 人组成，由一名有经验的护士担任组长，组员中包含各级护理人员。小组成员通过分工与合作，负责 10～20 位患者的护理任务。其特点是护理小组成员可以同心协力，有计划、有步骤地开展护理工作。但小组护理对组长的素质要求较高，需要有一定的专业知识、技能，并具有组织、协调能力，才能保证整个小组的护理工作质量。

**4. 责任制整体护理（responsibility holistic nursing）**　是以人的功能为整体论的护理工作模式，又称全人护理（total patient care）或以患者为中心的护理（patient-centered care）。其宗

旨是以服务对象为中心，对其生理、心理、社会、精神、人文等方面进行全面的帮助和照顾，根据患者自身特点和个体需要，提供针对性护理。责任制整体护理充分发挥了护理人员的作用并增强其责任意识，真正让护理人员回归到患者的身边，丰富了护理专业的内涵，提高并保证了临床护理服务的质量。

**拓展阅读**　进一步改善护理服务，落实责任制整体护理

### （二）护理人员排班

排班是护理管理者对护理人力资源分配和使用的具体实施方法，根据本部门人力资源情况，从工作任务、内容、时间等多方面考虑，系统、科学、合理使用护理人员，实现对患者24小时全方位护理。

**1. 排班原则**　护理管理者在护理人员排班时首要考虑的是患者安全和护理质量，通常排班的依据是患者数量和疾病严重程度、护理人员数量和经验等，主要排班原则如下。

（1）满足需求原则：首先，以患者需要为中心，确保24小时连续护理，保证各班次的护理人力完成所有当班护理活动。其次，护士长应尽量满足当班护士合理需求，在具体安排时合理调整，在保证护理质量的同时为下属提供方便。

（2）效率原则：排班应以护理工作量为基础，结合病房当日实际开放床位数、病危人数、等级护理比例、手术人数、床位使用率、当班护士实际工作能力等，对本病区护理人力进行弹性调配，在保证护理质量的前提下有效运用人力资源，提高工作效率。

（3）均衡原则：排班应根据患者情况、护理人员的数量、专业能力及层级等对各班次护士进行有效组合，做到新老搭配、优势互补，高层级护士承担专业技术强、难度大、疑难危重患者的护理工作，低层级护士承担常规和一般患者的护理工作，避免因人力安排不当出现护理薄弱环节，保证临床护理质量和患者安全。

（4）公平原则：护士长应合理安排各班次和节假日值班护士，做到一视同仁，调动护理人员工作的积极性。

**2. 排班方法**　不同的排班方式在护理人力需求上有所不同，护理管理者应根据病区的工作任务及护理人力资源情况选择不同的排班方式，常见的排班方法如下。

（1）周排班法：是以周为周期的排班方法。其特点是对护理人员的值班安排周期短，有一定的灵活性，护士长可根据具体需要对护士进行动态调整，做到合理使用护理人力。一些特殊班次，如夜班、节假日班等可由护士轮流承担。缺点是较为费时费力，且频繁的班次轮转限制了护理人员对住院患者病情的连续了解。

（2）周期性排班法：即每隔一定周期循环排班的方法。其特点是排班模式相对固定，每位护理人员对自己未来较长时间内的班次可以做到心中有数，从而提前做好个人安排，为满足护理工作的同时兼顾护理人员个人需要提供了方便。周期性排班省时省力，护理人员可以公平地获得休假机会。这种排班方法适用于病房护理人员结构合理稳定，患者数量和危重程度变化不大的护理单元。

（3）自我排班法：是一种班次固定，由护理人员根据个人需要选择具体工作班次的方法。一般先由护士长确定排班规则，再由护理人员自行排班，最后由护士长协调确定。这种由护理人员共同参与的排班方法体现了以人为本的思想，适用于护理人员整体成熟度较高的护理单元，护士长的权力下放，为护理人员提供了机会，促进相互交流，有助于培养其主人翁意识和责任感。

（4）弹性排班：是在原有周期性排班的基础上，根据护理工作量变化及时调整护理人员的

数量，以保证取得最佳的工作效率，最大限度地满足服务对象的需要。该排班方式具有班次弹性和休息弹性，能较好地体现以人为本的原则，保质、保量完成工作并合理安排护理人员休假等，尤其适用于手术室及急诊室、重症监护室。

（5）小时制排班：是根据各班次工作时间的长短，保持护理人力在各班次较为均衡的排班方法。通常将一天 24 小时分为 8 小时制（早班、中班、夜班各 8 小时）、10 小时制（每周工作 4 天，每天工作 10 小时）、12 小时制（白班、夜班各 12 小时）和 24 小时制。以 7 天为一周计算，每周工作 3 天，休 4 天，保证护理工作的连续性。

（6）APN 连续性排班：是将一天 24 小时分为连续不断的 3 个班次，即 A 班（早班，08：00—16：00）、P 班（中班，16：00—24：00）、N 班（夜班，24：00—08：00），并对护理人员进行分层级管理，各班时间可根据不同科室具体患者及护理特点进行调整。APN 连续性排班不适用于护理人力不足、护理人员结构不平衡的病区。

（7）计算机辅助排班：是以管理学、运筹学、控制论和行为科学为基础，以计算机技术、模拟技术和信息技术为手段，且具有智能作用的人机系统，结合排班相关因素及约束条件，给出弹性排班图和决策支持系统的结构。计算机辅助排班能够减轻排班工作量，减少人为误差，并对护理人员排班实施科学管理。

# 第四节　护理人员培训与职业生涯规划

培训指组织有计划、有组织地对组织成员实施系统学习和开发潜力的行为过程。护理人员的培训是组织和部门优化护理人力资源结构，激发护理人力资源潜力，提高人力资源使用效率的有效措施。

## 一、护理人员培训原则

1. **与组织战略发展相适应**　要从组织的发展战略出发，结合护理发展目标与工作重点设计培训内容、培训模式、培训对象、培训规模等，保证培训为组织发展服务，促进组织战略目标的实现。

2. **按需施教，学用一致**　要从护理人员的知识结构、能力结构、年龄情况和岗位的实际需要出发，紧密围绕为患者和临床工作服务的目标制定培训内容。培训结果要能够促进组织、部门和护理人员的竞争优势的发挥和保持，使护理人员的职业素质和工作效率得到不断提高，实现组织培训效益最大化。

3. **专业素质与综合素质培训相结合**　护理人员培训除了要与护理岗位职责衔接，提高护理人员专业素质外，还应提高个人综合素养，包括护理人员的职业道德、工作理念、价值观、人生观等，培养德术并举的专业护理人才。

4. **重点培训和全员培训相结合**　医院的培训需要投入成本，因此其培训与开发必须有侧重点，要对医院护理工作的护理技术骨干力量、护理管理人员进行重点培训。另外，组织中的每一位护理人员都有接受培训和教育的权利，管理者应根据护理人员不同的年资、学历、技术职称和培训需求，进行多层次培养，形成良好的护理人才梯队，提升整体素质，使医院效益最大化。

5. **急用性与长期性相结合**　护理人员培训的目的是更好地完成本职工作，如果岗位职责和工作内容发生了变化，就应该及时针对岗位需要增加急需的知识和技能培训，满足组织和部门新业务、新技术、改革项目等对人员素质的基本要求。另外，护理人员的培训不仅要考虑当前的临床需要，还应结合长远需要，根据护理专业的发展趋势确定培训目标，结合组织的长远规划制定培训计划，从而保证护理人员的专业能力适应长远发展的要求。

## 二、护理人员培训内容

由于护理人员年龄、层次、职称、岗位不同，对继续教育的需要程度与内容不同。低年资的护理人员刚刚踏上工作岗位，需要进行规范化培训；高年资的护理人员具有较为丰富的经验与专业技能，需要把宝贵的临床经验上升为理论；护理管理人员需要通过护理管理知识的充实提高管理能力。医院护理管理者应善于分析不同层次护理人员学习的特点，采用不同的培训内容和要求。

1. **新护士岗前培训** 是使新护士熟悉组织、适应环境和岗位的过程，又称定位（orientation）教育。其内容主要有医院历史、文化、环境及专业思想及职业道德；医院及护理组织情况、相关政策，护士行为规范、岗位职责及规章制度；技术操作要求及护理质控标准等。

2. **护理人员规范化培训** 是开展以需求为导向、以岗位胜任力为核心的护理人员培训，切实提高护理人员素质和服务能力。护理人员规范化培训作为护理毕业后教育阶段，是衔接学校教育与临床护理的重要环节。培训的主要内容包括基本理论知识、常用临床护理操作技术、专业理论与实践能力培训。

3. **护理人员分层培训** 是为不同年资、不同职称、不同岗位的护理人员提供符合自身发展的专业能力培训，每个层级的护理人员给予相应的培训内容，以此调动护理人员的积极性和学习效能。例如，医院根据 N1～N5 的护士层级体系，分别开展针对性培训，护理人员通过考核认定，可以参加更高层级的培训，以促进其专业能力不断成长。

## 三、护理人员培训形式与方法

护理工作的性质与在职教育的特殊性决定了护理继续教育形式具有多样性、多层次、多渠道的特点，目前护理人员开展继续教育的形式多样，没有统一的模式，培训人员应根据医院的自身条件和要求等因素进行选择。常用的培训形式有在职培训（on job training）、脱产培训（off job training）、自我培训（self-development training）。

1. **在职培训**

（1）临床指导：任命工作经验丰富，年资较高的护士作为新护士的导师，负责对新护士的带教，进行床边教学，结合临床实际讨论护理理论、专科知识技能、解决患者的护理问题，如定期查房、技术操作示教等。

（2）专题讨论：组织护理人员针对某一专题进行学习讨论，互相交流，如读书报告会、专题讲座、疑难病例护理讨论会等。

（3）短期培训：短期培训从几小时至数月不等，具有专题性、针对性强的特点，如护士长管理培训班、急救护理培训班、专科护士培训班、专题讲习班、专题调研和考察班等。

（4）岗位轮转：通过不同科室岗位轮转，使护理人员积累更多的临床护理经验，拓宽专业知识和技能，增强解决临床护理问题的能力，使其胜任多方面的工作。

2. **脱产培训**

（1）全脱产培训：是一种较正规的人员培训，是根据医院护理工作的实际需要选派不同层次、具有培养潜力的护理骨干，集中时间离开工作岗位，到专门的学校、研究机构或其他培训机构进行学习。全脱产培训一般采用理论授课、专家讲座、工作坊等形式，这种培训有一定深度，学习内容较系统，但培训成本高。

（2）半脱产培训：是在职培训与全脱产培训相结合的一种方式，这种培训方式较全脱产培训时间安排更灵活，可边工作，边学习，可采用线上线下结合的形式，达到一定学时、学分，经考核可获得培训证书，如专科护士培训。

### 3. 自我培训

（1）自主学习：是一种主动学习的行为，护理人员根据自身情况和工作要求，结合自身特点，不断进行自我学习。如通过向有经验的高年资护理人员请教、阅读专业书籍和护理期刊等，丰富理论知识，提高自身技能。

（2）学历教育：毕业后能够进一步提高学历是专业知识和能力增强的标志之一，如参加全国护士教育自学委员会或各医学院校组织的专业辅导及学历考试，脱产、半脱产的成人高等护理教育，电视、广播讲座，夜校、函授教学等。

（3）网络学习：现代信息技术的应用加快了护理继续教育的步伐，通过互联网可以更加快捷、方便地获取各种信息、查阅文献资料，甚至开展远程教学，充分利用网上的护理资源，通过院内局域网建立护理学习网站向护理人员提供学习材料，具有实用、方便、知识更新快等优点，能较好地完成护理人员的继续教育和提高学习效率。

## 四、护理管理人员培训

护理管理人员是医院护理管理活动和管理职能的承担者，加强对护理管理人员的培训是提高护理管理效率的关键，对医院生存与发展具有重要意义。医院应根据培训对象的特点及岗位具体要求选择合适的培训方式，针对护理管理岗位人员的培训方法如下。

**1. 职业模拟培训** 指设计一种护理管理工作的特定情境，由若干受训人员代表不同的部门和个人，扮演特定的角色，如护士长、科护士长、科室护士、实习护士等。这种职业模拟培训要求站在自己的职业角度对护理工作任务、条件及环境等进行分析、决策和运作。这种培训旨在让受训管理人员身临其境，通过培训提高自己的实际管理工作能力、分析和处理问题的能力及管理适应能力等。

**2. 分级选拔培训** 对护理管理队伍梯队建设具有积极的现实意义。在分级选拔培训过程中，有创新思想、工作能力强、有效解决问题的管理人员都有获得提升、加薪的机会，而能力差的管理者在培训过程中可能被淘汰。这种具有价值感、压力感和挑战性的培训不仅能使受训者提高管理能力，激发管理人员进行有效管理，同时为医院和部门规划选拔继任护理管理人员奠定了基础。

**3. 职务轮转培训** 职务轮换重点是拓宽护理管理人员的专业知识和技能，使受训管理人员更加全面掌握医院护理管理岗位的职能与管理艺术。另外，职务轮转还有利于发现和选择潜在的优秀护理管理人才。护理管理岗位轮转的方式较多，可以根据人才培养目标和护理管理岗位需要进行不同科室护士长之间轮转、副护士长之间轮转、护理部与科室管理岗位轮转等。

## 五、护理人员职业生涯规划

职业生涯规划可以帮助员工在组织内部实现个人目标，获得职业满意感，促进组织的生存和发展。护理人员职业生涯规划有利于护理人员个人成长，并提升护理成效，满足护理人员个人、护理组织和护理管理者三者发展需要。

### （一）职业生涯规划相关概念

**1. 职业生涯**　是个体获得职业能力、培养职业兴趣、职业选择、就职，直至退出职业劳动的完整职业发展过程。职业生涯的概念包括个体、职业、时间、发展和动态几方面的含义，指一个人在其一生中所承担工作的相继历程，主要指专业或终身工作的历程。护理人员职业生涯指护理人员在从事的护理专业领域内的工作和行为历程。

**2. 职业生涯规划（career planning）**　指个人和组织相结合，在主客观条件基础上，对个人兴趣、爱好、能力、特长、经历及不足等各方面进行综合分析与权衡，结合时代特点，根据自己的职业倾向，确定最佳的职业奋斗目标，并为实现目标做出行之有效的安排。

### （二）职业生涯规划相关理论

**1. 职业选择理论**　指通过了解自身的"个性特质"和不同职业的需求，依照自己的职业期望和兴趣选择个人的职业。该理论的主要代表为美国"职业辅导之父"帕森斯（Parsons）创立的"职业－人匹配理论"，是在清楚认识、了解个人的主观条件和社会职业岗位需求条件的基础上，将主客观条件与社会职业岗位相对照、相匹配，最后选择一个与个人匹配相当的职业。"人职匹配"是职业指导中永远不变的核心理念，被广泛应用在人们的职业选择中。

**2. 职业生涯发展理论**　是以心理学为理论基础，综合差异心理学、职业社会学及人格理论的有关原理，从发展的角度来研究个体的职业行为。该理论的主要代表为美国管理学和组织行为学专家斯蒂芬（Stephen. P. Robbins）创立的"职业生涯发展阶段理论"，他将职业生涯划分为 5 个阶段，即职业探索阶段、职业建立阶段、职业稳定阶段、职业成熟阶段、职业衰退阶段（图 6-1），每个阶段都会面临特定的问题和任务。在职业探索阶段，员工刚进入组织或开始一份新工作，关注的是立业和提高个人成就；职业建立阶段，员工面临的是重新定位和转变的需求，以及如何维持自己的绩效能力；进入职业稳定阶段的人员在特定岗位上的工作能力得到进一步增强，根据其个人努力程度，其绩效水平可能会持续改进；职业成熟阶段，资深专业人员在不同岗位上发挥着骨干作用；职业衰退阶段，首要任务是维持绩效能力，为退休做准备。

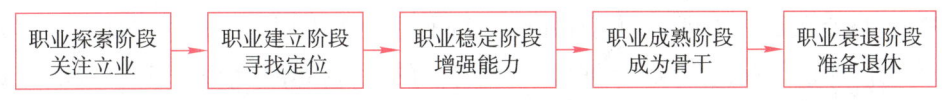

**图 6-1　护理职业生涯发展 5 个阶段**

**3. 职业探索决策理论**　人的职业生涯发展充满着许多不确定因素，需要个体不断探索和决策。该理论中最具代表性的是美国著名职业指导专家埃德加·H·施恩（Edgar. H. Schein）提出的"职业锚理论"。职业锚指人们通过实际的工作经验达到自我满足和补偿的一种长期的职业定位。护理人员的职业锚是在护理实践工作经验中获得，并直接反映护理人员个人职业发展的潜在需求和动机的职业定位。同时，职业锚不是固定不变的，是员工的动机、需要、价值观和能力相互作用和逐步整合的结果，是自我意向的动态过程。

### （三）护理职业生涯规划流程

护理人员职业生涯规划包括自我评估、环境分析、选择发展途径、设置目标、行动策略、评估与调整等主要活动。

**1. 自我评估**　是对个人在职业发展方面的相关因素进行全面、深入、客观认识和分析的过程。评估内容包括个人的职业价值观、追求的目标、做人做事的基本原则、具备的专业知识与技能、人格特点、兴趣爱好等相关因素，在此基础上形成自己的职业发展定位。

2. **环境分析** 评估的环境因素有：环境的特点、环境的发展变化、个人职业与环境的关系、个人在环境中的地位、环境对个人提出的要求、环境对自己职业发展有利和不利的因素等。通过对上述因素的评估，确认适合护理职业发展的机遇与空间环境，才能正确把握自己的奋斗目标和方向。

3. **选择发展途径** 是在自我评估和环境评估的基础上设计职业发展的路线和方向，对自己职业定位进行调整。发展方向不同，发展要求和路径也就不同。另外，护理人员个人的职业发展意愿还受到外在条件、组织需求、机遇等因素的限制，这时就需要个人对自己的职业定位进行调整。由此可见，职业发展途径的选择是个人条件和环境条件的有机结合。

4. **设置目标** 护理人员制定的个人职业发展目标要以实际环境和条件为基础，每个人的背景不同，设置的目标也应有所区别。目标设置的基本要求是适合个人自身特点、符合组织和社会需求、目标的高低幅度要适当、目标要具体、同一时期不要设定过多的目标。

5. **行动策略** 职业目标的实现依赖于有效策略与个人各种积极的具体行为。有效策略包括平衡职业发展目标与个人生活目标、家庭目标等其他目标之间的相互关系、在组织中建立良好的人际关系、岗位轮转、提高个人学历、参与社会公益活动等。具体行为包括个人在护理工作中的表现与业绩，个人发展的前瞻性准备，如业余时间的学习提高、工作中经验的积累等。

6. **评估与调整** 影响职业生涯发展的因素很多，有些往往难以预料，这就需要个人根据实际情况，针对面临的问题和困难进行分析和总结，及时调整自我认识和对职业目标进行重新界定。评估与调整的内容包括职业的重新选择、终身目标的修改、职业生涯路线的重新设计、人际关系的调整等。

### （四）护理职业生涯规划应用

1. **组织层面** 医院应确定护理组织的发展目标和职业需求规划，帮助护理人员开展职业生涯管理，将护理人员的绩效评价与职业生涯发展规划结合起来，使护理人员职业生涯发展评估与岗位调整相匹配，确定不同职业生涯期护理人员的职业管理任务等。通过个人与组织的共同努力，使护理人员的职业发展与医院的规划需要相符合，实现个人与组织共同发展。

2. **护理管理者层面** 护理管理者应结合护理职业生涯规划理论，对本部门护理人员的日常工作能力进行评估，提供建议和反馈，进行有效的职业指导，帮助护理人员职业定位。同时，根据护理人员个人特长进行分工，为护理人员挖掘和提升个人潜能提供机会，促进和鼓励本部门护理人员在组织内晋升。

3. **护理人员个人层面** 护理人员的职业发展需以日常工作为起点，在高效完成本职工作的同时，主动获取与职业发展相关的信息资源，结合兴趣、技能、价值观、职业偏好等，调整并确认理想与现实的结合点，从工作的每一个细节奠定自己的职业发展基础，寻找晋升和培训的机会，优化职业选择和发展决策。

## 第五节 护理绩效管理

### 一、绩效管理的概念、特性与功能

#### （一）绩效管理的概念

1. **绩效（performance）** 指工作中员工的工作效果、效率及其相关能力和态度的总称。

2. **绩效管理（performance management）**　是管理者与被管理者为了达到组织目标共同参与的绩效计划制订、绩效考核评价、绩效结果应用、绩效目标提升的持续循环过程。

### （二）绩效管理的特性

1. **多因性**　绩效会受到护理人员技能、内部环境、外部环境条件及激励机制等多种因素的影响。

2. **多维性**　绩效有多个角度，如任务、关系、适应性等。

3. **动态性**　绩效在一定时间内会发生变化。

4. **可衡量性**　绩效一定是可衡量、可评估的，如工作行为、结果、目标实现等。

### （三）绩效管理的功能

1. **促进组织和个人绩效的提升**　绩效管理通过对护理人员进行甄选与区分，保证优秀人才脱颖而出，同时淘汰不合适的护理人员。通过绩效管理，能使内部人才得到成长，同时吸引外部优秀人才的流入，使人力资源能满足组织发展的需求，促进组织绩效和个人绩效的提升。

2. **促进管理和业务流程优化**　在护理绩效管理过程中，各级护理管理者都应该从组织整体的利益及工作效率出发，分析各种问题的影响因素，逐步地优化组织管理流程和业务流程，使组织运行效率不断提高。

3. **保证组织战略目标实现**　组织管理本质上是一种过程管理，它是将组织中长期的战略目标分解成各部门年度、季度、月度绩效目标。各个部门向每个岗位分解核心指标就成为每个岗位的绩效目标，在不断督促护理人员实现、完成绩效目标的过程中，实现了部门的绩效目标，从而保证了组织战略目标的实现。

## 二、护理绩效管理的原则与流程

### （一）护理绩效管理的原则

1. **基于岗位的原则**　护理绩效考评标准应根据工作岗位内容来建立，用以评价护理绩效的标准必须与护理工作相关，制定标准的依据是具体岗位的职责，如护士、护士长、护理部主任的岗位职责在内容上有不同要求，其评价指标就应当有所区别。制定评价标准时应尽量使用可衡量的指标，以便提高评价标准的可操作性。

2. **标准化原则**　绩效管理的标准化有四层含义：一是在同一管理者领导下从事同种护理工作的人，应使用同一评价方法或工具进行评价；二是评价的间隔时间应该基本相同；三是重视评价反馈并有效落实；四是提供正式的评价文字资料，被评价人应在评价结果上签字。

3. **公开化原则**　一是标准公开化：建立的护理人员工作评价标准应尽量具有客观性，并在实施前公之于众，使护理人员明确了解组织对他们的期望行为和绩效要求，帮助他们找准自己努力的方向；二是结果公开化：好的评价体系会随时向护理人员提供持续性的反馈，以帮助他们把工作做得更好。

4. **正向反馈原则**　绩效反馈为管理者和下属双方提供了一个思想交流的平台，目的是通过绩效考评，把人员聘用、职务聘任、培训发展、评先评优相结合，以激励护理人员不断提高工作绩效。对工作出色的护理人员要进行肯定奖励，以巩固和维持组织期望的业绩；对工作表现不符合组织要求的护理人员要保持正向的态度，并给予建设性的建议。

### （二）护理绩效管理流程

绩效管理是一个系统的过程。完整的绩效管理由制订绩效管理计划、绩效辅导、绩效评价、绩效反馈、绩效评价结果应用五个环节组成。

**1. 制定绩效管理计划** 绩效计划是绩效管理的基本流程，是确定组织内护理人员的绩效期望并得到护理人员认可的过程，是关于工作目标和工作要求的契约。制定的绩效计划要与组织发展战略目标和年度绩效计划相一致，目标分解要有连贯性，各层级目标相互衔接，并结合具体的绩效评估指标和指标权重形成客观公正、重点突出的绩效评估指标体系。

**2. 绩效辅导** 指管理者与员工围绕绩效计划的实施，讨论有关工作的进展情况、潜在的障碍和问题、解决问题的方法、员工取得的成绩及存在的问题、管理者提供帮助的过程。辅导沟通时要注意与护理人员一起探讨工作进展，肯定护理人员的成绩，帮助护理人员找出问题所在，制订改进计划。同时，关注护理人员的执行情况，并提供资源的支持和培训。

**3. 绩效评价** 是整个绩效管理系统中的关键环节，指按照绩效计划中确定的绩效目标和考核标准，通过一定的考评方法和工具，考察护理人员实际工作绩效的过程。该部分是整个绩效管理系统中技术含量最高、操作难度最大的一个部分，应遵循公平公正、客观考评、基于本职、差别考评、单头考评、结果公开、严格考核等原则。

**4. 绩效反馈** 指在绩效周期结束时让医院和护理部门了解护理人员整体的绩效水平，让被考核护理人员了解自己的工作情况，帮助管理者与护理人员一起分析工作中存在的不足及制定改进的措施。护理绩效反馈的重点是既强调护理人员工作表现中的积极方面，同时也必须就护理人员在工作中需要改进的方面进行讨论，并共同制定今后的改进计划，持续提高护理工作绩效。

**5. 绩效评价结果应用** 绩效管理是否成功，关键在于绩效结果如何应用。如果运用不合理，那么绩效评价对员工绩效改进和能力提升的激励作用就得不到充分体现。在绩效管理中，必须把绩效评价与护理人力资源管理的其他环节有机衔接，将评价结果运用到薪酬分配、职务调整、培训与开发等工作中。

## 三、护理绩效管理方法

护理绩效管理方法较多，选择哪种方法应主要考虑以下因素：体现组织目标和评价目的，能对护理人员的工作起到积极正面的引导作用和激励作用，能客观真实地评价护理人员的工作，简单、有效、易于操作，节约成本。

**1. 绩效评价表法** 采用绩效评价表进行护理绩效评价是临床使用较多的方法。其具体操作是根据评定表上所列出的指标，对照被评价人的具体工作进行判断并记录。护理人员评价要素选择的指标一般有两种类型：一是与工作相关指标，如工作质量、工作数量；二是与个人特征相关指标，如积极性、主动性、适应能力、合作精神等。

**2. 比较法** 通过比较被考评护理人员的工作绩效来进行绩效评价，从而确定其工作绩效的相对水平和考评排序。考评过程简便，省时省力，便于操作。但由于比较法是基于整体印象而不是具体的比较因素，很难发现被评价者存在的问题，无法对护理人员提供建议、反馈和辅导。比较法一般需要与量表法、描述法等结合使用。

**3. 描述法** 是评价者用描述性文字对护理人员的工作能力、工作态度、业绩状况、优势和不足、培训需求等方面作出评价的方法。这种方法侧重于描述护理人员在工作中的突出行为，而不是日常业绩。描述法由于没有统一的标准，在进行护理人员之间的评价比较时有一定的难度，可根据评价目的和用途，结合其他方法使用。

**4. 目标管理法**（management by objectives，MBO） 指由下级与上级共同决定具体的绩效目标，并定期检查完成目标进展情况的一种绩效管理方式，属于结果导向型的考评方法之一。护理人员有一定的自由度，管理者提供支持和帮助。该方法的特点是加强了护理人员的绩效考核参与意识，培养自我激励意识，但目标制定过程比较费时。

5. **关键绩效指标法（key performance indicator，KPI）** 是把对绩效的评估简化为几个关键指标的考核，将关键指标当作评估标准。该方法蕴含重要的管理原理——"二八原理"，即 80% 的工作绩效是由 20% 的关键行为完成的。因此，绩效评价的重点就是分析和衡量导致 80% 工作绩效的 20% 的关键行为。这种方法的优点是指标简单、标准简明，易于做出评估；缺点是对关键指标以外的其他内容缺少评估。

6. **360 度反馈（360-degree feedback）** 也称 360 度绩效考核法，是由被评价者的上级、同事、下级（或客户）及被评价者本人从多个角度对被评价者工作业绩进行的全方位衡量并反馈的方法。此方法与传统评价的本质区别是扩大评价者的范围和类型，从不同层次的人员中收集关于护理人员的绩效信息，由此保证了评价的准确性、客观性。此方法的不足在于考核成本高，由多人共同考核导致的成本上升可能会超过考核本身所带来的价值。

7. **平衡计分卡（balanced score card，BSC）** 是通过财务、客户、内部运营、学习与成长四个方面来设定适当的目标值，赋予不同的权重，从而形成全面完整的绩效考评体系。其中，财务目标是组织的最终目标，客户评价是关键，内部运营是基础，学习与成长是核心。以平衡计分卡为基础的绩效考核体系由 4 个程序组成，包括说明愿景、上下沟通、业务规划、反馈与学习。平衡计分卡迫使管理者将所有的重要绩效指标放在一起综合考虑，能随时观察某一方面的改进是否影响和牺牲了另一方面的绩效，从而提高组织发展的整体协调性。

**拓展阅读** 基于 DRG 的绩效管理方案

# 第六节　护理薪酬管理

## 一、薪酬管理的概念与分类

### （一）薪酬管理的概念

1. **薪酬（compensation）** 指单位及雇主为获取员工的劳动而给予的各种直接或间接的回报或报酬。

2. **薪酬管理（compensation management）** 是在组织发展战略指导下，综合考虑内外部各种因素的影响，确定自身的薪酬体系、薪酬水平、薪酬结构和薪酬形式，并进行薪酬调整、薪酬控制及制定薪酬政策的整个过程。

### （二）薪酬管理的分类

1. **直接经济薪酬（direct financial compensation）** 指单位支付给员工的包括工资、佣金、津贴、奖金等全部薪酬。直接经济薪酬又可分为固定薪酬和绩效薪酬。

（1）固定薪酬：包括基本工资、津贴等相对固定的报酬，是以员工所承担的工作的重要性、难易程度、责任大小或对组织的价值来确定的。

（2）绩效薪酬：又叫浮动薪酬、可变薪酬，是薪酬体系中与绩效直接挂钩的经济性报酬，随员工的工作绩效而变化，如奖金、红利、利润分享、股票认购等，具有很强的激励性。

2. **间接经济薪酬（indirect financial compensation）** 指单位付给员工的福利，包括直接薪酬以外的各种形式的补偿和服务，如为员工提供的各种福利待遇、保险、休假等。

## 二、护理薪酬管理原则

**1. 合法性原则** 是医院薪酬管理的最基本前提，要求医院在制定护理人员薪酬制度、设计薪酬方案时要按照国家现行人事、劳动与社会保障政策、法律法规进行。医院的薪酬体系只有在合法的前提下，才能对护理人力资源的薪酬管理起到促进作用。

**2. 公平性原则** 公平性包括客观公正性和主观公平感。在薪酬分配系统的制定过程中，组织应尽量做到行业内、组织内及员工间的公平。护理人员的公平感受主要体现在医院分配机制、人才价值、医院其他岗位的报酬、个人最终获得的具体薪酬数额等方面的感受。公平是薪酬管理系统的基础。

**3. 竞争性原则** 薪酬的竞争性指医院护理人员的薪酬标准在社会和人才市场上对医院招聘及留住人才具有一定的吸引力。医院要想获得具有竞争力的护理人才，就必须制定出一套对护理人才具有吸引力并在行业中具有竞争力的薪酬制度。

**4. 激励性原则** 激励指组织通过设计适当的外部奖酬形式和工作环境，以一定的行为规范和惩罚性措施，有效地实现组织及其成员目标的系统活动。激励的目标是使组织中的成员充分发挥出其潜在的能力。公平化、透明化的护理薪酬管理体系，才能真正激励护理人员，并能提升护理人员的主观能动性和工作积极性，以此推动医院的高质量可持续发展。

**5. 按劳付酬原则** 岗位性质、员工学历、员工能力等因素对薪酬会有影响。通过科学分析护理岗位价值、岗位级别，进而确定护理岗位薪酬的量化指标，科学制定薪酬管理体系。

## 三、护理薪酬影响因素

**1. 地区薪酬政策** 是医院制定薪酬方案的重要指导方针和政策依据，如岗位工资、薪级工资等薪酬的基本标准，人员晋升薪酬变动标准，医护人员加班薪酬的发放政策，病假、进修等特殊情况时的薪酬等。

**2. 护理绩效分配模式** 不同的时代及政策背景下，医疗机构所面临的机遇与挑战有着很大的差异。医院发展的进程中护理薪酬管理方法也在不断探索，护理绩效分配模式基本体现为：全成本核算的一级绩效分配模式，纳入基于岗位职责、护理工作量、工作质量、职称、年资等考虑因素的二级绩效分配模式，结合医院总体绩效奖金分配方案，将医生绩效与护理绩效分开核算的护理绩效垂直管理模式。

**3. 护理工作年限、职称级别及岗位价值** 薪酬体系中的岗位工资、薪级工资、基本绩效等，与员工职称、工作年限、岗位等因素有关。护理人员不同的工作年限、职称级别及各种不同护理岗位，形成不同的薪酬水平，也是导致护理人员薪酬水平差别的基本原因。

**4. 护理人员个人能力与素质** 个人在工作任务、数量、质量、效率、工作产生的效益及对待工作态度等方面的情况，是影响绩效的因素。公平地评价护士的贡献，可以为护士薪酬发放提供基础信息，激励业绩优秀的护士，让护士认识到自己工作的意义和价值，从而激发其成就感和使命感。

**5. 医院经济能力及外部环境** 医院护理人员薪酬水平的高低与本医院发展阶段、发展水平、业务范围、市场占有等经济指标直接相关。如果医院薪酬负担超过其支付能力，必然给组织经营带来不利影响。不同等级、不同医院、不同岗位的护理薪酬水平也会有区别。另外，经济环境、社会环境、市场发展环境等外界各种环境对医院的运转和生存都具有直接的影响作用。

## 四、护理薪酬管理体系

护理薪酬管理体系是医院管理体系中的一个重要组成部分。薪酬体系包括基于岗位的薪酬体系、基于技能的薪酬体系、基于绩效的薪酬体系等，它们分别依据护理人员所从事工作的相对价值、具备的知识技能、工作表现来确定薪酬。

1. **岗位价值评估** 对不同科室护理人员岗位及职责进行评估，包括工作经验、知识技能、专业难度、软性能力、环境特点、权责、影响、工作沟通、工作复杂性和工作强度，确定岗位相对价值。

2. **市场薪酬调查** 了解医院所在地区的行业薪酬、福利信息，调查行业相关数据，并进行分析。

3. **确定薪酬结构** 结合岗位评估结果，确定不同模式下的薪酬结构，即固定工资、津贴、奖金、福利等的比例。薪酬结构是影响护士满意度最重要的指标，也是内部公平性的直接体现。

4. **确定薪酬水平** 根据行业薪酬调查、内部薪酬结构数据及医院的实际情况，确定各岗位薪酬水平。薪酬水平可根据护理人员的绩效、能力、行为等进行动态的调整。

5. **薪酬分配管理** 建立适合医院的护理薪酬分配政策与制度，包括编制薪酬预算、监督薪酬分配过程、评估薪酬系统的有效性等，在实施过程中注重护理人员意见反馈并完善制度修订。

## 五、护理薪酬模式构建

1. **构建依据** 护理薪酬模式的构建遵循岗位绩效工资制度，护理人员的个人收入与绩效考核结果挂钩，以护理服务质量、数量、技术风险和患者满意度为主要依据，注重临床表现和工作业绩，并向工作量大、技术性难度高的临床护理岗位倾斜，从而形成有激励、有约束的内部竞争机制，体现同工同酬、多劳多得、优绩优酬。

2. **基于岗位的薪酬模式构建**

（1）岗位价值评估工具：要素计点法，由组织首先确定用于职位相对价值评价的报酬要素，根据程度差别对每个报酬要素进行等级划分和等级定义，并赋予每个要素以不同的权重，继而确定报酬要素等级所对应的点值。

（2）要素和权重的确立：形成包括专业难度、工作责任、工作强度、工作环境4个一级要素及若干个二级要素的临床护理岗位价值初步模型。

（3）护理岗位价值评估模型的确立：通过德尔菲法确立最终临床护理岗位价值模型。

（4）薪酬系数的确定：根据岗位分级要素、班次评估要素，对不同护理单元、班次的临床岗位价值进行评估，分别得出临床护理岗位和具体班次的薪酬系数。

**拓展阅读** 特殊岗位护理薪酬管理

## 六、护理职业福利

### （一）职业福利相关概念

1. **福利（welfare）** 是依据国家的强制性法令及相关规定，为改善员工及其家庭生活水平，增强员工对雇佣单位的忠诚度，激发工作积极性等为目的而支付的辅助性货币、实物或服务等。

2. **职业福利（occupational welfare）** 广义的职业福利又称职工福利、员工福利，是以用人单位和社会团体为责任主体，专门面向内部员工的一种福利待遇。依据职业福利的含义与特点，结合世界各国职业福利的实施状况，职业福利的结构可划分为三个层次，包括政府规定的法定福利、作为补充性社会保障措施的职业福利、单位内常设职业福利项目。狭义的职业福利不包含法定福利，可以归结为任何由雇主单独资助或发起的或雇主与雇员共同发起的、提供基于雇佣关系的、政府未规定或不由政府直接给付的福利项目。

现阶段，国内关于护士职业福利研究较少，由于我国国情特殊，医疗制度自成体系，国外的研究对于中国的医疗职业福利制度参考价值较低。因此，我国的护士职业福利概念还有待研究。

### （二）职业福利类型

**1. 法定福利** 包括养老保险、医疗保险、失业保险、工伤保险、生育保险、长期护理保险等；法定的病假、休假、照料假等；遣散费、工伤补偿、法定劳动保护等。

**2. 法规补充型福利** 可分为货币型和非货币型。货币型包括补充养老保险、补充医疗保险、补充失业补贴、补充工伤补贴、健康和失能保险、大病和住院保险、人寿保险、意外险、住房财产保险、住房公积金等；非货币型包括补充产假或育儿假、儿童或老年人照料假，儿童或老年人照料服务（企业内设托儿所、育婴室或日间照料）、弹性工作制、工作时间账户，教育和培训等。

**3. 工资替代型福利** 可分为货币型和非货币型。货币型包括员工幼托费、儿童照料津贴、单亲家长津贴、按揭贷款补贴、一次性住院补助、婚丧补助等困难补助、住房安置补贴、餐饮补贴、降温或取暖费用补贴，车贴或公交车票等；非货币型包括员工宿舍、企业内设餐厅、健身设施、健康检查、咨询服务（法律咨询或职业咨询）、职工援助计划、企业内无息或低息贷款等。

**4. 附加福利** 如员工度假屋、低价或免费享受互联网（电话）、为员工配车、单位产品（服务）折扣，节假日礼品、购物券等。

### （三）职业福利相关理论

目前，关于职业福利的理论主要有三种：补充理论、替代理论和福利多元主义理论。

**1. 补充理论** 补充理论认为，每个福利供给组织都有本身的特性，这些特性决定了它们只能执行某些特定与其结构相匹配的任务或目标。不同福利供给主体都有各自专业的领域，提供不同种类的福利服务，职业福利与社会福利构成"社会服务"的组成部分，两者共同满足不同人群，以及不断变化的需要，两种福利在功能目标上相互补充。

**2. 替代理论** 替代理论暗含着在国家福利与职业福利之间的反向关系，一个主体供给活动的增加会导致另一个主体的总体福利供给减少；反之亦然。该理论认为国家福利和职业福利呈现此消彼长的博弈状态。

**3. 福利多元主义理论** 福利多元主义理论认为，国家的福利改革主要是国家在总体福利项目中主导地位的一种转变，各种福利提供者之间的功能正在重新分配而福利总体水平将几乎保持原规模。福利多元主义者在大多数时候遵循的是各供给主体的功能等价原则，各主体具有同等供给福利的能力。

### （四）护理职业福利的作用

**1. 职业福利影响患者护理安全与质量** 护理人员是医疗团队中不可或缺的一部分，其直接参与患者的护理和治疗过程。护理人员的福利待遇对患者护理的质量有着深远的影响，满意的福利待遇可以降低护理人员的疲劳程度，减少错误和意外事件的发生，增强患者安全，保障

NOTE

护理质量。

**2. 职业福利影响护理人员职业倦怠** 职业倦怠指现代人在应对复杂社会时产生的亚健康的生存状态,护理人员是职业倦怠的高危群体,职业倦怠导致护理人员高离职率,影响护理队伍的稳定性。职业福利是职业倦怠的影响因素,合理的职业福利可满足护理人员的需求,也是护士认真服务医疗卫生事业的重要保障;加强护理人员的职业福利保障,解决护士后顾之忧,对于稳定护理队伍具有重要意义。

**3. 职业福利影响护理队伍素质** 护理人员享有职业福利,既是社会福利理念的体现,也能让护理人员与用人单位互相依存、相互促进。完善的职业福利待遇能够吸引更多优秀人才,让护理人员得到价值认同与需求的满足,有效地提升护理人员职业归属感,进而有助于吸引和保留高素质的护理人员,有利于促进护理人员数量和质量的提升。

---

**临床链接**

**对　话**

　　知人善任,人尽其才。通过数字资源中这段视频的三段对话,让我们一起看看在"选人,用人,育人,留人"方面,人力资源管理是如何发挥成效的。相信这段视频会给你一些启发。

　　1. 如果你要进行医院入职面试,你想怎样展现自己?

　　2. 感兴趣的同学可以观看《红楼梦》中"王熙凤协理宁国府"片段,来体会王熙凤对人力资源的智慧管理。

（柏亚妹　刘春娥）

---

**数字资源详见新形态教材网**

    ✦编者导学    ☷学习目标    ▣教学课件    🎧微视频    ▦案例

    ▦临床链接    ▣拓展阅读    ▤自测题    ▦榜样的力量    ▦管理箴言

# 第 七 章
# 管理沟通与冲突

 编者导学

 学习目标

**章前导学**

　　心灵需要理解才能沟通，感情需要理智才能升华，纷争往往因误会而起，解决之道在于沟通。管理离不开沟通，沟通贯穿于管理活动的各个方面与环节。管理沟通是组织内部和外部信息交流的关键过程，对于实现组织目标、提高工作效率和促进团队协作具有重要意义。有效的管理沟通能够帮助领导者传达战略愿景、明确工作目标和期望，使员工对组织的发展方向有清晰的认识。若缺乏沟通或沟通不畅将产生误解甚至冲突，导致管理的混乱或失败，影响组织的生存和发展。建立良好的管理沟通才能降低误解和冲突，提高决策质量，确保组织资源得到合理分配和有效利用，对于提升组织竞争力和实现可持续发展具有重要作用。

　　管理离不开沟通，沟通贯穿于管理活动的各个方面与环节。管理中的有效沟通有利于完成工作任务、激发员工士气和提高组织绩效。若缺乏沟通或沟通不畅将产生误解甚至冲突，导致管理的混乱或失败，影响组织的生存和发展。要保持组织成员间协调一致，顺利实现组织目标，管理者就必须进行有效的沟通。

## 第一节　管理沟通

### 一、管理沟通的概念及内涵

#### （一）管理沟通的概念

　　1. **沟通（communication）** 指信息在两个及以上的人之间传递与理解的过程。信息发送者对信息进行编码，借助媒介将信息传递给信息接收者，并关注反馈信息以达到相互理解的目的。沟通既可以是单纯的信息交流，也可以是融入思想、情感、态度的综合交流。理想的沟通是信息发送者发出的信息与信息接收者理解到的信息在意义上是一致的，并能达成认知与行动的一致。

　　2. **管理沟通（management communication）** 指管理者为了实现管理目标，与组织内部成员或外部公众之间进行有计划的、规范性的沟通活动过程。管理沟通作为组织的信息交流行

 NOTE

为，是管理的实质与核心内容，普遍存在于管理的所有活动过程之中。

管 理 箴 言

### （二）管理沟通的内涵

管理沟通的本质仍然是沟通，其内涵主要体现在以下几方面。

1. **管理沟通是一种有目的的活动** 管理沟通是管理者为了实现管理目标而进行的职务沟通活动，它有别于任何私人的、随意的、无计划的、非规范的沟通。

2. **管理沟通是一个闭环** 管理沟通不是单向的，而是一个涉及思想、信息、情感、态度交流的双向互动过程。管理沟通包括6个基本步骤，即信息选择、信息编码、信息传递、信息接收、信息解码、信息反馈（图7-1）。管理者尤其应关注信息反馈，以实现沟通双方认知和行动的一致。

3. **管理沟通是多层面的沟通** 管理沟通涉及个体、群体、组织及外部社会等多个层面。管理者根据沟通的目的，既可以开展个体与个体之间、个体与群体之间的沟通，也可以开展群体与群体之间、组织内部与组织外部之间的沟通。

4. **管理沟通强调信息的理解** 管理沟通是为了履行管理职能、实现管理目标而进行的活动。只有当管理者所传递的信息被员工理解和接受，这样的沟通才有意义。因此，信息编码、信息传递、信息解码及信息反馈就非常重要。

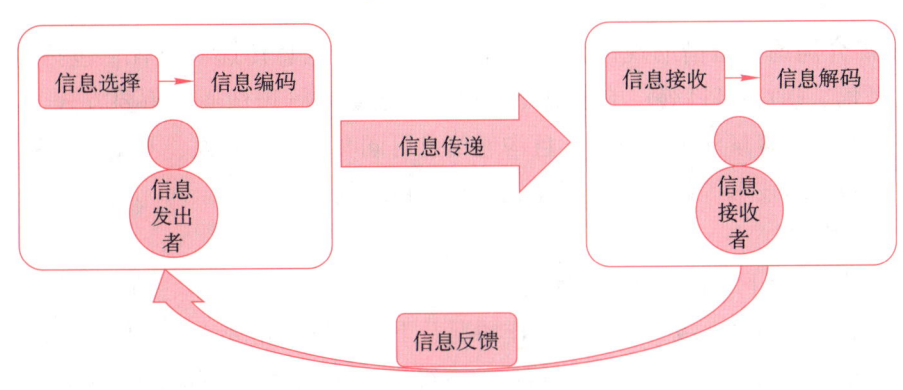

图 7-1 管理沟通的基本步骤

## 二、管理沟通的目的及作用

### （一）管理沟通的目的

1. **收集信息** 通过与组织内部、组织外部的信息交流，获得组织外部环境与内部环境的信息，如最新的国家卫生政策法规、护理专业发展现状与趋势、患者就医体验与满意度、护士需求与工作体验、管理效能等，从而为决策提供依据。

2. **分享信息** 组织需保证每名员工知晓组织的使命、目标、任务与具体工作方案，员工对相关信息了解得越多越清楚，就越能采取正确的行动。

3. **达成目标** 管理者通过沟通将知识、经验、方法、要求等信息传递给员工，影响员工的知觉、思想与态度，最终达成认知与行为的一致，进而实现管理目标。

### （二）管理沟通的作用

1. **促进正确决策** 良好的沟通能够帮助管理者及时、全面、真实、有效地获取信息，以做出正确的决策。因此，良好的沟通是管理者进行正确决策的前提和基础。

2. **改善人际关系** 沟通可以使个人思想、情感得以表达，增进相互了解与理解，消除分歧与隔阂，减少人际冲突，从而建立和谐的人际关系和良好的组织工作氛围。

**3. 激发工作积极性**　管理者通过沟通将组织的目标、任务及个人的观点、要求告诉员工，并通过沟通了解员工的想法、态度、需求和行为，从而采取有效的策略进行指导、协调。管理者与员工之间的有效沟通，有助于相互激励，进而提高工作积极性与工作效率。

**榜 样 的 力 量**

### 三、管理沟通的类型

#### （一）按沟通的方式分类

**1. 口头沟通**　指借助于口头语言实现的信息交流，是日常沟通中最常用的方式，主要包括交谈、口头汇报、演讲、会谈和讨论等。口头沟通的优点是简便、灵活、迅速，信息可以得到及时的反馈；缺点是准确程度不如书面沟通。

**2. 书面沟通**　指通过文字、图表的表达形式进行沟通，包括通知、文件、报告、信函、备忘录等。书面沟通具有严肃性、规范性的特点，有利于长期保存、反复研究；缺点是耗时较长，难以得到及时的反馈。

**3. 非语言沟通**　指通过面部表情、语气语调、身体动作、空间距离等来传递信息的过程。非语言沟通容易被人忽略，但其往往反映人的真实感情与态度。适度、巧妙地使用非语言沟通可以改善沟通效果。

**4. 电子媒介沟通**　指借助现代化电子通信技术进行信息传递的过程，包括电话、短信、电子邮件、微信、QQ、钉钉等。电子媒介沟通已成为目前管理沟通的重要方式，其优点是可以远距离、快速、大容量地传递信息，且沟通信息可同时传递给多人，不受时空限制；缺点是易受通信设备和网络技术等影响，且存在失真与被窃取的风险。

#### （二）按沟通的方向分类

**1. 上行沟通**　指下级向上级传递信息，如下级向上级汇报工作、请示工作、反映意见、提出建议等。上行沟通是上级了解实际工作情况及下级心理的重要途径，但下级因地位、职务不同，易与上级产生心理距离。因此，上级应与下级建立信任，相互尊重，鼓励进行上行沟通。

**2. 下行沟通**　指上级向下级传递信息，如上级向下级传达政策法规、分配任务、发出指令等。下行沟通是管理沟通中最常见、最重要的沟通方式，通常是为了达到指导、激励、控制等目的。下行沟通中信息可能被层层过滤，从而影响信息的准确性与传递的及时性，可通过减少管理层级及健全信息反馈系统进行弥补。

**3. 平行沟通**　指组织结构中同一层次的人员或部门之间所进行的信息传递，包括职级相同的同事之间、部门之间的沟通。平行沟通在规模较大、层级较多的组织中尤为重要，有利于及时协调工作，提高管理效率。

**4. 斜向沟通**　指组织内部既不属于同一隶属关系，又不属于同一层级之间的信息传递，包括跨部门与跨层级的沟通。斜向沟通的优点是缩短沟通线路与时间，缺点是易产生多头领导及部门之间的冲突。

#### （三）按沟通的组织系统分类

**1. 正式沟通**　指按照组织设计的组织架构和信息流动的渠道等进行的沟通。正式沟通是管理沟通的主要形式，如组织内的文件传达、定期召开会议、定期工作汇报及组织间的公函来往等。正式沟通的优点是沟通效果好，具有权威性，约束力强，保密性好；缺点是层层传递，较为刻板，沟通速度慢，存在信息失真的可能。

正式沟通包括5种典型的沟通网络，即链式、轮式、Y式、圆周式、全通道式（图7-2）。每种沟通网络各有优缺点，适用于不同情形。管理者应根据组织结构、沟通情景与沟通目标，合理选择沟通网络，以提高沟通效率。

（1）链式沟通：指信息在沟通成员间进行单向、顺次传递，形成如链条状的垂直沟通网络形态。链式沟通中每个成员的沟通面较窄，沟通内容较分散，尤其是网络两端的成员难以直接沟通，所有成员难以达成群体共识。这种沟通网络适用于组织系统庞大，需要分层授权的管理机构。

（2）轮式沟通：指一位主管在同一时间与其他成员之间的沟通。轮式沟通的最大特点是有中心人物，其他成员都接收来自中心人物的信息并向中心人物反馈信息，成员之间无沟通联系。轮式沟通便于快速收集信息与发布指令，尤其适用于在执行紧急任务且需严格控制时。

（3）Y式沟通：指一名成员位于沟通网络的中心，接受来自上级与下级的信息，同时也向上级、下级反馈信息。职能部门的成员一般是Y式沟通的中心人物。由于Y式沟通增加了中间的过滤和中转环节，因此信息传递的准确性及员工的士气也受到影响。

（4）圆周式沟通：指成员间首尾相连的环式沟通。圆周式沟通网络中没有中心人物，成员间地位平等，有利于提升成员的满意度并激发工作热情；但也存在集中化程度低、信息传递较慢的缺点。

（5）全通道式沟通：指沟通网络中任意两个个体之间都有沟通联系，是一个开放式沟通网络。全通道式沟通中的民主气氛浓厚，群体成员满意度高，如能有效控制将有利于完成复杂任务；如不能有效控制，则容易造成沟通混乱，进而影响工作效率。

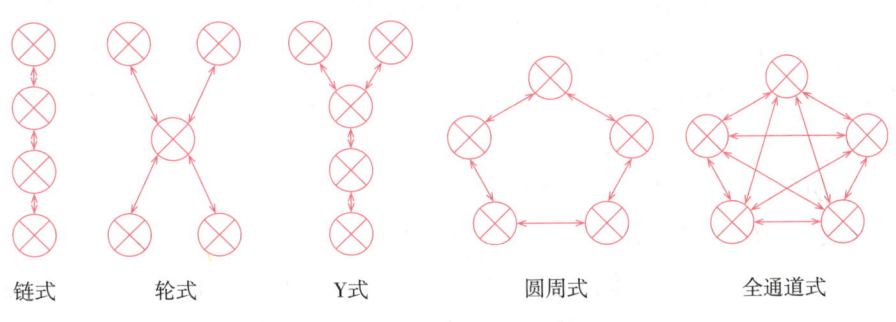

链式　　　轮式　　　Y式　　　圆周式　　　全通道式

图7-2　正式沟通的5种典型沟通网络

**2. 非正式沟通**　指正式沟通渠道以外的信息传递与交流。非正式沟通是基于组织成员的感情和动机的需要，其沟通对象、时间与内容都是未经计划和不确定的。非正式沟通形式灵活，直接明了，速度快，容易及时了解到正式沟通难以提供的内幕消息，但其传递的信息不确切且难以控制。借助非正式沟通，有可能在组织内部形成非正式的小团体，进而影响组织的凝聚力。但是，非正式沟通是客观存在的，难以杜绝，管理者应充分利用其传递信息的优势，同时采取措施避免或减少其负面影响。

## 四、有效管理沟通

在管理沟通过程中，任何一个环节出问题或未遵循沟通的基本原则，都有可能造成信息的扭曲、失真，使沟通达不到预期目的，甚至带来不良后果。

### （一）管理沟通的影响因素

**1. 信息源因素**　信息源发出信息的质量是影响沟通效果的重要因素。如果信息发出者因受到自身智力水平、记忆损耗等影响，或为达到某种目的而有意或无意地增删、编造、歪曲信息，将导致信息失真或过滤。因此，信息发出者应选择客观、真实的信息，并将其准确、完整地传递给信息接收者。

**2. 信息编码因素**　由于年龄、教育程度、文化背景、自然和社会环境的差异，加上语言含义与表达的多样化，不同的人对同一信息的理解会存在差异。如果信息编码者在信息编码时不了解信息接收者的语言文化背景及沟通情景，措辞不当，将会影响沟通的准确性。

**3. 信息传递因素**　信息传递的时机、场景、渠道、方式均会影响信息的传递效果。信息发送者应根据信息接收者的特点、信息的重要程度与保密要求、执行任务的紧迫程度、可利用的媒介，选择恰当的时机、场景、渠道和方式传递信息。信息传递过早容易遗忘，传递过晚则准备不充分。嘈杂的环境会影响信息接收的准确性。重要的信息宜采用书面沟通加口头强调，通过电子媒介或纸质资料传递信息。需保密的信息提前界定密级与知晓范围，选择适当的渠道发布。

**4. 信息解码因素**　在沟通过程中，信息接收者会因自己的社会文化背景、需要、动机、经验等选择性地接收信息并进行解码，更愿意接收与自己利益相关的信息，如职称晋升、发放福利等。此外，信息接收者在接收信息时的情绪状态及与管理者的关系也会影响沟通效果，如处于激动或抑郁状态或对管理者不信任，解码会出现偏差，进而影响沟通的准确性。

### （二）管理沟通的原则

**1. 准确性原则**　良好的沟通是以准确性为基础的，准确性原则是管理沟通的基本原则。准确性原则要求发送的信息准确、信息接收者准确且信息被接收者准确理解。这就要求信息发出者选择来源可靠、真实准确的信息，准确选择接收对象，根据信息接收者的教育程度、语言习惯等选择适当的渠道和方式传递信息。

**2. 完整性原则**　强调沟通过程与沟通内容的完整。管理者应确保沟通要素齐全，既要有明确的信息发送者和接收者，还要有具体的沟通方式和渠道，尤其是不能缺失信息反馈。此外，完整的信息更有助于信息接收者科学决策并准确执行。

**3. 及时性原则**　信息具有时效性，如未及时沟通，信息将失去价值。因此，在管理沟通过程中，沟通双方应做到及时传递、接收并反馈信息。电子媒介能够为及时传递信息提供有力支撑，但应预防泄密。

**4. 灵活性原则**　管理沟通的类型丰富多样，各有优缺点。信息发送者应根据信息的重要性、紧迫性、保密要求、接收者的心理需求等灵活选择沟通方式和渠道。如需快速传递的信息，宜选择电子媒介沟通、正式沟通中的轮式沟通、平行沟通；重要或需保密的信息，宜选择正式沟通中的链式沟通；征求意见与建议时，宜选择非正式沟通、正式沟通中的全通道式沟通。

**5. 互动性原则**　管理沟通是双向的交流过程，沟通双方处于平等交流地位。管理沟通是为了实现组织目标，不是一方强迫另一方接收信息，或人为拒绝接收对方的信息，而是双方相互理解与尊重，对沟通的信息给予适当、及时、同频的反馈。

**6. 连续性原则**　大多数管理任务并非通过一次沟通就能完成，而是需要反复多次沟通。信息发出、接收、反馈，周而复始，才能较好地完成任务。为了提高沟通效率，宜保持沟通双方沟通内容的稳定性与连续性。每一轮沟通结束时，应总结本轮沟通达成的共识；新一轮沟通开始时，应回顾上一轮沟通的成果。

## 五、护理管理中的沟通方法与技巧

在护理管理过程中，每天有大量的沟通活动，如发布指令、组织会议、护理交班、护理查房、护士长与护理人员的个别谈话等。在沟通过程中，护理管理者应注意沟通方法与技巧的应用。

### （一）发布指令

护理管理者在指导护理人员工作时，发布指令是最常见、最重要、最有效的沟通方式。指令内容应与实现护理工作目标密切关联。指令带有强制性，要求护理人员在一定时间、一定环境条件下执行。指令可有书面或口头、正式与非正式等类型。

**1. 发布指令前的准备技巧** 为确保指令执行效果，护理管理者在发布指令前应做好以下准备：①广泛听取各方意见，提高指令的接受度。②确定指令内容，规范编码，可借助流程图等图表，确保信息简洁明了。③根据护理人员的职务、能力等确定发布对象。④新的任务或难度大的任务，应考虑培训后再发布指令。

**2. 确保指令有效的传达技巧** 护理管理者可通过以下方法确认指令是否被有效传达：①请护理人员复述指令的内容，并阐释如何执行指令。②发布指令时应向护理人员作出示范。③检查指令执行情况，必要时给予指导或修正。

**3. 护理人员对指令不同态度的应对技巧** 护理管理者根据护理人员对待指令的不同态度采用适当的应对技巧：①认同：适当授权，以激励护理人员的工作积极性。②不关心：不要责备护理人员，而应了解护理人员的需求，引导护理人员将个人利益与组织目标相结合。③反对：积极沟通或对护理人员进行劝导，若无法改变其反对态度，可以考虑将工作分配给其他护理人员，但应尽量避免重新分配任务，以免管理者的权威受到影响。

### （二）组织会议

组织会议是护理管理沟通的一种重要方法，也是与会者在组织中的身份、地位和影响力的表现。护理工作中的重大决策离不开会议这种沟通形式，通过会议可传递信息、集思广益并达成共识。根据不同的沟通目的，会议可分为自上而下的指导性会议、汇报性会议和商讨性会议。为实现会议目的，组织者在召开会议之前应做好充分的准备，并根据会议性质选择恰当的策略。

**1. 准备会议的技巧** 为使会议顺利进行并取得成效，组织者在会前应做好以下准备工作：①明确本次会议的目的、时间、地点、主持人、参会人员、议程、讨论内容。②准备电脑、投影仪、音响、话筒、激光笔、网络、笔纸等物资与设备，预测可能出现的问题及解决方案。③提前告知参会人员会议的主要议题与要求，将讨论稿等相关资料分发给参会人员，使其做好充分的参会准备。

**2. 组织会议的技巧** ①指导性会议或汇报性的会议，可采用轮式沟通。②商讨性会议宜采用参与式领导与全通道式沟通，创造民主氛围，激励与会者发表不同的意见与建议。③连续性的讨论会议应回顾上次会议概况与达成的共识，并提出本次会议拟解决的问题。④组织者应控制会议中出现的干扰，要求与会者保持通信设备处于静音、振动或关闭状态，高级别的保密会议需与会者配合交出手机、录音和录像设备。⑤当讨论内容偏离主题时，组织者应及时引导，将讨论内容拉回到主题；若与会者之间因不同的意见而出现人身攻击时，组织者应及时劝导。⑥会议结束时，组织者应总结本次会议达成的结论性意见或方案；对未达成的共识，应明确再次讨论的时间。⑦做好会议记录并妥善保存，必要时进行录音录像，并请与会者签名。

### （三）护理查房

根据查房的目的不同，护理查房分为业务查房、教学查房和管理查房。护理业务查房是最常见的查房类型，是病区开展业务学习、沟通患者病情、指导临床护理工作和检查护理质量的主要方式。

**1. 准备护理查房的技巧**　①明确本次查房的主题、目的、时间、地点、参加人员、主讲人、主持人、记录人员、查房流程。②选择合适的患者，告知查房目的与配合事项，并征得患者或其家属的许可。③主讲人准备好病历、用于查体或护理的物资。④环境整洁安静。⑤合理安排患者的治疗与护理。⑥将病历基本信息及需讨论的内容提前告知参加查房的人员，以便其查阅文献做好准备。

**2. 实施护理查房的技巧**　①查房内容应以解决患者的护理问题为中心。②床旁查房时间不宜过长，原则上不超过 40 分钟；完成床旁指导与检查后，主讲人避免在患者床前进行过多的评论及不必要的查体。③控制查房人数，10 人以内为宜，避免影响患者治疗、护理与休息。④需要对患者回避或者深入讨论的内容，应选择合适的地点进行，如学习室。⑤查房过程中，主持人应激励参加人员积极讨论并引导讨论的方向，要在查房结束时进行总结和评价。⑥做好查房记录并存档。

### （四）个别谈话

个别谈话是护理管理者通过正式或非正式的沟通方式在组织内同下属、同级或上级交谈。护理管理中的许多具体问题，都适宜通过个别谈话加以解决。个别谈话是建立在相互信任的基础上，双方表达真实的思想、态度，提出不便在公开场合提出的问题，有利于统一思想、认清目标、明确各自的责任与义务。个别谈话的类型包括指示性、请示性、汇报性、讨论性等。

**1. 个别谈话前的准备技巧**　①选择适当的谈话时机：个别谈话应根据谈话目的、问题性质、迫切程度、谈话对象的心理素质、思想素质等选择恰当的时机。②选择适宜的谈话环境：谈话环境应安静不被打扰，并创造有利于敞开心扉的气氛，如音乐、灯光、茶饮等。③选择合适的谈话方式：了解对方喜欢的谈话方式，并根据谈话类型选择适当的谈话方式，如指令性、汇报性的谈话宜采用开门见山的方式，讨论性、请示性的谈话应提前约好时间。

**2. 个别谈话的技巧**　①积极倾听：谈话者在陈述自己的观点和说服对方之前，先让对方畅所欲言，并注意在倾听过程中不要随意翻阅文件或看手机。②激发谈话愿望：管理者应注意谈话的态度、用词、语气语调、面部表情与肢体动作，与谈话人保持目光接触，给予对方信任与尊重，耐心倾听谈话内容与言外之意，鼓励对方表达真实想法。③抓住主要问题：礼节性寒暄之后，应尽快转入主题，注意把谈话中的公事与私事分开，不谈私事或将私事限制在最小范围内。④适度反馈：管理者可采用表情、姿势、插语等对谈话内容表示感兴趣或认同。通过及时、积极、适度的反馈，使谈话更深入和融洽。⑤善于利用沉默：谈话中的沉默传递出很多信息，如反对、忧虑、悲伤、犹豫、好奇等。如在谈话过程中出现沉默，管理者可用肢体语言表达对谈话者的理解与关心，但应控制沉默的时长，并适时打破僵局。如果对方有所顾虑或对某些问题一时不愿回答，应注意耐心引导和鼓励。如果对方出现明显的对抗性沉默，则应尝试继续沟通的可能性，若确实无可能，则应暂时友好地结束沟通。⑥保持良好的情绪：谈话过程中，管理者应管理好情绪，冷静听取对方谈话，本着实事求是的原则，谨慎表达个人意见和建议。

## 第二节　冲　突

组织中的冲突是普遍存在、无法避免的，管理冲突是管理者必须掌握的重要技能。美国管理协会进行的一项调查发现，管理者平均花费 20% 的时间处理冲突，并将其重要性排在决策、领导和沟通技能之前。冲突可以发挥积极的或消极的作用，管理者应合理利用和处理冲突，使其发挥积极作用。

## 一、冲突的概念及内涵

### （一）冲突的概念

冲突（conflict）指组织中的成员因为各种原因出现的意见分歧、争论或对抗，使彼此的关系出现紧张状态。冲突是普遍存在的，它可能发生在个体与个体之间、个体与群体之间、群体与群体之间。冲突可源于观念不同、目标不一致、情绪或情感的差异，其表现形式可以从轻微的抵触到激烈的罢工、骚乱和战争。

### （二）冲突的内涵

冲突是由于某种抵触、对立或不相容而产生的差异。

冲突的产生以客观问题作为基础，同时需要主观知觉的介入。没有被感知到的冲突，一般就认为没有发生冲突。

冲突的主体、客体既可以是单一的，也可以是多元化的。一般而言，多元化的冲突更为常见，冲突的主体可以是组织、群体或个人，冲突的客体可以是利益、权力、资源、目标、角色、风格、压力、观点、个人价值观等。

### （三）冲突的过程

冲突的过程包括5个阶段：潜在对立阶段、认知和个人介入阶段、冲突处理意向阶段、冲突行为阶段、冲突结果阶段（图7-3）。冲突从产生、发展到结束，总是处于动态变化之中。

1. **潜在对立阶段**　是冲突产生前的酝酿阶段。这一阶段，沟通障碍、组织规模过大及个人原因等导致冲突的前提条件已经具备，但并不一定导致冲突的发生。

2. **认知和个人介入阶段**　随着各种潜在的冲突条件进一步发展，引发个人的情绪反应并被知觉，致使冲突发生。这一阶段，冲突双方至少有一方知觉到冲突的存在并且体验到焦虑、紧张或挫折感。

3. **冲突处理意向阶段**　冲突被双方感知后，就可能产生应对冲突的行为意向。如果冲突双方积极看待冲突，就会共同寻求双赢的解决方法；反之，冲突双方就可能采取较为激烈的方式解决冲突。

4. **冲突行为阶段**　这一阶段，冲突已经表面化，到了非解决不可的地步，冲突双方开始采取行动，从间接的、微妙的干涉，到直接的、激烈的冲突。一旦冲突表面化，双方会寻找各种方法解决冲突。

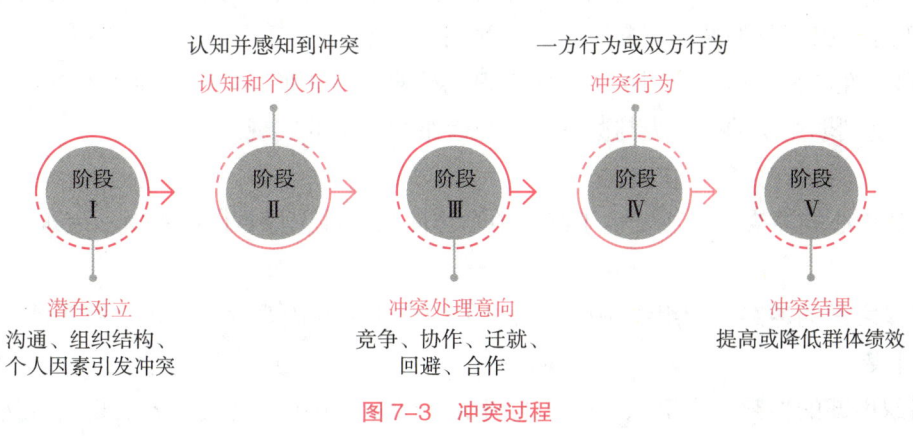

图7-3　冲突过程

**5. 冲突结果阶段**　在结果阶段，冲突行为导致的结果显现出来。这些结果可能是积极的，也可能是消极的。如果冲突能够激发组织变革与创新，促进组织目标的实现，那么这种冲突就具有建设性；反之，如果冲突降低了组织凝聚力，阻碍组织目标的实现，那么这种冲突就是破坏性的。

### （四）对冲突的认识和发展

**1. 冲突的传统观点（19 世纪末到 20 世纪 40 年代）**　该观点认为所有冲突都是不好的、有害的，会给组织造成不利影响。因此，传统观点主张管理者必须尽量避免冲突的发生，并消除冲突。

**2. 冲突的人际关系观点（20 世纪 40—70 年代）**　该观点认为冲突是组织中不可避免的现象，它可能给组织带来不利影响，也可能对组织绩效产生积极影响。因此，管理者应承认冲突存在的合理性并接受冲突的存在。

**3. 冲突的相互作用观点（20 世纪 70 年代至今）**　该观点认为冲突可以成为组织内部工作的积极动力，适当的冲突能使组织保持活力与生命力，是推动组织发展必不可少的因素。这种观点不仅接受冲突的存在，而且鼓励建设性冲突的出现。

## 二、冲突的类型

### （一）按照冲突对组织绩效的影响分类

**1. 建设性冲突（constructive conflict）**　指冲突各方的目标一致，但因实现目标的途径或手段不同而产生的冲突。建设性冲突有利于不同意见的交流和暴露问题，进而促进良性竞争，是一种对组织有积极影响的冲突。

（1）建设性冲突的特点：①冲突双方关心现有问题的解决和共同目标的实现，争论是为了寻求更好的解决问题的方法。②冲突是以问题为中心，冲突的双方愿意了解对方的观点。③在争论过程中不断增加彼此的信息交流。

（2）建设性冲突的积极作用：①可以帮助组织发现存在的或潜在的问题，采取措施尽早解决。②可以防止组织成员思想僵化，提高组织的决策质量。③可以激发成员的创造力，使组织适应不断变化的外部环境。④可以促进组织内部公平竞争，提高工作效率。

**2. 破坏性冲突（destructive conflict）**　指成员的观念或认识不一致、组织资源和利益分配不均，导致成员之间发生相互抵触、争执或攻击行为，造成组织工作效率下降，并最终影响组织发展的冲突。

（1）破坏性冲突的特点：①双方均专注于陈述自己的观点或理由，不愿听取对方的意见或建议。②争论的目的不是为了解决问题，而是关注自己的观点是否取胜，时常发生人身攻击的现象。③互相交换意见的情形不断减少，以致完全停止。

（2）破坏性冲突的消极作用：①造成组织成员的心理紧张、焦虑，导致人与人之间相互排斥、对立。②削弱组织的战斗力与凝聚力，阻碍组织目标的实现。

### （二）按照冲突产生的层次分类

**1. 个体内心的冲突**　一般发生于组织中个体面临多种选择难以决策时，表现为犹豫不决、茫然无措。

**2. 个体之间的冲突**　指组织中两个及以上的个体之间因观念、态度、行为或目标的对立而发生的冲突。

**3. 组织内部的冲突**　指组织内团队之间由于权责划分、资源与利益分配等原因而发生的

对立情形。

**4. 组织之间的冲突** 指组织在与其生存环境中的其他组织发生关系时，由于目标、利益的不一致而发生的冲突。

### 三、有效管理冲突

有效管理冲突是管理者运用策略以积极的方式纠正感知上的差异，限制冲突的消极方面，同时增加冲突的积极方面的过程。这就要求管理者研究产生冲突双方之间的不同行为及双方在冲突中的实际行为，从冲突的内在规律、应对策略和方法技巧着手，有效协调冲突各方的利益和观念，寻求解决冲突的最佳方案和出路，以达到提高组织绩效的目的。

#### （一）冲突管理的价值

**1. 对成员心理的影响** 冲突会引发组织成员的紧张、焦虑甚至恐惧。管理者通过帮助成员分析冲突的原因及冲突可能带来的影响，有效管理成员对冲突的感知，可以减轻或避免成员的不良情绪，增加心理安全感。

**2. 对人际关系的影响** 破坏性的冲突将恶化组织内的人际关系。管理者通过深入了解冲突各方的利益、观点、价值观等，有效协调各方的差异，消除分歧与隔阂，促进相互沟通，有利于建立良好的人际关系。

**3. 对工作动机的影响** 没有适度的压力就不会有动力。因此，组织中如果没有冲突，将不利于激发组织成员的工作动机。管理者应鼓励建设性冲突的出现，有效调节冲突水平，进而激发成员的工作积极性。

**4. 对工作协调的影响** 冲突各方因资源、权利、目标、风格、价值观等差异容易导致冲突的发生，管理者应积极调查冲突的真实原因，有效平衡各方关注的利益与需求，促进组织内部的工作协调一致。

**5. 对组织效率的影响** 冲突对组织的作用可以是建设性的，也可以是破坏性的。管理者应引导组织成员关注组织目标，通过鼓励建设性冲突、消除破坏性冲突，达到提高组织管理效率的目的。

**6. 对组织生存与发展的影响** 组织中如果没有冲突，将会导致组织缺乏活力和创新，发展迟滞，甚至导致组织的灭亡。因此，管理者应集思广益，鼓励建设性冲突的发生并将其维持在一定水平，确保组织顺应时代与国家政策的要求，实现高质量发展。

#### （二）冲突管理的原则

**1. 对事不对人** 冲突双方常因目标、观念、行为等不一致而产生冲突。管理者应引导冲突的双方回归到事件或问题本身，就事论事，切忌以偏概全、过分解读，甚至人身攻击。

**2. 换位思考** 产生冲突的原因常是冲突双方均站在自己的角度思考问题、处理问题。管理者应积极引导双方互换立场、控制情绪，重新审视对方提出的观点或问题，找到解决冲突的关键点，最终达成相互理解。

**3. 双赢目标** 冲突管理的目标不是零和博弈，而是通过找到冲突双方的利益共同点与利益诉求而实现双赢。管理者应深入了解冲突双方的目标与利益共同点，制定双方均认同的双赢目标，进而激发成员的工作积极性。

#### （三）处理冲突的策略

**1. 竞争（competition）** 指冲突的一方为满足自己的利益而无视对方的利益，这种"我赢你输"的策略很难使对方心悦诚服。当一方的权力和地位处于绝对优势时，对方的赞同与否并不重要。某些重要议题需要立即决策时，竞争策略往往奏效。例如：当职称晋升或外出培训名额有限时，护理人员常采用竞争策略。

2. **回避（avoiding）**　指冲突发生时，采取无视或漠视的态度，对双方的争执或对抗的行为采取冷处理。如果冲突本身不是很重要，或者冲突已经引发过度的情绪反应，此时采取回避策略在短期内很有效，但是不适合长期使用。例如：组内两个护士之间因工作习惯不同而发生冲突时，其中一个护士可申请调换到其他护理小组工作。

3. **妥协（compromising）**　指冲突双方互相让步，以达到双方都能接受的目标。妥协的特性是双方都必须让步，同时也有获益。当冲突双方势均力敌、相持不下，或是迫于时间压力需对某些议题取得暂时的解决方案时，妥协可能是最佳策略。例如：护理部主任在全院推行责任制整体护理排班，遭到临床科室护士长与护理人员的抵制。为了让此项改革落地，护理部主任与临床科室护士长、护理人员谈心，宣讲实施改革的背景、意义与目标，最终双方各自退让一步，护理部同意临床科室护士长根据实际情况确定排班的具体方式，但是都需要实施责任制整体护理。

4. **迁就（accommodation）**　指一方放弃自己的利益来满足另一方的利益和需求，以维持双方关系的方法。当争论的问题不太重要或着眼于长远时，选择迁就是很有价值的。必要的迁就最受对手欢迎，但是一味迁就容易被对手认为是软弱或屈服。例如：一个护士交班时经常未整理工作环境，接班的护士虽有怨言，但是考虑到维护彼此关系，会帮这个护士整理环境。这就造成这个护士认为接班的护士很软弱而变本加厉。

5. **合作（collaboration）**　指冲突双方都愿意分享信息并了解冲突的内在原因，在满足自己利益的同时也满足对方的需求。合作可以实现"双赢"，被认为是解决冲突的最佳策略。例如：为解决急性卒中患者尽早溶栓的问题，急诊科与神经内科、放射科、检验科的医护人员通力协作，以降低卒中患者的病死率与残障率。

**拓 展 阅 读**　关键冲突应对技能自测表

### （四）处理冲突的方法

1. **结构法**　管理者可以利用组织结构进行冲突管理，包括裁决法、隔离法、缓冲法。

（1）裁决法：管理者通过发出指示，在职权范围内解决冲突。这种方法简单、省时，主要用于决策的时间压力大、决策的事项很重要等情形。

（2）隔离法：管理者将可能发生冲突的部门的权责、资源和获取途径尽可能分开，以减少部门之间发生正面冲突的可能性。但高效的组织结构通常强调部门职能交叉融合，隔离法不仅增加成本，而且不适用。

（3）缓冲法：管理者通过建立机动人力资源库、物资装备库以保障应急工作，避免发生冲突或冲突升级。发生冲突后，管理者可根据冲突的性质、范围，指派联络员或调解部门进行协调，协调不了再由管理者亲自处理。

2. **对抗法**　冲突管理中的对抗不是敌对性的行动，而是通过冲突双方直接交锋、公开交换相关信息，力图消除双方分歧，从而达到冲突双方都满意的结果的过程。对抗法实际上是一种双赢的局面，主要形式有谈判和第三方调解。

（1）谈判：适用于当冲突双方对某事意见不一致而又希望达到一致时。谈判开始前，管理者不仅要了解冲突的性质、原因及造成的影响，也需要调查冲突双方的价值观、文化水平、对冲突的理解、谈判的目标与抵触点，并制订计划。谈判过程中应注意以下几点：①营造开放和谐的谈判氛围，让对话变得更容易。②一起探讨冲突的原因，针对问题而不针对人，避免人身攻击。③以积极主动、灵活应变的态度谈判。④寻求使双方均满意的解决方法。⑤必要时寻求第三方调解。

（2）第三方调解：谈判不能解决冲突时，管理者应尽早邀请第三方调解。调解过程中，第三方应制定基本规则，和冲突各方一起探讨问题，调解成功后应创建书面协议。第三方在冲突调解中所起的作用是：①保证冲突各方均有解决冲突的动机和积极性。②维持各方力量平衡，维护调解过程的公平公正。③保持公开的沟通渠道，促进对话中的坦率气氛。

**3. 促进法**　根据冲突的交互作用观点，适当水平的建设性冲突能够帮助组织成员拓宽思路，激发创造性，使组织保持活力与生命力。管理者可以通过征集多种活动方案或组织针对活动方案的讨论来获取更具有建设性的意见。

## 四、护理管理中的冲突与处理

护理工作的性质及内容使护士面临多种冲突，包括护士与护士、护士与患者、护士与其他医务人员之间的冲突。如果处理不当，将影响护理质量，导致护士的工作满意度下降、离职率增加。

### （一）护士与护士之间的冲突

护士与护士之间的冲突指护士与护士之间的各种不和谐的、对抗性的相互关系。冲突使护士陷入不安与焦虑，增加发生护理差错的概率及护士的离职率，不仅影响护士自身的身心健康和工作满意度，还会影响护士队伍的稳定性。

**1. 形成原因**　护士之间发生冲突的根源，首先可能与护士之间的身份、等级差异有关，如编内护士较编外护士、高年资护士较低年资护士更有优越感；其次可能因任务分配、薪酬分配、职称晋升、评先评优、学习机会等产生利益冲突；最后，护士在工作中感知到不被信任、不被尊重或缺乏交流也易产生冲突。

**2. 冲突管理**　护理管理者应关心下属，及早发现护士之间的冲突。在解决冲突时，应综合考虑冲突产生的原因，及时处理破坏性冲突，有效利用建设性冲突，从而促进组织良性发展。

（1）充分认识冲突在组织内部存在的普遍性与不可避免性，同时认识到不是所有的冲突都是破坏性的，要允许组织内部成员之间存在一定的分歧。

（2）在处理护士之间的冲突时，要坚持两个原则：一是信任，二是公正。首先要营造一个信任的氛围，在倾听当事人陈述时，把自己看作一个客观的观察者，而不是一个家长或仲裁者。在整个过程中不要批评或否认当事人的正常情感。其次是确保公平公正，在处理冲突时，不能偏向任何一方。

（3）在处理冲突时，应设法让当事人站在对方的角度看待问题，增强同理心，增进彼此的沟通与理解，并引导冲突双方自行解决冲突。

（4）长期抱怨的行为会造成组织内工作气氛不和谐，涣散士气，引发冲突，降低组织的工作效率。因此，管理者应确认在本组织内长期抱怨、经常与人发生冲突的人，找出令其不满的原因并着手解决。

### （二）护士与患者之间的冲突

护士与患者之间的冲突指护患之间不协调的矛盾状态，主要与护患双方的期望值不同及沟通不良有关。

**1. 形成原因**　首先，护患之间的冲突常与患者对医疗护理期望值过高、对护理工作不了解有关。患者常将疗效不满意认为是护理不到位造成的，甚至会把疾病所造成的苦恼、就诊流程的繁琐等迁怒于护士。其次，沟通不良（包括护士态度差）也容易引起护患冲突。再者，部分护士的技术操作能力欠缺，临床经验不足，增加了患者的痛苦，导致冲突的发生。最后，由于规章制度不完善，人员配备不足及护士承担一些容易引起冲突的非护理工作，如催费等，也增加了发生护患冲突的概率。

**2. 冲突管理**　护患冲突发生的原因是患者在接受治疗、护理服务过程中有令其不满意的地方，患者有权向医院提出意见和建议。护患冲突是难以杜绝的。正因如此，管理者应做好护患冲突管理。

（1）做好调解工作，避免矛盾升级：护理管理者发现护患冲突或接到患者投诉后，要以积极的态度对待，绝不可推诿回避，也不能因事小而敷衍或搪塞患者。护理管理者要用亲切的语气获得患者的信任，如果是院方责任，应真诚道歉并协同解决问题；如果不是院方责任，也应做好解释工作并取得患者理解。尤其是基层的护理管理者，要将冲突在最小范围、最短时间内妥善处理，避免矛盾升级。

（2）深入调查，尊重事实：护患冲突反映了护士为患者提供服务的过程中可能存在问题，护理管理者应把患者的投诉当成最好的礼物。发生护患冲突后，护理管理者应对现场、现状、现物进行深入调查，分析导致冲突的根本原因与关键环节。多数护患冲突只是医院管理问题的表象，护理管理者应发现冰山下的深层次问题并剖析原因，才能从根本上解决问题，避免护患冲突的再次发生。

（3）强化服务意识，规范服务行为：护理管理者应根据发生护患冲突的原因，强化全体护士以患者为中心的服务意识，规范服务行为，落实安全防护措施，提升护士的沟通能力、技术操作水平，主动、适时向患者进行就医注意事项、诊疗护理等相关知识的宣教，主动了解患者的合理需求并尽力满足，增进护患间的理解与配合，构建和谐的护患关系。

### （三）护士与其他医务人员之间的冲突

护士在临床工作中经常需要与各类医务人员打交道，其中医生是护士与之接触最多的群体。由于职责不同、角色期望不同，医护之间的矛盾时常发生。

**1. 形成原因**　医护双方各自的工作性质、内容、地位、利益、受教育程度、道德修养等方面存在差异，在治疗和护理患者的活动中，对某些问题及行为的看法和要求有所不同，从而导致医护双方产生冲突，影响彼此关系与医疗护理质量。

**2. 冲突管理**　医护之间是相互独立又高度协作的关系，护理管理者应正确看待医护之间的冲突，积极利用建设性冲突促进护理质量提升。在解决医护冲突时，应与管理医生的主体通力合作，如院长、医务部部长及科室主任等，合理进行人员搭配，鼓励医护人员加强沟通，取得相互理解、尊重、支持与信任，尽可能满足彼此的角色期待，营造良好的工作氛围。

---

**临床链接**

#### SBAR 沟通

沟通是一门艺术，更是一门学问。推开医院的大门，沟通无处不在，医护沟通、护患（家属）沟通、护护沟通，以及护士与行政（后勤）沟通……让我们通过视频，一起学习 SBAR 沟通模式在临床中的应用。

1. 课后请同学们进行角色扮演，运用 SBAR 沟通模式来进行术后全麻患者床旁交接。

2. 结合视频和角色扮演，请同学们体会一下有效沟通的重要性。

（蒋　艳　毛世芳）

⊕ **数字资源详见新形态教材网**

⻏ 编者导学　　⊛ 学习目标　　▣ 教学课件　　∩ 微视频　　▒ 案例

▒ 临床链接　　▣ 拓展阅读　　▤ 自测题　　▒ 榜样的力量　　▒ 管理箴言

NOTE

# 第八章
# 控　制

 编者导学

 学习目标

## 章前导学

　　控制作为管理五大职能的最后一个环节，对于整个管理过程的顺利运行和循环起着重要作用。控制是一种针对目标的管理行为，要求每一个管理行为不断与目标、计划核对与衡量，如果发现偏差就要及时纠正。这是控制作为重要职能的核心之所在。通过控制，管理者可以对组织的运行状况加以监督，发现当初的计划与实际的偏差，从而采取有力的行动纠正偏差，保证计划的实行，确保原来的目标得以实现。无论组织计划做得如何周全，如果缺乏有效的控制，一项决策或计划不能得到有效的贯彻执行，管理工作就有可能偏离计划，组织目标就可能无法顺利实现。

# 第一节　控制概述

## 一、控制的概念及意义

### （一）控制的概念

　　控制（control）指按照既定的目标和标准，对组织活动进行衡量、监督、检查和评价，发现偏差并及时纠正，或根据环境和条件变化适当调整计划，实现预期的组织目标。

　　护理管理工作中的控制，是纠正护理工作中出现的偏差，保证护理工作按计划完成的过程。例如，为了贯彻以患者为中心的护理宗旨，护理管理者积极采取调整组织结构、合理配备护理人员、完善护理工作流程、改变护理理念等举措。

### （二）控制的意义

　　一个组织的控制系统越完善，其实现目标的可能性就越大。控制能够发挥监督职能，及时发现计划和执行之间存在的偏差，并采取措施进行纠正，保障计划的顺利完成。控制在护理领域的重要意义主要体现在以下几个方面：①在日趋残酷激烈的竞争中，控制能够帮助护理组织适应复杂的内外部动态环境，减少其对完成护理计划的影响，帮助组织实现既定的目标。②利用控制职能对护理人员进行监督、调节，避免因护理人员个人知识、能力、经验、动机等因素对完成护理计划的影响，以保证护理目标的顺利实现。③避免复杂的护理组织活动影响护理计划的完成。④确保护理管理系统按预定的目标和计划运转，从而减少管理失误并提高

管理效能。

## 二、控制的类型

控制活动可以划分为不同的类型。按照控制点的位置，分为前馈控制、过程控制和反馈控制；按照控制活动的性质，分为预防性控制和纠正性控制；按照控制的手段，分为直接控制和间接控制；按照控制的方式，分为正式组织控制、群体控制和自我控制；按照实施控制的来源，分为内部控制和外部控制；按照时间范围，分为日常控制和定期控制；按照控制覆盖面，分为全面控制和重点控制。

在管理工作中，一个控制活动可以同时属于多种类型。例如，制定各项规章制度、护理技术操作规范既属于预防性控制，也属于前馈控制。护士长对照这些标准检查护理人员的工作，既属于直接控制，也属于正式组织控制。护理人员认真遵守执行这些规章制度既属于自我控制，也属于预防性控制。使用最广泛的分类方法是按照控制点的位置不同划分的三种类型：前馈控制、过程控制和反馈控制。

### （一）前馈控制

前馈控制（feed forward control）又称预先控制、事前控制，是在行动开始之前进行的控制，控制点处于事物发展的初始端。前馈控制发生在计划开始实施之前，是未来导向的，通过对各种管理要素的控制来防止偏差发生。它强调提前采取措施消灭可能发生的偏差，以避免未来可能出现的问题。尽管实施控制的难度较大，由于它主要针对可能产生偏差的条件进行控制，不易造成对立冲突，是管理人员最渴望采取的控制类型。

前馈控制最常用于护理管理工作中，如为保证护理服务的基础质量，对急救物品、医疗器械、环境、护理人员素质、服务流程等进行的控制。例如：对新进护理人员在正式上班前进行操作技能、法律法规等方面的岗前教育；为护理操作前相关物品的检查标准制定明确制度等。

在护理管理过程中做好前馈控制，发现小的隐患及时排除，把风险和事故消灭在萌芽状态是最高明的管理策略。

### （二）过程控制

过程控制（process control）又称现场控制、同期控制或环节质量控制。控制点处于事物发展进程中，是对正在进行的活动中的人和事给予指导与监督。这类控制主要针对行动过程，本次活动一旦发生偏差马上予以纠正，从而对本次而非下次活动进行质量改进。过程控制具有监督和指导两方面作用，能够提高组织成员的自我控制能力，确保计划任务的完成。

过程控制广泛体现在护理管理实践中。例如：护士长发现护理人员无菌操作不规范，及时提出并指导护理人员进行改进；在患者住院期间收集患者对医院科室管理制度及对护理人员的意见，并及时采取适当的措施消除患者的不满等。

中层和基层管理人员主要完成例行的、程序性的过程控制。过程控制容易形成管理者和组织成员之间的对立，因此管理者亟须具备较高的自身素质与较强的管理能力。

### （三）反馈控制

反馈控制（feedback control）又称事后控制、后馈控制或终末控制，在行动或任务完成之后进行，是最传统的控制类型。它将实际结果与控制标准相比较，发现并纠正偏差，以提高下一次行动或任务的质量。反馈控制通过把好控制的最后一关，结合对实际工作绩效的评价，为将来在工作中改进计划提供科学依据，为未来工作的开展打下基础，帮助管理者更好地把握行动规律，为更好地实现组织目标创造条件。在护理质量控制中，对出院患者进行满意度调查，对手术患者切口感染率进行统计，有针对性地采取改进措施均属于反馈控制。

以上三种类型的控制各有优缺点，在实际工作中要配合使用，前馈控制必须辅以过程控制，控制的结果都需要反馈控制来检验。

### 三、控制的功能

#### （一）限制偏差积累

一般来说，工作中出现偏差是不可避免的。但小的偏差失误在较长时间里会积累放大，变得十分严重，出现"蝴蝶效应"，并最终影响到工作目标的实现，带来严重的后果。实际护理工作中，偏差总是不断发生的，管理者必须及时识别偏差、有针对性地纠正偏差，同时防止新的偏差出现，使实际工作按照制订的计划继续进行，确保组织目标的实现。例如，在护理安全管理中，如果忽视强化护理人员的安全意识，缺乏落实各项规章制度，都有可能给患者造成生命危险，对计划的正常实施造成威胁。

**拓 展 阅 读** 蝴蝶效应

#### （二）适应环境变化

组织在制订计划时很难做到使计划与组织的实际发展情况完全符合，组织目标在制定出来后总要经过一段时间的实施才能够实现，在此期间组织的内部条件和外部环境可能会发生一些变化。例如，各种临床指南的更新、各种制度的修订、政府出台新的政策法规等，这些都可能会妨碍计划的实施和目标的实现。

构建有效的控制系统能够帮助管理者及时了解变化的原因、对组织影响的程度和未来发展趋势，并对由此带来的机会和威胁做出正确而有力的反应，使"计划赶上变化"，根据变化了的环境对计划目标进行修订，使修订后的计划更符合客观实际。

#### （三）提升组织和个人绩效

在控制过程中，一方面管理者可以通过建立考核标准，精确衡量、监督评价员工和部门的实际工作情况，及时发现并纠正工作中的不足及偏差；另一方面医护人员明确绩效考核标准，积极改进工作行为和工作态度，为患者提供更好的服务，通过努力达到组织目标而获得精神或物质奖励，并进一步证明自己的能力。

### 四、控制的原则

控制作为管理的一项基本职能，是为组织目标服务的。有效的控制必须遵循以下原则。

#### （一）与计划一致的原则

计划是控制工作的依据，控制要能够考虑到各种计划目标的特点。控制与计划必须步调一致，才能更好地发挥控制作用。以检查护理安全管理质量为例，在进行控制活动之前，必须制订护理安全管理计划。护理安全管理质量的控制标准与方法要反映临床护理安全管理的特点，要与计划相适应。

#### （二）组织机构健全的原则

护理管理要落到实处，要有完善而健全的专司控制职能的组织机构。专门的控制机构能够避免各部门自行监督、自行管理、自行控制，防止各部门出于自己切身利益考虑而制造假象等种种人为因素造成的无序状况或行为。例如，建立"护理部—科护士长—病房护士长"三级质量控制体系，既提高管理效率，又能够做到职、责、权明确，实现有效的控制。

### （三）控制关键问题的原则

控制要突出重点，要找出和确定最能反映或体现成果的关键因素加以控制。管理者所面临的内外环境是复杂多变的，影响组织绩效的因素也是多种多样的，管理者不可能面面俱到，"眉毛胡子一把抓"既不现实也不经济。这就需要管理者坚持控制关键问题的原则，在影响组织成果的众多因素中选择若干关键环节作为重点控制对象。因此，关键点的选择是一种管理艺术，护理管理者要通过控制关键制度、重要环节、重点科室、高危人群、高危物品及药品、高危时间等关键问题，有效控制护理工作的全局。

### （四）控制例外情况的原则

管理者不可能面面俱到地控制所有活动，而应把控制的主要精力集中于一些计划实施中的重要的例外偏差上，集中有限精力解决问题，以取得更高的控制效能和效率。例外并不能仅靠偏差数值大小来确定，要结合客观实际情况全面考虑，如突发性事件、环境的巨大变化等重大偏差，以免造成组织的重大损失。护理管理中的控制应突出重点，强调例外。护理控制工作既要把握关键问题，还要灵活应对计划实施中的例外情况。护理管理者不仅要做好各种例外事件的应急预案（如成批伤员的救治、地震、火灾、停水断电等）并培训与演练，还要对一些难以预料的偏差快速做出反应，灵活控制。

### （五）控制趋势的原则

对控制全局的管理者来说，重要的是关注现状所预示的发展趋势，而不是现状本身。趋势对管理工作成效起着长期的制约和调节作用，但趋势往往容易被现象所掩盖，不易被觉察，因此控制变化的趋势比仅仅改变现状重要得多，也困难得多。控制趋势的关键在于从现状中揭示趋势，揭示全局发展的方向，基于既有信息，在趋势刚刚显露苗头时就敏锐地察觉偏差，制定预见性的纠偏措施，给予及时有效的控制，做到防患于未然。例如，护理部主任发现近期产科病房新生儿脐部感染发生率有增高趋势，并与产科病房护士长及科室护理人员讨论，分析导致新生儿脐部感染的可能因素，制订针对性的护理措施，要求全体护理人员认真执行。

### （六）灵活控制的原则

灵活控制的原则指控制系统本身能适应主客观条件的变化，持续地发挥作用。任何组织都不是静止的，其内外部环境都处在不断变化中。要使控制工作在执行中遇到意外情况时仍然有效，就应该在设计控制系统、制定控制活动依据的标准和方法、实施控制时，能够随着情况的变化而变化，使之具有一定的灵活性，留有余地，以保证组织目标的实现，这就是灵活控制的原则。灵活性越大，未来意外事件引起损失的危险性就越小。例如，护理部成立应急小组应对节假日突发事件，注重在日常工作中对小组成员进行专业急救技能训练和模拟演练，不但提升医院应对突发事件的能力，还将控制关口前移，提前做好人员储备、培训演练，当突发事件来临时灵活控制、变被动为主动。

### （七）经济控制的原则

经济控制的原则指控制活动应该以较少的费用支出获得较多的收益。只有当控制带来的效益超过控制所需要消耗的成本时，控制才有价值。管理者需要注意两个方面：一是适度控制，控制需要投入一定的人力、物力、财力等成本，要考虑整个控制系统运行的成本，以及时间、精力和资金等资源的占用，科学分析进行控制所支出的费用和所获得的收益；二是纠偏方案的双重优化，纠偏的成本要小于偏差可能造成的损失，在此基础上，管理者需要比较各种纠偏方案，科学评估成本投入与效益产出，选择成本效益好的方案进行组织实施。护理管理者需要通过预算，合理计划和分配控制所需的各种经费和资源，科学评估成本投入与效益产出，使护理成本形成的各个环节及过程得到有效控制。

## 五、有效控制系统的特征

控制系统（control system）指组织中具有目的、监督和行为调节功能的管理体系，由受控系统和施控系统组成。受控系统是控制的对象，包括人、财、物、作业、信息和组织的总体绩效等。施控系统是控制的主体，包括偏差测量机构、决策机构和执行机构。护理管理中可采取护理部—科护士长—护士长、护理部—护士长等管理组织形式。在管理实践中，要达到预期的工作效果，实现组织目标，就要实施有效的控制。一个有效的控制系统可以改进工作绩效和提高生产效率，通常具有以下特征。

### （一）目的性

目的性是有效控制系统的实质性标志。控制的目的是使组织实际活动与计划活动相一致，保证完成组织在计划中提出的任务和目标。管理者应该在众多的目标中挑选出一个或几个最关键、最能够反映工作本质和需求的目标，并加以控制，确保其实现。例如，在护理管理中，护理人员的技术水平和服务态度是影响护理质量的最主要问题。因此，护理质量控制的关键目标是不断提高护理人员的技术水平、改进其服务态度，可通过对护理人员进行专科护理知识和技能、服务态度相关培训来实现。

### （二）及时性

信息是控制的基础。一个有效的控制系统必须能够快速获取实时信息，及时发现计划执行中的问题，迅速引起管理者的注意，并迅速做出反应，尽快采取应对措施进行纠正，防止偏差积累。及时性不仅关系到控制的效率，也关系到整个管理效率和计划目标的顺利实现。

控制的及时性要求建立有效的信息沟通渠道，以及时发现偏差和纠正偏差。如果重要的信息得不到及时收集和传递，失误没有被及时纠正，甚至等到偏差已经发生了变化才采取纠正和改进措施，都可能给组织或个人造成严重损失。例如，急救仪器损坏和急救药品放置不到位没有被及时发现；对患者病情观察不及时，没有及时发现和控制压疮的发生发展等，都会导致严重后果。

### （三）客观性

客观性要求在控制工作中从组织目标的角度观察问题，实事求是，对组织实际情况及变化进行全面、客观、正确的了解、评价及反馈，而不是凭主观直觉，导致控制工作达不到目的，甚至产生严重后果。在控制过程中，管理者要避免个人偏见和成见，采取正确的技术方法和手段，准确获得组织运行的真实情况。例如，护理管理者通过到临床一线进行实地观察、听取护理人员的工作汇报等方式，全面、客观地了解临床护理实践的实际情况，以此为依据进行高效的控制。

### （四）预防性

在制订计划和控制标准时，要以未来的发展为导向，要能够预见计划执行过程中可能出现的问题、可能发生的内外部环境变化，针对可能出现的偏差，预先采取与变化着的环境相适应的防范措施，而不是等到问题出现再去被动地寻求解决方法。例如，制定完善的护理规章制度和护理技术操作规范，督促护理人员时时遵守，并加强学习、培训和考核；加强急救仪器、药物的管理，使其处在常备的应急状态，保证危重患者的抢救质量。管理者通过有预防性的控制，可将偏差消灭在问题产生之前，保证组织目标的实现。

### （五）促进自我控制

有效的控制系统应该注重培养组织成员的自我控制能力，促进员工进行自我控制。一切管理工作必须以人为本，控制工作也不例外。管理控制是对人的控制，并由人执行，所以要重视人这个中心控制因素。员工进行自我控制有助于发挥员工的主动性、积极性和创造性，可以减轻管理人员的负担，减少组织控制费用的支出，有助于提高控制的及时性和准确性。但促进自我控制并不意味对员工放任自流，员工的工作目标必须服从于组织的整体目标，并有助于组织整体目标的实现。例如，设立科室护理质量控制小组，每位护理人员积极参与加强护理质量和提高护理安全目标的制定，并明确自己的目标和职责，通过自我控制促进组织目标的实现。

**管理箴言**

# 第二节 控 制 方 法

## 一、控制对象

控制对象是管理者实施控制活动的对象，受控制指令所影响，是控制的客体，包括人员、财务、作业、信息和组织绩效。

### （一）人员

在管理对象中，人是最具有能动性、积极性和最为活跃的因素。因此，最重要的是对人的管理，护理控制的根本就是做好人员的控制。护理管理控制对象中的人员主要包括各级护理管理者和各级各类护理人员。

最常见的人员控制的方法就是直接巡视和评估员工的表现，发现问题马上进行纠正。还有一种方法是建立一系列科学系统并有针对性的绩效评价制度，对员工进行系统化的、公平公正的考核，并根据绩效考核的结果严格按照奖惩制度区别对待。通过对人员的控制使其行为朝着组织期望的方向发展，并按照组织期望的方式去努力。

### （二）财务

财务是控制的重点对象之一，财务控制包括财务部门审核财务报表，计算财务指标，找出与目标之间的差距并分析原因，保证资源得到有效利用、降低成本，使各项工作按照组织目标正常运转。控制部门要通过医院管理信息系统对各科室收支进行详细的统计，对成本进行全面的核算与分析，并建立行之有效的监控机制，力争在同样的医疗护理效果的前提下，努力降低成本。护理管理控制对象中的财务主要包括护理预算和护理成本控制。例如，护理部制定护理人员培训方案中重要的一项就是制定培训经费预算，包括教师授课费、教材资料费、场地及设备租赁费、培训管理人员津贴、加班费，以及外出培训涉及的差旅交通、住宿及膳食补贴费等。

### （三）作业

作业指从劳动力、原材料等物质资源到最终产品和服务等的转化过程。护理工作中的作业指护理人员为患者提供各项治疗、护理服务的过程。控制作业就是通过对护理服务过程进行评价，提供提高工作效率和效果方法的反馈，来提高护理服务质量。

护理管理中常用的作业控制有护理技术控制、护理不良事件控制、护理质量控制、护理材料控制、医疗用品耗材控制、药品购买控制和库存控制等。例如，对护理技术的控制，就是要建立护理技术操作规程，完善各种管理制度，使之达到合理、准确、及时、有序、安全、有效的目标，并加强对护理人员的培训、指导和监督。

### （四）信息

管理者需要通过信息来完成控制工作，信息的数量、质量、来源和时效性直接关系整个控制工作的成效。例如，管理者需要在恰当的时候获得合适数量的正确信息来监督和测量组织活动和绩效，因此对信息的控制十分重要。

控制部门建立良好的信息管理系统，加强对外来信息的收集、分析和处理，并通过信息管理系统及时为护理管理者提供正确的数据、准确充分可靠的信息。护理信息系统包括护理业务管理、行政管理、科研教学等。

### （五）组织绩效

组织绩效指组织在某一时期内任务完成的数量、质量、效率及盈利情况。组织绩效是组织上层管理者控制的对象，组织目标的达成与否都从这里反映出来。要有效地实施对组织绩效的控制，关键在于运用一定的指标体系，全面系统科学地考核评价和衡量组织绩效，包括经济效益、社会效益。组织绩效评价是对组织的整体活动和工作效果做出概括性评价，体现对组织管理的综合要求。

## 二、控制过程

控制工作是由一系列活动构成的一个完整的过程。控制过程（control processes）包括建立控制标准、衡量偏差信息、评价并纠正偏差三个关键步骤。它们相互关联，相互依存，缺一不可，共同保证组织活动按照预定的方向顺利进行。

### （一）建立控制标准

建立控制标准是控制活动的第一步，标准是检查和衡量工作及其结果的测量单位和具体规范，是预定的工作标准和计划标准，是衡量绩效的依据和准绳，是控制工作的基础和前提。

**1. 明确控制对象**　在建立标准前首先要明确控制的对象，控制工作的最初动机就是要促进或比较有效地实现组织目标、取得预期的活动成果。因此，凡是影响组织目标实现的因素都是控制的对象。管理者要选择对目标实现具有重要影响的因素作为控制的对象，而不是面面俱到。护理管理的重点控制对象主要是护理人员的素质技能、护理行为、操作规程、岗位职责和规章制度、工作环境和物资设备等。

**2. 选择控制关键点**　良好的控制效果来源于对控制关键点的正确选择，为了确保整个工作按计划执行，必须选择对计划目标的完成具有重要意义的关键点。管理者可根据二八原理找出造成多数问题（80%）的主要因素（20%），对上述影响计划实施和目标实现的关键点（20%）进行有效的控制，就可以控制全局，而无须面面俱到，事必躬亲。关键点的选择是一种管理艺术，一般要考虑影响整个工作运行过程的重要操作和关键事项、反映组织主要绩效水平和总体状况的重要事项等。护理管理控制的关键点有关键制度、高危护理人员、高危患者、高危设备和药品、高危科室、高危时间及高危环节等（表8-1）。

**拓展阅读**　二八原理

**3. 确定控制标准**　将对计划目标的完成具有重要意义的控制关键点进一步分解为一系列具体可操作的控制标准，包括定量标准和定性标准。定量标准是控制标准的主要形式，应尽量数字化和定量化，便于考核，具有可操作性，如病室温湿度标准。定性标准主要是有关服务质量、组织形象等难以量化的标准，如对患者的服务态度、患者对实施整体护理的满意度等。应尽量制定可度量的、易于操作的定性标准，如对患者的健康宣教是否到位、护理人员的接待是

表 8-1 护理管理控制的关键点

| 关键点名称 | 关键点内容 |
| --- | --- |
| 关键制度 | 查对制度、消毒隔离制度、交接班制度、危重患者抢救制度等 |
| 高危护理人员 | 新上岗、实习、进修及近期遭遇重大生活事件的护理人员等 |
| 高危患者 | 疑难危重症患者、新入院患者、大手术后患者、接受特殊检查和治疗的患者、有自杀倾向的患者、有可能发生跌倒坠床或压疮的患者、老年和婴幼儿患者 |
| 高危设备和药品 | 特殊耗材、急救设备和药品、重症监护仪器设备、剧毒药品、麻醉药品、高渗及高腐蚀性药品、特殊使用说明的药品 |
| 高危科室 | 急诊科、手术室、消毒供应室、监护室、产房、新生儿病房、血液透析室、高压氧治疗中心 |
| 高危时间 | 交接班、节假日、午间、夜班、周末、工作繁忙时等人力相对不足阶段 |
| 高危环节 | 患者转运转科环节、手术安全核查环节、治疗查对环节 |

否热情等。标准必须具有客观性和有效性，用该标准进行测量才能满足控制的需要。

护理管理中常用的控制标准有：①行为标准：规定护理人员的言行，如服务用语、行为规范等。②质量标准：保证护理工作符合各种质量要素的标准，如护理技术操作质量标准、消毒灭菌合格标准等。③时间标准：限定完成护理操作或护理工作的时间，如铺床的时间标准。④程序标准：根据操作过程制定的流程标准，如口腔护理操作流程。⑤消耗标准：计算服务或工作过程的消耗，如晨间护理所消耗的时数、材料的核算等。

### （二）衡量偏差信息

衡量偏差信息即衡量工作绩效、找出偏差的测量阶段。管理者首先需要收集控制对象的必要相关信息，然后以预定的标准为依据衡量实际工作结果，客观公正地分析、评价、比较实际工作结果与控制标准之间的差异，找出组织活动中出现的脱离标准的偏差及其严重程度。为了能够及时、正确地提供反映偏差的信息，同时又符合控制工作的要求，管理者在衡量工作成效和识别偏差信息的过程中应注意以下两个问题。

**1. 确定适宜的衡量方式** 在进行实际绩效衡量之前，应根据控制对象的重要性、复杂性对衡量内容、衡量方法和衡量频度等做出合理的安排、适宜的确定。管理者需要根据能够反映实际工作成效好坏的重要特征来确定衡量项目。例如，衡量护理程序执行情况，可从护理病历中按照护理程序几个步骤要求的标准查找记录；衡量护理人员行为，可通过观察护理人员执行岗位职责要求的内容和标准获得信息等。衡量方法多种多样，可以通过个人观察、统计数字报告报表、书面报告、审核文件（如交班报告、体温单、医嘱单、护理病历、特护记录等）、自评及他评、抽样调查等方法衡量成效。有效的控制要求确定适宜的衡量频度。衡量频度过高，可能会增加控制成本、影响组织成员工作的积极主动性；衡量频度过低，有可能导致偏差不能及时被发现和纠正，从而影响组织目标的实现。确定适宜的衡量频度主要取决于控制对象可能发生重大变化的时间间隔，如对护理管理工作绩效的控制常常以季、年为单位，而对护理质量的控制则需要以日、周、月为单位。

**2. 建立有效的信息反馈系统** 有效的信息反馈系统能够确保反映实际工作情况的信息准确、可靠、完整，能够迅速、实时地传递给管理者，使其能将之与预定标准相比较，及时发现问题，并将纠偏措施的指令信息迅速、及时下达到有关执行部门。管理者依靠以下途径可获得大量真实可靠的信息。

（1）个人实地观察：可以为控制和决策提供更加准确的信息。根据"三现原则"，管理者深入现场、了解现实、观察现状，看到现场的物品设备，感受现场工作环境和人员状况，根据实际情况进行详细了解和分析，确保控制措施的针对性和有效性。例如，护士长深入临床一线，对病房落实责任制整体护理情况进行观察，获得第一手资料，及时发现问题、解决问题。

（2）建立工作汇报制度：通过口头或书面汇报、现场或网络会议，要求各部门管理者或组织成员定期汇报工作执行情况、进展与成果、问题与困难、需求与建议等。按照日报、周报、月报等不同周期，确保工作汇报的准确性、及时性和有效性。例如，病房护理人员晨间交接班；护理部召开护士长质量反馈会；护理人员向护士长汇报分管患者的情况、护理措施及实施效果等。

（3）设立监督检查机构：进行定期或不定期的监督检查。例如，成立各级护理质量控制小组，对护理质量进行督促检查，及时了解工作中存在的问题与不足，迅速整改，从而保障医疗安全，规避医疗风险，提高患者满意度，实现质量管理的持续改进。

（4）应用护理管理信息系统：进行实时动态监督控制。实现有效控制的前提是确保信息的及时性、可靠性和适用性。例如，护士长通过护理管理信息系统随时掌握科室和病房的动态情况，如编制床位数、常规收治患者的床位数、护理患者数、高危风险患者数、护理人员在岗人数等，科学地进行护理人力调配、高危患者风险评估和预防。

**拓展阅读** 现场管理的"三现原则"

### （三）评价并纠正偏差

采取措施评价并纠正偏差是控制的关键。因为产生偏差的原因复杂多样，所以纠正行动也是多种多样的，往往需要调整计划、重新拟定目标、调配人力、明确职权分工等。

**1. 评价偏差及其严重程度**　管理者确定组织活动中出现的偏差及其严重程度，正确掌握反映实际与预期工作绩效之间偏差的信息，将成效与标准比较，迅速找出问题所在。评价中要特别注意偏差的大小及其影响组织目标实现的程度。

**2. 找出偏差产生的主要原因**　护理工作中引起偏差的原因多种多样，可能有护理人员主观的原因或外在的客观原因，来源可能有护理组织内部或外部，原因可能属于可控或不可控。只有充分分析偏差产生的原因，才能在纠正偏差时做到有的放矢。例如，成立各级护理质量监督控制小组，护理管理者通过对控制系统内部和外部环境进行定期或不定期的监督检查，定期或随机对护理质量进行全面或抽样督促检查，并找到产生偏差的主要原因。

**3. 明确纠偏措施的实施对象**　需要纠正的可能不仅是组织的实际工作，也可能是组织这些工作的计划或衡量这些工作的标准，或者是人员、部门等。如果是原先的计划或标准制定得不科学、不现实，导致标准过高或过低，则需要纠正、修订或更新标准；如果是由于环境发生预料不到的变化，原来被认为正确的计划不再适应新形势，则需要按实际情况调整计划或启动备用计划；如果偏差由于绩效不足产生，则应改进实际绩效。

**4. 选择适当且可行的纠偏措施**　纠正偏差的措施要根据偏差分析的结果来决策，在此基础上，采取必要的、有针对性的纠正措施，以确保组织资源的有效利用和组织目标的圆满实现。纠正偏差是控制过程的最后也是最关键的一个步骤，它使控制过程得以完善，并将控制与其他管理职能紧密联结。

在控制工作中，管理者应具体问题具体分析，不应满足于"救火式"的立即纠正行动，而应从原因出发，采取彻底纠正行动，避免更加严重的后果，杜绝偏差的再度发生。在纠正偏差的同时，要根据对偏差应负责任的程度来对出现偏差的相关科室和人员进行相应的处罚，以做到责权利相一致。此外，管理者还需要注意充分考虑和消除组织成员对纠偏措施的疑虑，避免方案实施时出现人为障碍。

### 三、控制技术

控制技术（control technique）指管理者为了实现组织目标，对组织成员的工作进行衡量、评价、纠正偏差所采取的措施。主要包括以下几种。

#### （一）目标控制

目标控制通过管理者和组织成员确定共同的目标、目标体系和目标考核体系，激励组织成员及时自我评价计划的执行情况或行动的结果，发现问题并采取纠正措施。目标控制是自我控制，能够最大限度地调动护理人员的积极性和主观能动性，以共同实现组织目标。目标控制能够不断增强组织的应变能力，使组织更灵活地适应环境变化。目标控制着眼于结果而不是过程，为了实现良好的目标控制，必须健全目标体系、保持目标的一致性、建立有效的奖励制度和完善的反馈系统。

#### （二）质量控制

质量控制就是为了使产品或服务达到质量标准所规定的品质要求而进行的控制。护理质量指护理服务活动符合护理的标准或规范要求，以及满足服务对象需要的效果和程度。护理质量控制就是使各项护理服务达到规定的护理质量标准所采取的控制技术或活动，是护理管理工作的核心和重中之重，旨在为患者提供满意的、高质量的、安全的护理服务。

#### （三）人力资源控制

人力资源控制是对组织内部人力资源的管理，包括人事比率控制和人事管理控制。人事比率控制就是分析组织内部各种人员的比率，判断人员队伍的合理性，如医护比率、正式员工与临时员工的比率、管理人员与普通员工的比率、后勤服务人员与专业技术人员的比率、人员流动率等，进而根据临床实际情况采取相应的人事调配和调控措施。人事管理控制是对组织成员在工作中的德、能、勤、绩等进行客观公正的考核和评价。例如，对护理人员进行直接巡视和系统的、周期性的考核评估，将护理人员的绩效考核与工作岗位、劳动强度和业绩相结合，并根据考核结果进行相应的奖惩。

#### （四）预算控制

预算控制是组织中使用最为广泛的有效控制手段，属于事前控制，就是管理和监控组织的预算过程，以确保组织各种资源的合理和有效使用。它通过制定各项工作的财务支出标准，依据标准对组织的实际结果进行比较和衡量，了解预算的完成情况，分析实际与预算之间的差异，并采取必要的矫正措施纠正偏差，以实现组织资源的充分合理利用及组织目标的实现。

#### （五）组织文化控制

组织文化是组织在长期发展过程中所形成的、对组织中的个体会产生影响的、共同的思想信念和价值观等精神因素的总和，能够控制、约束组织成员的行为。组织文化是护理人员在长期的护理实践中形成的。利用组织文化对组织中个体会产生影响的特性，可通过在医院内营造护理组织文化来达到控制护理人员行为的目的，如护理人员之歌、服务用语、院训、南丁格尔誓言、新护理人员授帽和宣誓仪式等。

#### （六）审计控制

审计控制是对反映组织经营的会计记录及财务报表进行审核、鉴定的方法，包括外部审计和内部审计。外部审计主要指组织外部的专门审计人员对组织财务活动的合法性和真实性进行监督，揭发组织内部的虚假和欺骗行为，具有制约虚假、鼓励诚实的作用。内部审计主要是由组织内部的专门审计人员，对组织各种业务活动进行监督评价，推动各项内部控制制度的有效实施，从而维护组织财产安全，实现管理目标。

**拓 展 阅 读**　护理质量管理与控制的发展与展望

## 第三节　护理成本控制

护理成本是医院成本的重要组成部分，在保证质量的前提下，加强护理成本控制，挖掘降低成本的潜力，有利于实现更好的经济效益，促进护理服务的高质量发展。

### 一、护理成本控制的相关概念及意义

#### （一）护理成本控制的相关概念

1. **成本（cost）**　指在某项生产、服务等过程中所耗费的物化劳动和活劳动的货币价值。在医疗卫生领域，成本指在服务过程中所消耗的直接成本（材料费、人工费和设备费）和间接成本（管理费、教育训练经费和其他护理费用）的总和。

2. **费用（expense）**　在医疗卫生领域，费用指在一定时期内因医疗服务活动所产生的现金流出或其他资产的消耗，是医院在业务开展过程中发生的各种耗费。

3. **护理成本（nursing cost）**　指在给患者提供诊疗、监护、防治、基础护理技术及服务的过程中所消耗的物化劳动和活劳动。物化劳动指物质资料的消耗，活劳动指护理人员脑力和体力劳动的消耗。

4. **成本管理（cost management）**　指以降低成本，提高经济效益，增加社会财富为目标而进行各项管理工作的总称。在医疗卫生领域，成本管理包括对医疗服务成本投入的计划、实施、反馈、评价、调整和控制等各环节和全过程。

5. **成本控制（cost control）**　是加强成本管理的重要手段和环节，指以成本作为控制的手段，由成本控制主体在其职权范围内，根据一定时期预先建立的成本管理目标，在耗费发生之前和成本控制过程之中，对各种影响成本的因素和条件采取的一系列预防和调节措施，以保证成本管理目标实现的管理行为。在医疗卫生领域，成本控制过程是对医院运营过程中发生的各种耗费进行计算、调节和监督的过程，也是一个发现薄弱环节、挖掘内部潜力、寻找一切可能降低成本途径的过程。

6. **护理成本控制（nursing cost control）**　是按照既定的成本目标，对构成护理成本的一切耗费进行严格的计算、考核和监督，及时揭示偏差，分析偏差产生的原因并采取有效的纠偏措施，使护理成本限制在预定的目标范围内的管理方法。

**管 理 箴 言**

#### （二）护理成本控制的意义

1. **护理成本控制是成本管理工作的重要环节**　是落实护理成本目标、实现护理成本计划的基本手段。护理成本控制就是对护理服务过程中发生的成本进行必要的约束和调节，实现预期目标。因此，可以说没有护理成本控制，护理成本预测和计划就没有实际意义。护理成本控制并非减少护理投入，而是预防护理成本漏洞，即要做好成本预算，管控成本风险。

2. **护理成本控制对于降低医院成本可以发挥重要作用**　在我国，由于医院的公益性质，长期以来缺少对医院成本的关注。随着我国医疗卫生体制改革的逐渐深入，医疗服务成本控制问题越来越受到政府、医疗机构的关注。尤其在按疾病诊断相关分组（diagnosis-related

groups，DRG）付费制度下，医保机构根据每一个组别支付医疗机构固定补偿金额，这就更需要医院做好成本控制，减少不必要的成本支出。护理人员是医疗队伍的重要组成部分，如果护理人员都能有较强的成本意识，掌握护理成本控制的方法，提供经济有效的护理活动，对于降低医院成本可以发挥重要作用。护理成本控制的基本任务在于从制度上改进工作方法和流程，减少浪费，挖掘潜力，努力降低成本，使医院资源达到最佳使用效益。

榜 样 的 力 量

## 二、护理成本的分类

**1. 按成本与服务量的关系分类** 可分为固定成本、变动成本和混合成本。

（1）固定成本（fixed cost）：指在一定时期和一定业务量范围内，其总额不随服务量的变动而变动的成本，如房屋设备等固定资产折旧费、固定工资等。

（2）变动成本（variable cost）：指成本总额随服务量的变动而变动的成本，如提供卫生服务过程中直接耗用的卫生材料、低值易耗品等费用。

（3）混合成本（mixed cost）：指成本总额随医疗服务量变动而变动，但不保持正比例关系，这种兼有固定成本和变动成本特性的成本称为混合成本。

**2. 按成本的计入方法分类** 可分为直接成本和间接成本。

（1）直接成本（direct cost）：指在提供护理服务过程中发生的可依据凭证直接计入护理成本的费用，如护理人员的工资、卫生材料费、低值易耗品费等。

（2）间接成本（indirect cost）：指在护理服务过程中无法直接计入某护理服务项目而需经过合理分摊进行分配的成本，如行政管理、人员培训、后勤辅助部门的费用等。

**3. 按成本的计入范围分类** 可分为完全成本和不完全成本。

（1）完全成本（comprehensive cost）：指在护理服务活动中消耗的所有成本，如在测算某一服务项目成本时，既包括直接成本，也包括间接成本。

（2）不完全成本（partial cost）：指在护理服务活动中所计入的部分成本，如在测算某一服务项目成本时，仅包括直接成本，不包括间接成本。

**4. 按成本的可控性分类** 可分为可控成本和不可控成本。

（1）可控成本（controllable cost）：指护理部门或个人的责任范围能够直接加以控制的成本，如医疗服务中发生的药品、卫生材料等成本。

（2）不可控成本（uncontrollable cost）：指不是护理部门或个人在责任范围内能够控制的成本，如医院护理部或者某个科室不能控制后勤部门发生的成本。

**5. 按成本在经营决策中的属性分类** 可分为机会成本、边际成本和沉没成本。

（1）机会成本（opportunity cost）：在医疗卫生领域，机会成本指在一定卫生资源投入的前提下，选择一个方案，必定放弃其他一些方案，所放弃方案中的最大效益就是所选择方案的机会成本。

（2）边际成本（marginal cost）：指增加一单位的产量所要增加的成本量，即在原有的卫生服务量基础上再增加或减少一个服务单位量所引起的成本变动额。例如，在某种疾病的治疗护理过程中，随着患者人数的增加，其治疗护理成本发生变化。

（3）沉没成本（sunk cost）：指过去的规划已经支付的、与目前要进行的决策无关的成本。即成本与环境变化没有关系，在某种情况下不能收回的过去成本。例如，设备的折旧费等是不可避免的，属于沉没成本。

### 三、护理成本控制的程序与内容

护理成本控制是护理成本管理的重要手段和环节。护理成本管理贯穿护理服务活动的全过程，包括成本预测、成本计划、成本核算、成本控制、成本分析、成本考核等内容。成本预测和成本计划是事前管理，是在制定目标成本之前，运用科学的方法进行成本指标的预算和计划编制；成本核算和成本控制是事中管理，指在行动过程中对护理服务过程中所花费的各项开支，依据计划进行严格的控制和监督，以保证计划的目标成本得以实现的活动；成本分析和成本考核是事后管理，即通过实际成本和计划成本的比较，检查成本计划的落实情况，并提出改进措施。

#### （一）成本预测

成本预测指医院为了达到降低成本消耗的目的，根据医院历史情况及预测期内的相关因素，采用一定的方法，对预测期内的成本费用作出预计或推测。成本预测是成本管理的起点，它既是成本控制的目标，又是成本分析与考核的依据，对挖掘医院降低成本的潜力、提高成本控制能力和财务管理水平都具有重要意义。

#### （二）成本计划

成本计划是通过成本预测，对多种方案进行分析，从中选择最佳方案。确定目标成本之后，还应编写成本计划，规定各种耗费的控制标准和成本水平，提出保证计划完成的可靠措施。

#### （三）成本核算

成本核算是对生产过程中的各种费用进行汇集、计算、分配和控制的过程，并为将来的成本预测、下期成本计划编制提供可靠资料。护理成本核算是对护理服务过程中的人力、物力和财力进行控制，有效配置有限护理资源的过程。护理成本核算的目的是实现护理服务经济效益和社会效益最大化，为患者提供具有成本效益的护理服务产出。护理成本核算方法主要包括以下几种。

1. **项目成本核算（fee-for-service）** 是以护理项目为对象归集费用、分配费用来核算成本的方法，如静脉注射、口腔护理项目成本的核算。计算护理项目成本可以为制定和调整护理收费标准提供可靠的依据，也可以为国家调整对医院的补贴提供参考。但是，项目成本核算方法不能反映某种疾病的护理成本，不能反映不同严重程度疾病的护理成本。

2. **床日成本核算（per day service method）** 是将护理费用的核算包含在平均的床日成本中，是护理成本与住院时间直接相关的一种成本核算方法。床日所包含的服务内容虽有一定的差别，但一般常规性服务项目都包含在内，如实验室检查、一般治疗、患者生活费等都不能另收费。床日成本核算法并未考虑护理等级及患者的特殊要求，通常包括了非护理性的工作。床日成本核算法的另一缺点是不能反映患者具体的资源消耗情况，将患者整个住院期间每天的费用当成均等的。实际上，随着病情变化，每阶段护理投入资源的密集性是不同的。

3. **相对严重度测算法（relative intensity measures）** 是将患者的疾病严重程度与护理资源的利用情况相联系的成本核算方法。如 Hall、Linda、Doran 等人的研究，将患者的复杂性分为 5 类并赋予相应的分值（无并发症 1 分，并发症与慢性病风险因素相关 2 分，存在严重风险 3 分，高度复杂性 4 分，并发症与该病种无关 9 分），据此决定需要何种护理专业人员、多少护理时间等。

4. **患者分类法（patient classification systems）** 是以患者分类系统为基础测算护理需求或工作量的成本核算方法，根据患者的病情严重程度判定护理需要，计算护理点数及护理时数，确定护理成本和收费标准。患者分类法通常包括两种：一是原型分类法，我国医院采用的分级护理即为原型分类法；二是因素型分类法，根据患者需要及护理过程将护理成本内容分为若干项，如基本需要、患者病情评估、基本护理及治疗需求、饮食与排便、清洁翻身活动等，即为因素型分类法。

**5. 病种分类法（diagnosis-related group）** 是以病种为成本计算对象，归集与分配费用，计算出每个病种所需护理照顾成本的方法。按病种分类法付费是将全部的病种按诊断、治疗项目、住院时间、并发症和患者的年龄等分成若干个病种组，对同一病种组的任何患者，无论实际住院费用是多少，均按统一的标准给医院补偿。

**6. 作业成本法（activity-based costing）** 是将医疗服务项目细分成有独立意义的活动和行为，确定作业链，按工序收集所消耗的资源，将可追溯直接成本按实际发生数计入有关医疗服务项目，不能直接追溯的则按有因果关系的作业动因分配到有关医疗服务项目中的一种成本核算方法。作业成本法较传统成本核算方法，更倾向于尽可能地追溯直接成本，对于间接费用的分配和处理也尽可能依据其发生的动因安排成本归宿，这样可以为护理的实际成本核算工作带来更为准确的成本信息。作业成本法主要通过优化作业流程、减少没有价值或低价值的作业及对成本动因的控制来降低成本。

### （四）成本控制

护理成本控制指预先制定合理目标，按照目标执行，将执行结果与目标比较，列出差异的项目，再通过分析、检讨、改正，使成本降至最低。护理成本控制一般包括以下程序。

**1. 根据定额制定成本标准** 成本标准是对各项费用开支和资源消耗规定的数量界限，是成本控制和成本考核的依据。

**2. 执行标准** 即对护理成本的形成过程进行计算和监督。审核各项护理相关费用的开支和资源消耗，实施降低成本的措施，保证护理成本计划的实现。

**3. 确定差异** 核实实际消耗脱离护理成本指标的差异，分析成本发生差异的程度，确定造成差异的原因和责任归属。

**4. 消除差异** 组织护理人员挖掘降低成本的潜力，提出降低成本的新措施或修改成本标准的建议。

### （五）成本分析

成本分析是成本控制反馈的主要内容和关键步骤，可以为下一期的成本预测和决策提供依据。成本分析任务是依据成本核算资料，对照成本计划和历史同期成本指标，了解成本计划的完成情况和成本变动趋势，查找影响成本变动的原因，测定其影响程度，为改进成本管理工作、降低成本提供依据和建议。

**1. 成本与收费的比较分析** 成本与收费的比较研究可以为评价医院护理服务的效益、制定合理收费标准、理顺护理补偿机制提供参考依据。

**2. 实际成本与标准成本的比较分析** 通过标准成本与实际成本的比较分析，一方面可以帮助护理管理人员找出差距，提高管理水平；另一方面由于实际成本中包含了部分资源浪费（或不足）的成本，将之与标准成本相比较，更能判断出其是否具有合理性。

**3. 成本内部构成分析** 将成本按不同的组成部分进行分析，分析成本内部各组成部分的特点、比例及其对总成本的影响等。护理成本构成分析主要是做好人力成本、仪器与设备、供应物品等组成部分的分析。

（1）人力成本：医院的人力资源成本中，工资通常占 40%～50%，而护士多占医院卫生技术人员的一半以上，因此要重视对护理人力成本的分析。

（2）仪器与设备：做好医疗仪器与设备的维修、保养和管理，不仅可以确保它们处于完好状态，为治疗、抢救患者提供保障，还可以延长它们的使用寿命，减少资源浪费、节约成本。

（3）供应物品：护理管理者应做好耗材的请领、清点、登记、交接制度，对所有耗材的使用做到心中有数，减少库存成本，提高库存周转效率，杜绝供应物品的过期和浪费。

4. **量本利分析**　服务量、成本与收益之间存在着一定的内在联系，运用经济学方法，可以分析既定服务量下的最低成本组合、既定成本曲线下的保本服务量和最佳服务量。

5. **护理成本效益分析**　是用货币表示护理干预的效果，以完成护理资源配置经济效益、护理技术经济效益、护理管理经济效益的分析。目前常用的护理成本效益分析指标包括净效益、成本效益比值等。净效益指护理服务方案的效益总和与成本总和的差值。成本效益比值是通过评价期内各备选方案效益现值与成本现值的比值来对方案进行评价和选择的方法。

6. **护理成本效果分析**　是分析不同护理方案成本与临床护理服务结果（生理参数、功能状态等）之间的关系，找出改变单位临床护理效果指标成本最小的方案。一般用于评价不宜用货币来表示的护理服务结果。

7. **护理成本效用分析**　是通过不同护理服务方案的成本、效用的比较分析，来对不同方案进行评价和选择的方法。目前常用的效用指标有质量调整生命年和失能调整生命年。选用质量调整生命年和失能调整生命年等指标评价护理效用，不仅重视生命时间的延长，更重视生命质量的效果。

### （六）成本考核

成本考核指定期对成本计划的完成情况进行评价和总结，并按成本责任的归属考核规定指标的完成情况，据此进行奖惩，以利于客观评价工作业绩和明确责任，激励员工改进工作，提高医院整体管理水平和经济效益。

## 四、控制护理成本的途径

### （一）构建完善的成本管理体系

为有效控制护理成本，需要建立全方位、多角度、多层次的成本管理体系。医院应设立专门的成本管理决策机构、成本管理牵头执行部门、成本管理业务科室及专兼职核算员等多级成本管理组织体系，以保障成本管理工作自上而下逐级落实。

同时，要加强护理成本文化建设，提升护理人员成本管理的意识，以降低护理成本。实际护理成本的高低取决于每一名护理人员的努力，因此要加强成本文化建设，引导全体护理人员参与成本管理，提高自身的成本意识，形成良好的习惯，有效控制成本。

### （二）运用要素替代效应合理配置护理人力资源

要素替代效应，指产品的生产过程中，各生产要素之间存在的能够相互替代的关系。

护理人员在医院人力资源配置中占据了重要地位，承担各项临床护理专业技术工作以外，同时兼顾了感染控制、解答咨询问题等辅助性工作。护理人员的双重性职责若不能合理划分，会出现高人力成本、低工作效率的现象。

利用要素替代效应分析应促进护理人员更好地分层使用，人尽其才，提高人力资源配置效率。要充分发挥高级实践护士的专业价值，探索高级实践护士替代一部分医生的角色，激发护理人员积极性，创造更大的价值；同时在护理人员内部，使助理护士替代一部分注册护士的角色，通过充分发挥要素替代效应，实现护理人力资源的最优配置，有效降低医院人力成本。

### （三）基于价值医疗理念实现护理服务降本增效

价值医疗指在一定成本下创造最优的医疗质量或医疗效果。价值医疗的思想，需要助推高价值医疗服务的提供，也要减少低价值医疗服务的提供。高价值医疗服务指成本更低、效果更好的服务，而低价值医疗服务指成本更高、效果更差的服务。

护理服务范围广泛，从护理人员入手减少护理领域低价值医疗服务，对于减少医疗资源浪费、改善医疗质量具有很大潜力。因此，基于价值医疗理念，增加护理领域高价值服务的提供，减少低价值服务，有利于在降低成本的同时提高护理质量，实现护理服务的降本增效，助推护理服务高质量发展。

### （四）推动护理智能化转型发展降低护理人力成本

当前，随着物联网、人工智能、大数据等技术愈趋成熟，通过智能技术赋能护理服务，用机器代替重复的人工劳动，推动护理智能化转型，有利于提高工作效率、降低成本。例如，通过虚拟护士及远程护理机器人等智能技术，可以减少对护理人力的需求，节省大量的人力成本。再如，利用智能病例质控系统，有利于在提高护理质控质量的同时，降低护理人力资源需求。

在当前智能产业变革飞速发展的大背景下，应充分发挥智能技术创新优势，促进智能技术与护理领域深度融合，优化护理服务流程，提高临床护理工作效率，降低护理人员不必要的工作负荷，引领护理服务创新，推动实现降本增效。

**拓展阅读**　案例故事

**临床链接**

#### 见微知著——从文献中学成本控制

在新医改背景下，如何制定并实施护理成本控制？如何将成本控制与绩效考核相结合？相信这个视频会给你很多启发。请结合视频做以下几方面的思考：

1. 课后检索相关文献，体会成本控制对科室及医院的积极作用。

2. 在按疾病诊断相关分组背景下，作为护士长的你将如何合理进行护理成本控制？

（王　跃　孟朝琳）

---

### 数字资源详见新形态教材网

| | | | | |
|---|---|---|---|---|
| 编者导学 | 学习目标 | 教学课件 | 微视频 | 案例 |
| 临床链接 | 拓展阅读 | 自测题 | 榜样的力量 | 管理箴言 |

NOTE

# 第 九 章

# 护理质量管理

## 章前导学

护理质量是医院质量的重要部分，护理质量的优劣直接关系到医疗安全与医院的社会影响力。护理管理者应通过科学的质量管理方法，对复杂多变的临床环境中出现的护理问题进行分析总结，从而提高管理效力和管理质量。同时，随着医院管理理念的进步及患者自主意识的提高，患者的安全问题也引起行业同仁和社会各界的高度重视，我国加强患者安全保障的机遇与挑战并存。我国作为拥有14亿多人口的发展中国家，医疗机构承担着十分艰巨的医疗卫生服务任务。因此，加强患者安全保障、提高医疗质量，有着重要的意义。

## 第一节　质量管理概述

### 一、质量管理的相关概念

#### （一）质量

质量（quality）指产品或服务满足客户需求的特性总和，旨在通过符合标准，超越期望来提示企业竞争力。它包含三层含义，即规定质量（specified quality）、要求质量（required quality）和魅力质量（attractive quality）。规定质量指产品和服务达到预定标准，要求质量指产品和服务满足顾客的要求，魅力质量指产品和服务的特性远超出顾客的期望。

#### （二）质量管理

质量管理（quality management）是组织为确保产品质量符合日益增长的质量标准，实现顾客满意度所进行的全面管理活动。质量管理的核心在于设定和实现质量目标，通过质量策划、质量控制和质量改进来保证和提升产品与服务的质量。作为全面管理的核心环节，质量管理对于组织的成功至关重要。

质量管理可以根据不同的标准进行分类。按工作环节，质量管理可分为设计过程质量管理、辅助生产过程质量管理、生产过程质量管理和使用过程质量管理。按工作所处阶段，质量管理可分为要素质量管理、环节质量管理和终末质量管理。

榜样的力量

### （三）质量体系

质量体系（quality system）指为保证产品或服务质量，满足规定（或潜在）的质量管理需求，由组织机构、职责、程序、活动、能力和资源等构成的有机整体。

### （四）质量控制

质量控制（quality control）是对影响服务质量的各环节、各因素制订相应的监控计划和程序，对发现的问题和不合格情况进行及时处理，并采取有效纠正措施的过程。质量控制强调满足质量要求，着眼消除可能发生的偶发性问题，使服务体系保持在既定的质量水平。

拓展阅读 全国护理事业发展规划（2021—2025 年）

### （五）质量改进与持续质量改进

质量改进（quality improvement）是质量管理的重要部分，旨在为本组织及组织用户提供更大的价值。它是通过在组织范围内采取措施来提高质量和效率的过程。质量改进的目标是改变某一特定的质量水平，使其达到更高的平衡状态。实施 PDCA 循环是实现质量改进的有效方法。

持续质量改进（continuous quality improvement）旨在通过系统性优化，提升现有产品和服务的质量并稳定其水平，以持续满足用户期望。它基于已达到的质量水平，通过不断改进来稳定质量。质量改进是一个长期、不间断的过程，通过 PDCA 循环来实现。

管理箴言

## 二、质量管理的产生和发展

质量管理的起源可以追溯到商品生产的早期阶段，当时主要通过成品检验来管理质量。随着社会和科技的发展，质的定义也在不断演变，从实物产品扩展到满足规定和潜在需求的各种特性。传统的手工业质量检验管理逐渐引入数理统计和其他工具，进入了"统计质量控制"阶段。之后，质量管理与系统工程相结合，迈进了"现代质量管理"阶段。这一过程逐渐完善，并从管理科学体系中派生出"质量管理工程"。

按照质量管理所依据的手段和方式，我们可以将质量管理发展历史大致划分为以下四个阶段（表9-1）。

表 9-1 质量管理百年发展历程

| 阶段 | 时间 | 主要内容 | 特点 / 局限性 |
|---|---|---|---|
| 传统质量管理阶段 | 古代—19 世纪末 | 依赖工匠经验，手工生产，感官检查；学徒制传承技术；政府设置质量官员（如先秦"大工尹"）监督质量 | 经验主导，缺乏科学标准；个体化生产，质量不稳定 |
| 质量检验管理阶段 | 20 世纪初—20 世纪 40 年代 | 泰勒"科学管理"提出专职检验；产品事后全检，分离生产与检验职能 | 事后把关，成本高；忽视预防，无法解决系统性质量问题 |
| 统计质量控制阶段 | 20 世纪 40 年代—20 世纪 50 年代 | 应用数理统计（如抽样检验、工序控制），从"事后检验"转向"过程预防" | 减少废品，但过度依赖统计方法，忽视组织管理 |
| 全面质量管理阶段 | 20 世纪 60 年代至今 | 费根堡姆提出 TQM，日本推广；全员、全过程、全方位质量管理，融合技术、管理和统计方法 | 强调持续改进和顾客导向；需全员参与，体系复杂，实施难度大 |

### （一）传统质量管理阶段

传统质量管理阶段是从质量管理萌芽至 19 世纪末工厂取代手工业作坊为止。这个阶段受小生产和手工业作坊影响，产品质量主要依靠工人经验，通过感官和简单工具来衡量。工人既是操作者又是质量管理者，经验是"标准"，实施靠"师傅带徒弟"的口授方式。因此，有人称之为"操作者的质量管理"。《考工记》描述了手工业产品的设计、原材料选择和产品质量检查。先秦时期《礼记·月令》记载了产品上刻工匠名字，设置政府质量官员"大工尹"来考查质量，如质量不好则处罚和治罪。该阶段有两个特征：学徒制和技术诀窍。这一阶段为现代质量管理科学奠定了基础。

### （二）质量检验管理阶段

资产阶级工业革命后，机器生产取代了手工作坊，产生了企业管理和质量检验管理。20世纪初，泰勒提出"科学管理理论"，主张计划与执行分开，由专职检验人员负责质量检验和管理，进入质量检验阶段。但此阶段过分依赖事后检验，忽视全过程管理，导致管理效率受限且难以预防质量问题。20 世纪 70 年代前，我国质量管理主要采用这种方式。

### （三）统计质量控制阶段

统计质量控制（statistical quality control，SQC）因数理统计应用于质量管理而得名，旨在通过应用统计技术监控生产过程，减少对检验的依赖。20 世纪 40 年代后期，随着生产力的发展，事后检验无法满足大批量生产的质量控制需求。第二次世界大战期间，军工生产规模巨增，检验人员短缺，导致产品积压待检，非科学检查引发大量废品损失。这种情况下，运用统计学分析对生产工序进行控制，将质量管理从"事后把关"转为"事先预防"，并实行抽样检查，有效杜绝了大批量不合格产品的产生，减少了损失。然而，此阶段过于强调计算方法，忽略了组织、计划等工作问题。

### （四）全面质量管理阶段

全面质量管理（total quality management，TQM）起源于美国，在日本得到广泛应用。美国数学物理学家费根堡姆（Feigenbaum）在质量检验和数理统计的基础上，提出了全面质量管理的理论和原理。日本企业根据本国情况加以应用，使全面质量管理在日本迅速发展，并成为促进日本经济发展的重要支撑。科技和工业的进步，使得人们对质量的要求越来越高。全面质量管理理论被世界各地的管理专家接受和应用，并融合了技术、行政管理和现代科学管理方法，成为一整套全面质量管理的理论和方法，推动了质量管理的新发展。

全面质量管理是一种十分有效、全面的体系，主要特征强调"三全"。

**1. 整个企业对产品质量管理全方位负责** 企业的高层管理者主要负责制定质量决策、方针和目标，并协调各部门质量管理活动。中层管理者贯彻执行高层管理者的质量决策，并分解和部署基层管理工作。基层管理者则负责实施具体工作内容，严格按照规章制度和操作规范进行生产，彼此分工明确并相互支持。

**2. 全过程的质量管理** 主要包含设计、制造、使用和辅助过程。全面质量管理不仅对这四个环节进行管理，还要纵观整个生产经营过程，进行整体管理。

**3. 全员参与是核心原则** 无论职位高低，所有员工都要参与质量改进活动，以提升产品质量和满足客户需求。全员参与是实现企业质量目标的关键。

# 第二节　护理质量管理概述

**管理箴言**

护理质量不仅取决于护理人员的综合能力，且与护理管理方式密切相关。优秀的管理方法与管理水平是促进护理质量不断提升的关键，更是为患者提供安全护理的重要保障。因此，为患者提供全面、系统、高质量的护理服务，满足他们的需求，是护理管理者面临的主要任务。

## 一、护理质量与护理质量管理的概念

护理质量（nursing quality）指护理人员的工作表现及护理服务效果的优劣程度。广义的护理质量指护理管理所涉及的各方面的工作质量的总和。狭义的护理质量主要指临床护理质量，包括基础护理、危重症护理、专科护理、康复护理、心理护理、护理技术操作、护理文件书写等质量及护理服务对象的满意程度。护理质量管理是护理管理的核心，也是护理管理的重要职能，直接反映护理工作的内涵和特点。

护理质量管理（management of nursing quality）指按照护理质量形成的过程和规律，通过对构成护理质量的各种要素进行计划、组织、人事、领导和控制，以保证护理工作达到规定的标准并满足服务对象需要。

## 二、护理质量管理的任务

护理质量管理是在护理过程中体现出的对护理各阶段和各要素的计划、组织的协调与控制。其中，完善的护理质量管理过程需要有明确的护理质量标准，有了标准，管理才能有据可依，从而维系后续的进一步发展。

1. **增强护理质量意识**　优秀的护理质量管理意识能提高护理技术与管理水平，不断提高护理工作质量。护理管理者应强化质量教育，引导全体护理人员牢固树立质量观念，不断增强质量意识，使其认识到护理质量管理的重要性和必要性，自觉掌握和应用质量管理的方法和技术。

2. **构建质量管理体系**　护理质量是在护理服务活动过程中逐步形成的。为了能够控制护理服务过程中影响质量的要素，必须建立完善的护理质量管理体系，明确每一位护理人员在质量工作中的角色、任务和权限。只有这样，护理管理工作才能有的放矢地开展，才能保证护理服务质量的不断提升。

3. **制定护理质量标准体系**　护理质量管理的基础是护理质量标准，因此护理管理者应建立一整套护理质量标准来规范护理人员的行为。在建立护理质量标准体系时一定要遵循科学合理的原则，才能达到预期的管理目标。

4. **制定护理全面质量控制体系**　根据护理质量管理对影响护理质量的各要素、各环节建立控制体系，做到全面监督、良好控制，并建立质量可追溯机制，使各环节各层次的人员都能够及时发现并解决问题。

5. **持续改进护理质量**　护理质量持续改进是护理质量管理的灵魂，工作中必须树立第一次把工作做好、不断改进、不安于现状、追求卓越的意识，力争使护理质量能够持续改进。

## 三、护理质量管理的原则

1. **患者为中心原则**　以患者为中心是医疗护理服务的核心价值观，指在医疗护理服务中，将患者的需求和利益置于首位，以患者的健康和福祉为最高目标，在确保患者安全的前提下，要求医护人员尊重患者的人格和权益，关注患者的身心健康，并要求对患者的日常服务活动进行评价，以确保服务的质量和效果。总之，它要求医护人员始终将患者的需求和利益放在首位，为患者提供高质量、安全、个性化的护理服务。

2. **预防为主原则**　在护理过程中，为了避免错误和缺陷的发生，识别护理质量的潜在风险，不能仅依靠检查和评估来发现问题，还需建立应急预案、设置相应的预防措施来减少缺陷。可采取事前控制的方式，防微杜渐。对已发生的护理质量问题，应认真分析原因并制定改进措施，防止该问题再次发生。

3. **全员参与原则**　护理服务的每个环节和过程都是护理人员辛勤劳动的结果。从患者接待、评估和制订护理计划，到实施护理措施、监测患者状况和提供心理支持，再到护理记录和交接班，每个环节都需要护理人员的专业知识和技能。而护理质量管理是一个持续改进的过程。只有护理管理者和临床一线各级护理人员充分参与、共同努力，才能进一步提升护理质量，为患者提供更好的护理服务，为组织带来收益。

4. **基于事实的决策原则**　有效的决策必须以充分的数据和真实的信息为基础。在护理管理中，管理者运用统计技术来测量和监控护理质量的要素、过程和结果。通过分析数据信息，寻找内在规律，比较不同质量控制方案的优劣。同时，结合过去的经验和直觉判断，最终做出质量管理决策。这一原则可以尽可能地避免决策失误。近年来，护理管理者通过采集和分析不良事件，获得了护理质量管理的基本数据，基于这些数据，管理者能够发现问题的根源，有针对性地提出解决方案，为护理质量管理提供了有效的指导。

5. **持续改进原则**　持续质量改进是护理质量管理的灵魂，指在现有服务水平上不断提高进行服务质量及管理体系有效性和效率的循环活动。护理管理者需要强化各层次护理人员追求卓越的质量意识，应以追求更高的过程效率和有效性为目标，主动寻求改进机会，并确定改进项目。护理对象的需求是在不断变化的，只有持续改进才能得到服务对象的认同。此外，医疗市场竞争的加剧使医院的经营处于一种"逆水行舟，不进则退"的局面，医疗护理服务必须不断改进，医院才能生存。

### 四、护理质量标准

标准是一种衡量事物的工具，是为达到一个目标而共同遵守的原则或规范，其目的是获得最佳的工作秩序和社会效益。护理质量标准是依据护理工作的内容、特点、流程、管理要求、护理人员及服务对象的特点及需求制定的护理人员应遵守的准则、规定、程序和方法。护理质量标准一般由一系列具体标准组成，如《护理分级标准》、《静脉治疗护理技术操作标准》（WS/T 433–2023）、《临床护理实践指南（2011 版）》等，均为国家标准。

#### （一）护理质量标准的分类

在护理工作中，根据使用范围，护理质量标准可分为业务质量标准、管理质量标准；根据使用目的，可分为方法性标准和衡量性标准，其中方法性标准包括质量计划标准、质量控制标准和工作实施标准，衡量性标准即质量检查评价标准；根据管理过程结构，可分为要素质量标准、过程质量标准和终末质量标准。

1. **要素质量标准**　是构成护理工作质量的基本要素。要素质量标准可以包括管理的要素质量标准，如人员配备，包括编制人数、职称、学历构成等；也可以是护理技术操作的要素质量标准，如物品和环境的准备、操作程序、技术疗效等。每一项要素质量标准都应具备具体的要求。

**2. 过程质量标准**　指通过组织管理形成的各项工作能力、服务项目及其工作程序或工序的质量标准。过程质量是一环套一环的，因此也被称为环节质量。在临床护理工作中，主要包括患者从就诊到入院、诊断、治疗、护理及出院等各个护理环节，包括患者在科室之间交接等。环节质量不仅包括护理管理工作，还包括护理业务技术活动的全过程，甚至是某项具体的护理技术操作，都涉及质量管理标准的建立。

**3. 终末质量标准**　护理工作的终末质量指患者所得到护理效果的综合质量。为了确保护理工作的终末质量，需要制定一套科学的评价方法。其中，住院患者的结果质量主要关注重返率（再住院与再手术）、死亡率（住院死亡与术后死亡）及安全指标（并发症与患者安全）等。

### （二）护理质量标准的制定

**1. 制定护理质量标准的原则**

（1）可计量性原则：质量的高低依赖于各类数据、指标，没有数据指标是区分不出质量高低的。因此，在制定护理质量标准时，力争要用数据来表现，对一些定性标准也尽量将其转化为可计量的指标。

（2）科学性原则：制定护理质量标准既要符合法律法规和规章制度要求，又要满足患者的需要；护理工作中任何疏忽、失误或处理不当，都会对患者造成不良影响或严重后果。因此，要在科学循证的基础上按照质量标准形成的规律，结合护理工作特点制定标准。

（3）可行性原则：从临床护理实践出发，掌握医院目前护理质量水平与国内外护理质量水平的差距，根据医院现有条件，制定切实可行的护理质量标准和具体指标。制定标准应基于事实又略高于事实，即标准应是经过努力才能达到的。

（4）严肃性原则：是制定护理质量标准时必须遵循的重要原则。在制定标准时，必须具备科学依据和群众基础，标准通过审定后，就必须严肃认真地执行。强制性和指令性标准应该真正成为质量管理的法规，而其他规范性标准则应发挥其规范指导作用。

（5）相对稳定性原则：为了保持标准的相对稳定性，需避免频繁改动。频繁改动会给护理团队带来困惑和不稳定感，也会影响护理质量的稳定性和连续性。因此，在制定标准时，需要充分考虑标准实施的可行性和长期稳定性，避免朝令夕改。

**2. 制定护理质量标准的方法和过程**　制定护理质量标准的方法和过程可以分为四个步骤。

（1）调查研究，收集资料：调查内容包括国内外有关护理质量标准资料、相关科研成果、实践经验、技术数据的统计资料及有关方面的意见和要求等。调查方法上，应采用收集资料与现场考察相结合、典型调查与普查相结合、本单位与外单位相结合。调查工作完成后，要进行认真的分析、归纳和总结。

（2）拟定标准，进行验证：在对各类资料、数据进行统计分析和综合研究的基础上，形成护理质量标准的初稿。初稿完成后应与护理质量管理专家及临床一线护理人员进行讨论，征求意见、建议，论证其科学性及可行性等，形成试行稿。然后在小范围内试行，进行护理质量标准的可操作性测试，测试后根据结果再次修订，形成最终的质量标准。只有遵循试验所得的结论，才能保证拟定标准的质量。

（3）审定、公布、实行：在审查和修改标准的内容时，需要考虑标准的适用性、实用性和准确性等方面。标准审定委员会应该根据会员自己的专业知识和经验，对标准的内容进行审查和修改，以确保标准的质量和可靠性。根据不同质量标准的类别，对拟定的护理质量标准报相关卫生行政主管部门或医院进行审批，公布后在一定范围内实行。

（4）标准的修订：标准修订流程是一个复杂而严谨的过程，需要各方面的专家和利益相关者共同参与和协作。只有遵循标准修订流程，才能制定出高质量、实用性强的标准，为社会和经济发展作出贡献。随着护理质量管理实践的不断发展，原有的标准不能适应新形势的要求，此时就应该对原有质量标准进行修订或废止，制定新的标准，以保证护理质量的不断提升。护理管理人员应定期开展对标准的复审及修订工作。

护理质量标准是衡量护理工作优劣的准则，是护理人员工作的指南，是护理管理的重要依据。为提高临床护理质量，保证患者安全，系统、科学、先进的护理质量标准与评价体系十分重要。

总之，护理质量管理必须建立完善的护理质量管理体系，各级护理人员层层负责，全员参与，用现代科学管理方法，以最佳的技术、最短的时间和最低的成本，提供最优质的护理服务。开展护理质量管理，需做到以下几点：①必须建立完善的护理质量管理体系，并使之有效运行；②要制定合理的护理质量标准，使管理有据可循；③对护理过程中构成护理质量的各要素，按标准进行质量控制；④在护理质量管理过程中，各个环节相互制约、相互促进、不断循环、周而复始，质量逐步提高，形成一套质量管理体系和技术方法。

## 第三节　护理质量管理工具与方法

护理质量评价结果的直接表现形式是各类数据，但在实际护理过程中，单凭数据是不能直接评价质量优劣的，只有运用质量管理工具将数据进行科学的整理和加工，找到影响质量的原因和关键点，才能用于护理质量评价结果的判断。护理质量管理方法与质量管理工具和质量评价不同，它是管理组织框架、管理流程及测评标准。

### 一、护理质量管理工具

质量管理工具是能够对所得数据进行识别、分析和归纳的工具集合。

20 世纪 70 年代，日本形成和发展了新型的七种质量管理工具：关联图法、KJ 法、矩阵图法、PDPC 法、系统图法、数据矩阵分析、矢线图法。这些方法是从系统工程、运筹学、价值工程等管理科学中选取、提炼而用于质量管理的。1979 年这些方法传入我国，并逐渐在我国得到推广运用。尽管以上七种工具为质量管理提供了系统化思路，但在护理实践中，更常根据数据特性灵活选用分层法、直方图等基础工具，以实现高效分析。

1. **分层法（stratification）**　又称分类法、分组法、层别法，是数据分析和整理的基本方法之一。它是根据分析目的，将相同性质、相同来源的数据归纳到一起，从而将总体分为若干层次，以便进行比较分析的方法，通常以表格或图形表示（图 9-1）。例如，针对护士的白班、小夜班、大夜班质量情况的分析就可以运用分层法进行。

| 序号 | 因素1 | 因素2 | 因素3 |
|---|---|---|---|
| 1 | | | |
| 2 | | | |
| 3 | | | |
| 4 | | | |

图 9-1　分层法

**2. 直方图（histogram）** 是将质量管理过程中收集而来的数据加以整理，观察数据的分布状况，分析出数据的规则性，进而直观地判断质量特性与波动状态。研究者将收集的质量数据按取值大小分成若干间隔（组距）相等的组，以组距为宽度，以落入各组的频数为高度，得到由若干连续长方形排列组合的直方矩形图（图 9-2）。例如，可通过收集患者的护理数据，从而观察患者护理质量的分布情况；通过收集护理人员的工作数据等，了解护理人员的工作效率情况。

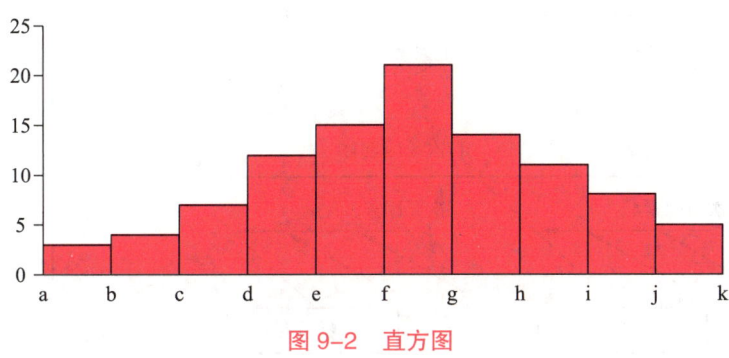

图 9-2 直方图

**3. 控制图（control chart）** 又称管理图，是对过程质量特性进行测定、记录、评估，进而监控过程是否处于控制状态的统计工具。它由坐标系及三条平行线构成，纵坐标表示质量特性，横坐标表示采样时间或样本号。三条横线的中线是中心线，代表质量指标的中位数；上、下线分别为控制上限和控制下限，是质量控制的界限（图 9-3）。在护理质量管理过程中，可以通过收集患者的护理数据，如并发症的发生率、护理效果等，将收集到的数据标注在相应位置。如数据多数点落在中心线附近，未超过控制上限和控制下限，表明针对患者的此项护理质量在控制范围内；反之，表明过程质量在控制范围之外，此时就要分析原因，采取应对措施，使过程质量处于控制状态，进而防止护理质量下降。

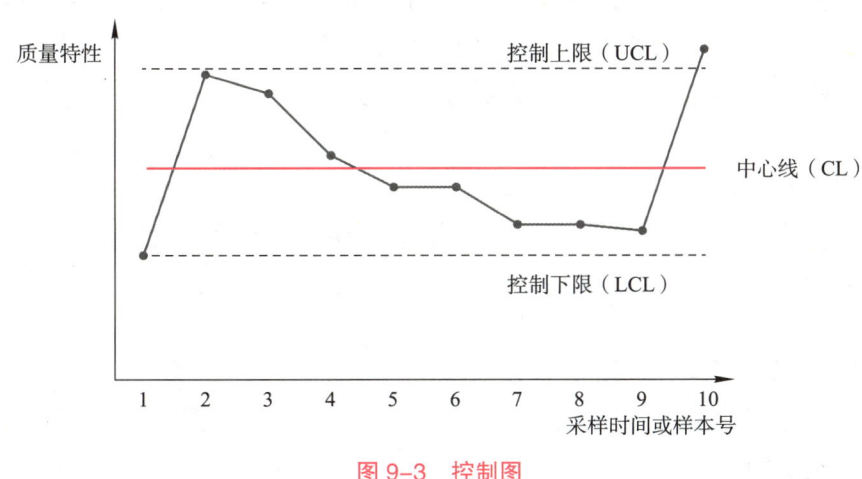

图 9-3 控制图

操作步骤：①选取要控制的质量指标的历史资料，分析资料的可靠性；②计算均数或中位数，画出中线、控制上限和下限；③计算离散指标，确定上限和下限。

**4. 因果图（cause and effect diagram）** 又称鱼骨图，是分析和表示某一护理问题与其原因之间关系的一种工具。因果图通过分层次列出全部原因，进而全面地寻找解决问题的措施。例如，针对重症监护室某类型不良事件，可用因果图进行分析。因果图形似鱼骨，主干箭头所指的为质量问题，中轴两侧的斜箭头所指的是影响质量的主要因素，从斜箭头所引的小箭头所指的是次要因素，以此类推，依次找出主要因素、次要因素和其他因素（图9-4）。查找原因可使用5P分类法，即将影响质量的原因按顾客（patron）、员工（people）、供应（provision）、场所（place）和作业规定（procedure）5方面进行分析。一张因果图只能解决一个主要质量问题，完整的因果图应尽量展开两层或三层。

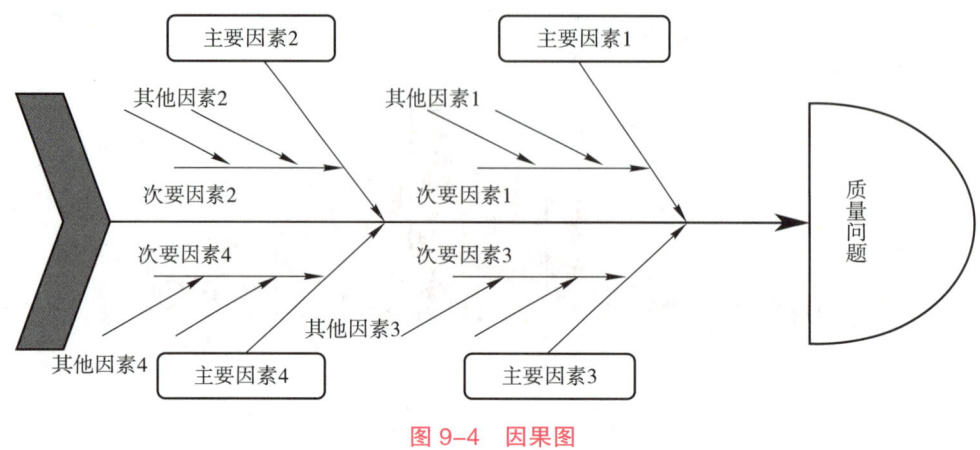

图 9-4　因果图

操作步骤：①明确质量问题；②分析导致质量问题的主要原因，确定主要影响因素；③从主要原因顺藤摸瓜查找次要原因，确定次要影响因素，依次类推；④绘制并记录有关事项。

5. 排列图（permutation diagram）　又称柏拉图（Pareto chart），是质量管理最常用的工具之一。研究者将收集到的数据，按照不同原因划分，寻求占比最大的影响因素，即对质量问题影响最大的因素，再运用不同的管理方法加以解决。例如，在进行护理不良事件分析时，可将事件种类、发生时间、值班护士特点等分类显示，便于找出问题发生的共同点，重点整改。排列图由一个横坐标、两个纵坐标、若干按高低顺序排列的矩形和一条累计百分比折线构成，横坐标表示影响质量的各项因素，左侧纵坐标表示频数，右侧纵坐标表示频率，折线表示累积频率，用矩形图由左到右按高低依次排列，矩形的高度表示该项目在各影响因素下的量值，通过对排列图的观察找出影响质量的关键因素（图9-5）。

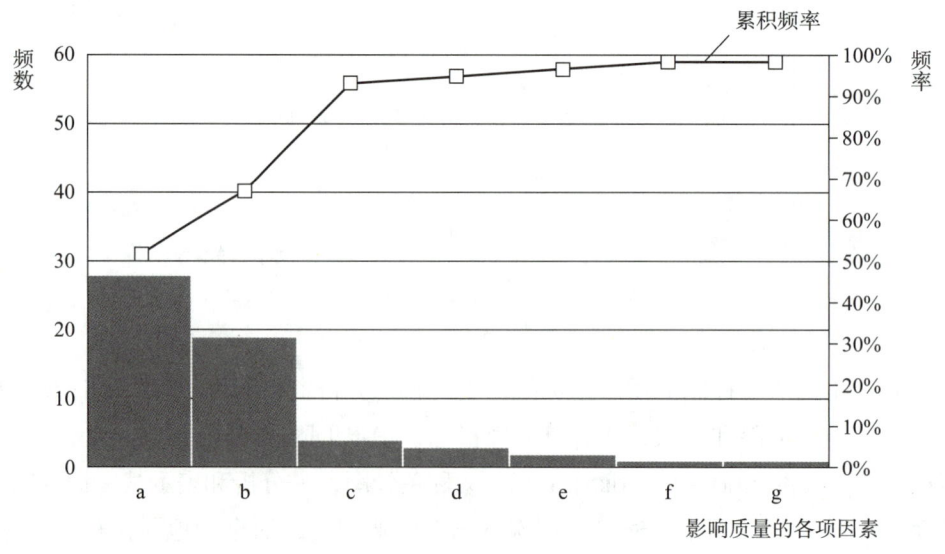

图 9-5　排列图

操作步骤：①选择要进行质量分析的项目，收集数据；②将收集到的数据按原因分类；③计算出各种原因发生的频数；④计算不同原因发生的频率和累计频率；⑤将数据做成表格；⑥绘制排列图；⑦找出影响质量的关键因素，制定改进措施。

**6. 散布图（scatter diagram）** 又称相关图，是用来辨认某现象的测量值与可能原因、因素之间关系的图解。散布图由一个横坐标和一个纵坐标及散点构成，纵坐标表示现象测量值，横坐标表示可能有关系的原因或因素，从散点的分布状况，观察分析两个变量之间是否有相关关系及关系的密切程度（图9-6）。需要注意的是，调查两个因素之间的关系时，应尽可能地固定对这两个因素有影响的其他因素，排除其他可能影响该现象的因素，进而确保结果的准确性。

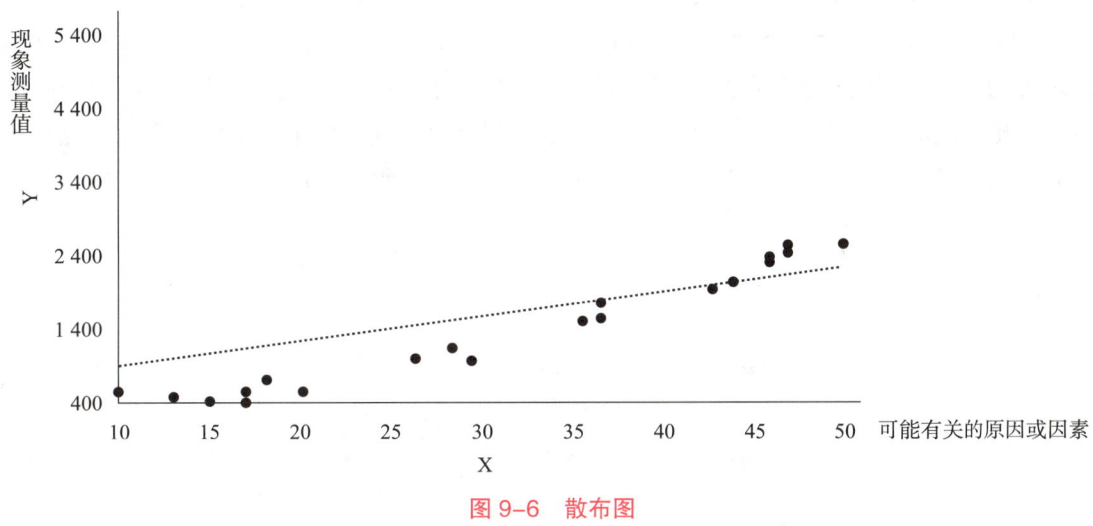

图 9-6　散布图

散布图可以用来检验质量管理中质量特性与影响因素之间是否具有关联性。临床护理经常会运用到散布图，如针对患者心率的变化记录、患者体温记录，或是患者心率与体温二者之间的关系。

操作步骤：①收集数据，整理形成数据表；②找出数据中最大值和最小值；③画出横、纵坐标轴的刻度，根据整体数据计算组距；④将各组数据在对应点上进行标示；⑤记录好必要的事项，如收集数据目的、数据数量、项目名称、绘制者、日期等，将图形所得结果记入图形旁边空白处；⑥分析散布图的相关性与相关程度。

**7. 检查表（check sheet）** 又称质量调查表、统计分析表，是一种最为基本的对数据进行整理和初步原因分析的工具。检查表的格式灵活多样，如针对护士发药错误情况检查表、重症监护室患者术前安全检查表等。检查表方法简单、实用有效，管理者可根据调查目的自行设计，多与分层法结合应用。

操作步骤：①明确收集数据的目的，如调查护理不良项目、护理问题发生原因等；②整理调查项目，将需调查的项目制作成清单，并确定其顺序；③确定检查方法，如检查的方式（全检、抽检）、检查的周期、检查数量、检查标记等；④设计检查表，检查表的格式要依据所检查的项目特点设计；⑤填制检查表；⑥分析检查表，并制定相应的措施。

**8. 关联图（association graph）** 可用于整理、分析、解决复杂问题，如原因和结果、目的和手段等方面存在复杂关系的情况（图9-7）。例如，引发护理不良事件的原因分析、患者非正常死亡的原因分析等。

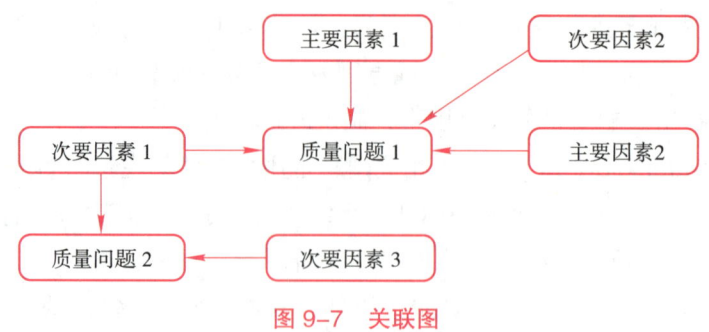

图 9-7　关联图

操作步骤：①提出与问题有关的所有因素；②用灵活的语言简明概要地表达；③把存在因果关系的因素之间用箭头符号做出逻辑上的连接；④抓住全貌；⑤找出重点。

9. **亲和图（affinity diagram）**　又称 KJ 法（the KJ method），是将大量相关事实、意见或设想之类的语言文字资料收集起来，利用其相互亲和性作成归类合并图，从复杂的现象中抓住实质，找出解决问题的途径的一种方法。通过亲和图可以迅速掌握未知领域的实际情况，找出解决问题的途径，并可以对于难以理出头绪的事情进行归纳整理（图 9-8）。

图 9-8　亲和图

操作步骤：①确定对象，亲和图法适用于解决那种非解决不可，却又不急于一时的问题。②收集语言、文字资料（收集这种资料的方法有三种：直接观察法；面谈阅览法，通过与有关人谈话、开会、访问，查阅文献、集体"头脑风暴"法来收集资料；个人思考法，即通过个人回忆、总结经验来获得资料）。③将所有收集到的资料写成卡片。④整理卡片。将相似卡片归并在一起，逐步整理出新的思路。⑤将同类的卡片集中，写出分类卡片。⑥根据不同的目的，选用上述资料片段，整理思路，撰写文章。

10. **矩阵图（matrix diagram）**　是利用矩阵的形式表示因素间相互关系的一种方法，从多维问题的事件中找出成对的因素，排列成矩阵图，其交点就是其相互关联的程度。矩阵图适用于寻找因素之间的关系，如探讨资料群之间的关系、需要对复杂事件做出评估时。矩阵图包含不同类型，如 L 型矩阵图（图 9-9）、T 型矩阵图（图 9-10）、Y 型矩阵图、X 型矩阵图等。

11. **过程决策程序图**　又称 PDPC 法，是在制订计划或系统设计的过程中，预测可能发生的结果，并对其设计对策措施，使其最大可能地达到理想化结果。该方法可用于防止重大事故的发生，因此也称之为重大事故预测图法。

通常情况下，过程决策程序图法可分为两种制作方法：①依次展开型：一边对问题进行解决，一边收集信息，在遇到新问题或情况之前，立即在图标上做出标示。②强制连结型：在解

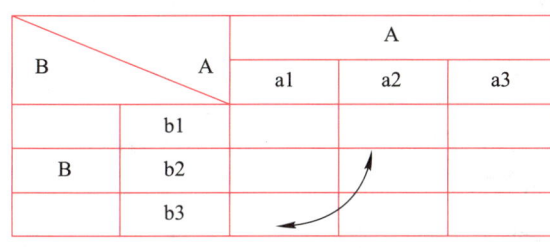

图 9-9 L 型矩阵图

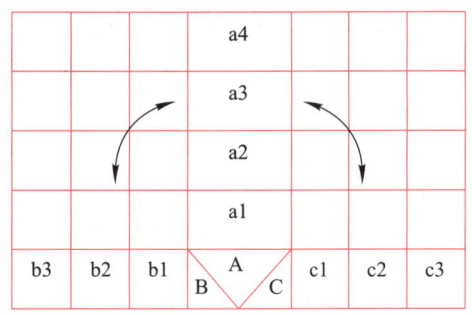

图 9-10 T 型矩阵图

决问题之前，为达成理想结果，将过程中所有可能遇到的新问题或情况事先提出，并制定相应措施或回避策略，在图标上做出标示。

12. **系统图（system diagram）** 又称树形图或树图，是从一个项目出发，展开两个或两个以上分支，然后从每一个分支再继续展开，依此类推。它拥有树干和多个分支，系统图能将事物或现象分解成树枝状，通过树形结构来展现层级数据的组织关系，以父子层次结构来组织对象，是利用包含关系表达层次化数据的可视化方法。

13. **其他质量管理工具**

（1）甘特图（Gantt chart）：是一种用于管理时间和任务活动的工具，能够将活动列表及时间、顺序以图形方式直观展示。

（2）雷达图（radar chart）：又称"蜘蛛网图"，是一种以二维形式展现多维数据的图形，它可以用来表示三个或更多个定量变量的信息，也可以展示一组数据中各个变量的权重高低情况，特别适用于性能数据分析。

（3）推移图（run chart）：又称趋势图。它是以时间为横轴、观察变量为纵轴，用来反映时间与数量之间的关系，观察变量变化发展的趋势及偏差的统计图。推移图一般是以折线图形式表现，横轴时间可以是小时、日、月、年等，各时间点应连续不间断，纵轴观察变量可以是绝对量、平均值、发生率等。

## 二、护理质量管理方法

在护理质量管理中常用的质量管理方法有 PDCA 循环、品管圈和根本原因分析法等。其中 PDCA 循环是管理学通用模型，是广泛应用于质量管理中的一个标准化体系，现已成为护理质量管理最基本的方法之一。

### （一）PDCA 循环

1. **PDCA 循环概述** PDCA 循环（PDCA cycle）又称质量环，由美国质量统计控制之父休哈特（Walter A. Shewhart）于 1930 年提出的 PDS（Plan Do See）演化而来。美国质量管理专家爱德华·戴明（W. Edwards Deming）博士于 1954 年将其改进成为 PDCA 模式，运用于持续改善产品质量的过程中，故又称"戴明环"（Deming cycle）。其包含 4 个阶段，即计划（plan）、执行（do）、检查（check）和处理（action），是一种程序化、标准化、科学化的管理方式（图 9-11）。四个

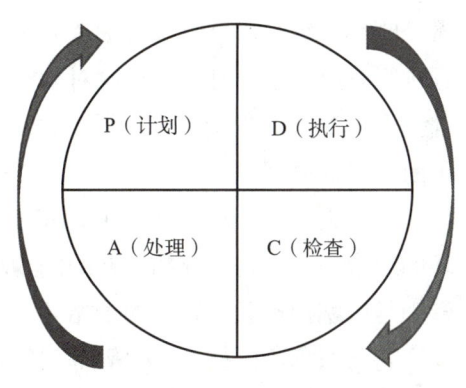

图 9-11 PDCA 循环的基本模式

阶段循环往复，一个循环结束，解决一部分问题，仍未解决的问题或出现的新问题进入下一个循环，随着循环反复，解决的问题更细致、更全面，如此阶梯式上升，达到提高质量的目的（图 9-12）。

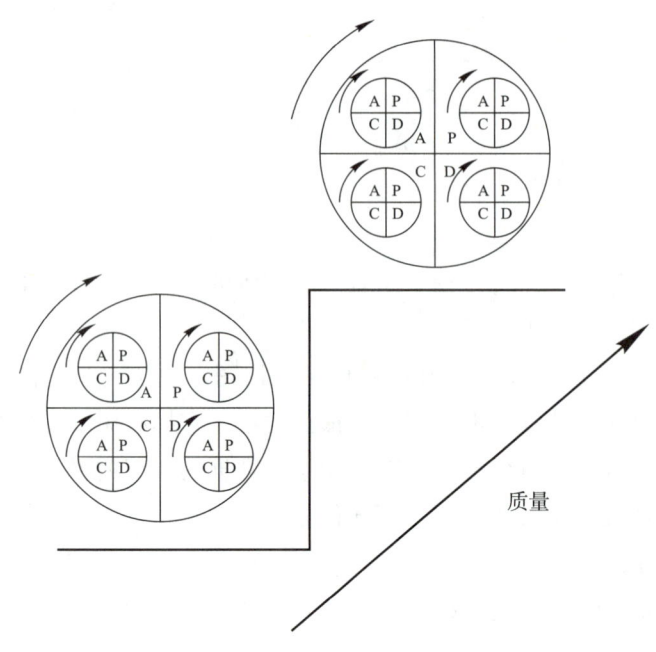

图 9-12　PDCA 循环的阶梯式上升

**2. PDCA 循环的实施**　每次 PDCA 循环都要经过四个阶段、八个步骤（图 9-13）。

PDCA 循环是不断发现质量问题，并持续改进的过程。例如，针对上一年度护理质量管理结果，管理者将发生的护理事故、不良事件和患者需求进行分析，找出问题原因，确定当年护理质量目标，制定具体计划和措施，并组织实施；然后检查措施落实情况和效果；最后对不适用的标准进行修订，遗留的问题再进入下一年计划，循环往复，形成护理质量管理的循环体系。

运用 PDCA 循环时应注意：①明确规定循环周期，设定的周期时间不宜过长或过短，一般以月为周期；②必须按 PDCA 循环周期运转，不可随意更改、停顿；实行 PDCA 循环时可应用管理责任制，需确定循环管理的主持人及组织有关人员参加，责任到人可确保 PDCA 循环能够有效运行，此外还需制定 PDCA 循环管理有关标准，定期进行 PDCA 循环管理及绩效考核。

**3. PDCA 循环的特点**　主要有 4 个方面：

（1）周而复始：PDCA 循环需要周而复始地进行，一个循环结束，解决完一部分问题后，将未解决或新出现的问题转入下一个循环，重新开始一个新的 PDCA 循环。例如，医院护理质量控制小组每月对全院病房护理质量进行检查，检查后反馈存在的问题，各病房根据提出的问题进行整改，下个月小组再次对此类问题进行检查，该问题可能已经被解决，可能在检查中有部分未解决或又发现了新问题。这些未解决的问题和新问题又在质量会议上被反馈，再解决，不断重复此过程。

（2）大环带小环：在一个 PDCA 大循环中，包含若干个小循环。PDCA 循环是个大环带小环的组合环，又是一环扣一环的制约环，环环相互制约又相互促进。例如，各病房的护理质量管理是医院护理质量管理的子循环，而医院护理质量管理又是医院质量管理循环中的一个子循环，它与医疗、医技、行政等部门质量管理子循环共同组成医院质量管理大循环，构成了大环带小环的组合环。护理质量管理、医疗、医技、行政等部门质量管理各个子循环间相互配合不

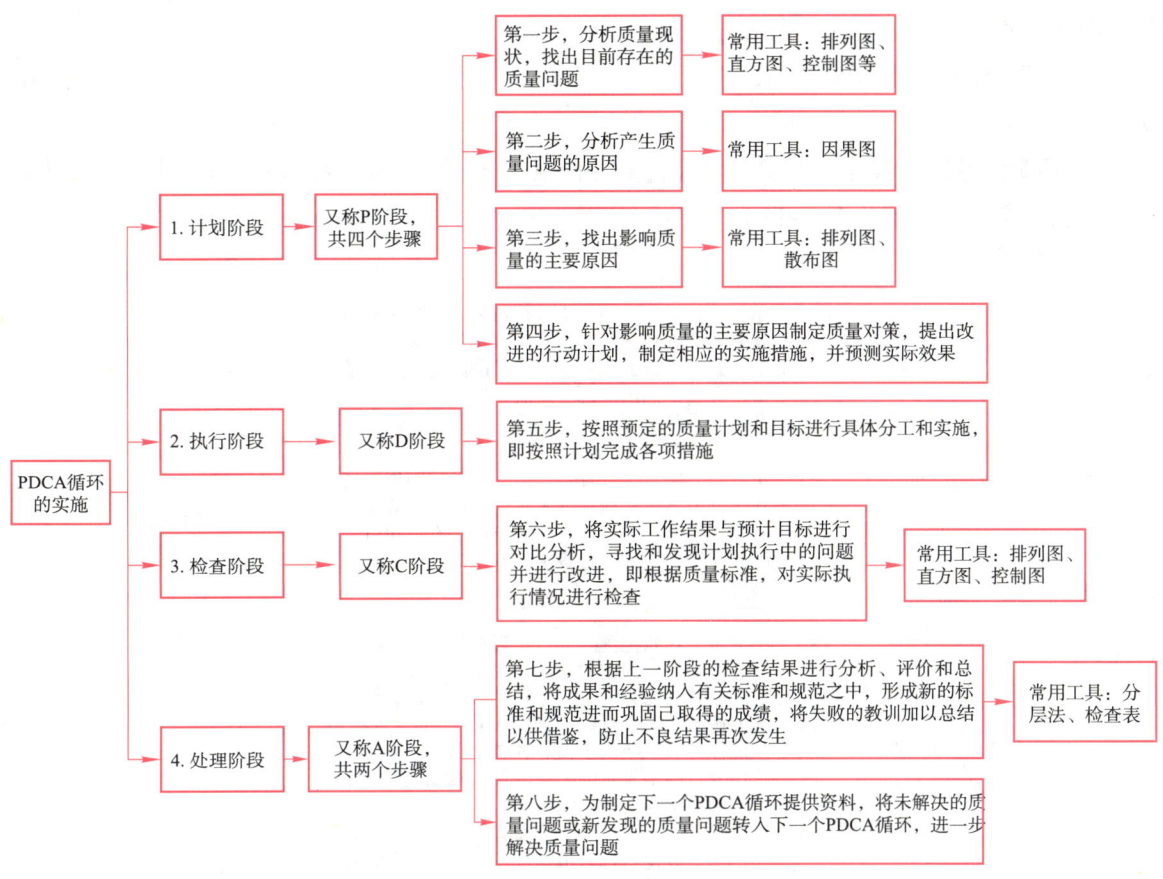

图 9-13 PDCA 循环的步骤

断提高，构成了一环扣一环的制约环。

（3）阶梯式上升：PDCA 循环作为一个持续改进模型，从结果看是阶梯式上升的。PDCA 循环呈现螺旋式循环往复，持续不断上升。每进行一周 PDCA 循环，解决一些质量问题，质量有所提升后，接着上升一个新的台阶，即进入下一个新的循环，使质量管理上升到更高层次。

（4）综合应用管理方法：PDCA 循环各阶段综合应用了科学的统计观念与管理方法，是制订计划、解决问题、检查实际工作结果的工具，常用的有分层法、直方图、因果图和检查表等。

**（二）品管圈**

品管圈思想最早起源于 1950 年戴明教授和 1954 年朱兰教授的管理学课程。1962 年，日本东京大学石川馨博士首创品管圈活动，并应用于日本的各个领域。自此，品管圈活动开始愈发活跃，之后被逐步引入各个国家。

**1. 品管圈概述** 品管圈是改进产品质量的常用方法之一。同一工作场所或同一工作领域的基层人员为了达成质量管理的目的，自发组成的小组，称为品管圈（quality control circle，QCC），又称 QCC 小组。

**2. 品管圈的形成**

（1）医院各科室成立品管圈小组，确定圈名、圈徽。

（2）通过讨论确定活动主题，撰写项目申报书，向项目组申报登记，组织专家评价项目的科学性、可行性。活动对临床工作有利，遵循相关的规章制度，专家通过再备案后，可开展活动。

（3）圈长召集圈员按照计划开展活动，对问题进行调查、分析，制定相应对策、最终效果评价。6～12 个月为 1 个品管圈活动周期，定期召开圈会并留活动记录，活动过程中会根据具体情况组织答辩，纠正错误理念与方式等。

（4）活动结束，撰写报告书，进行结题汇报，请领导和专家担任评委，评选优秀品管圈，对圈长进行奖励。

**3. 品管圈活动的实施** 品管圈活动遵循 PDCA 循环的四个阶段，即计划、执行、检查和处理，共包括十个步骤（图 9-14）。

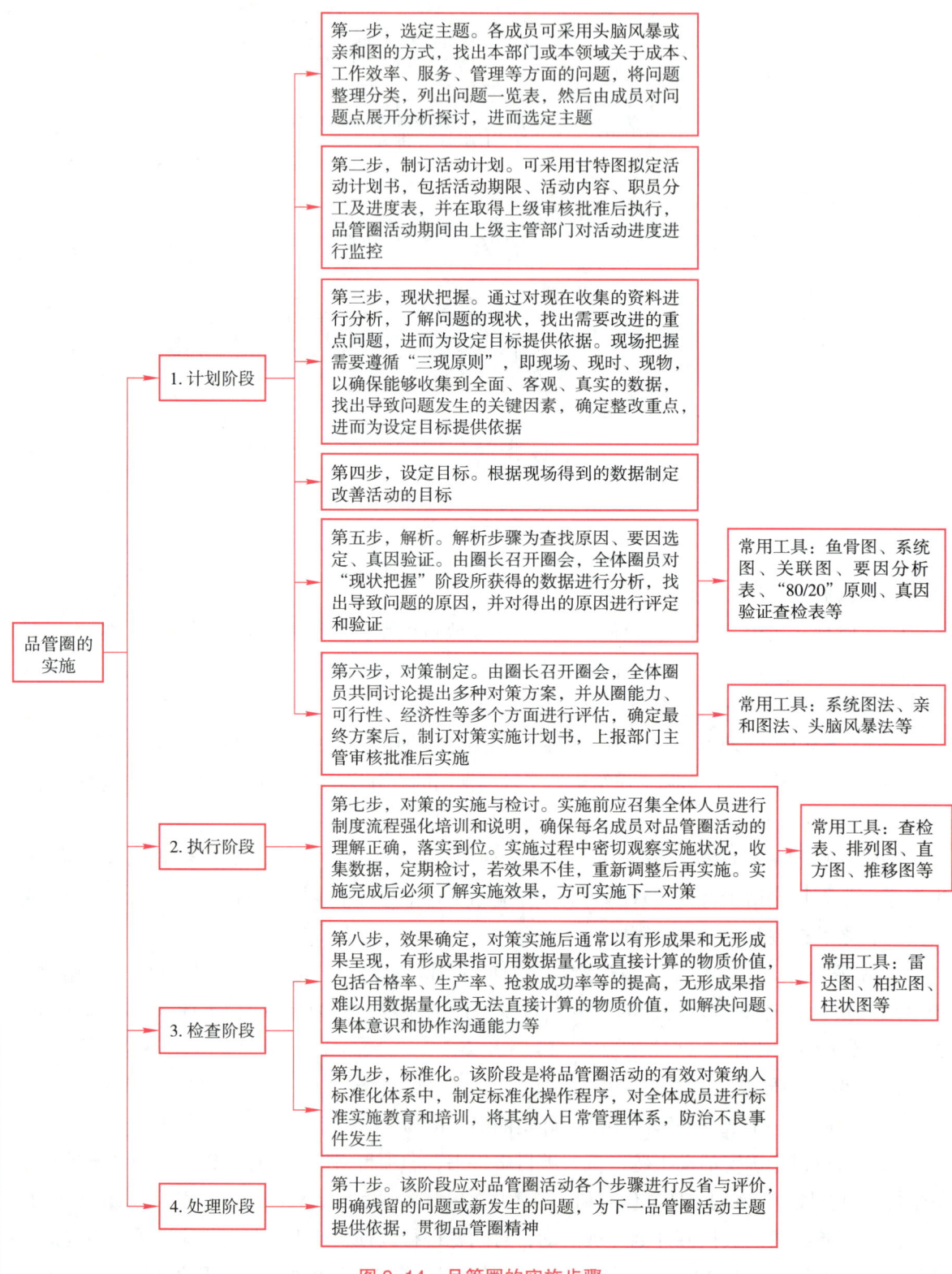

**图 9-14 品管圈的实施步骤**

由主管院领导牵头，护理部主任和各科室护士长加入，制定品管圈项目的实施方案、计划，并统筹安排。医院的护理科研信息小组承担督查和指导的职责，实施片区负责制，给予技术指导支持的同时掌握各圈活动情况。品管圈作为现代化管理工具，在医院持续质量改进活动中效果显著，不仅能够提高护理质量水平，还能提升护理人员的工作效率和操作规范性。

### （三）根本原因分析法

根本原因分析法（root cause analysis，RCA）最早在 1997 年由日本工业学家田作吉提出，后被美国医疗机构联合评审委员引进，用于医疗不安全事件的分析。

**1. 根本原因分析法概述** 根本原因分析又称根因分析，是一种结构化处理问题的方法，指运用一系列技术、工具和方法，对不良事件、医疗差错和医疗风险等事件进行调查，进而逐步找出引发问题的根本原因，并有针对性地采取整改措施，避免问题再次发生或降低问题发生概率。例如，患者的非预期死亡、非自然病程中永久性功能丧失、由医疗处置导致而非原有疾病造成的伤害等均适用该方法。根本原因分析法的核心理念是将分析重点放在整个系统及流程上，而非个人执行上的检讨，改善传统管理方法治标不治本的缺点。

**2. 根本原因分析法的实施** 根本原因分析要经过四个阶段，共八个步骤（图 9-15）。

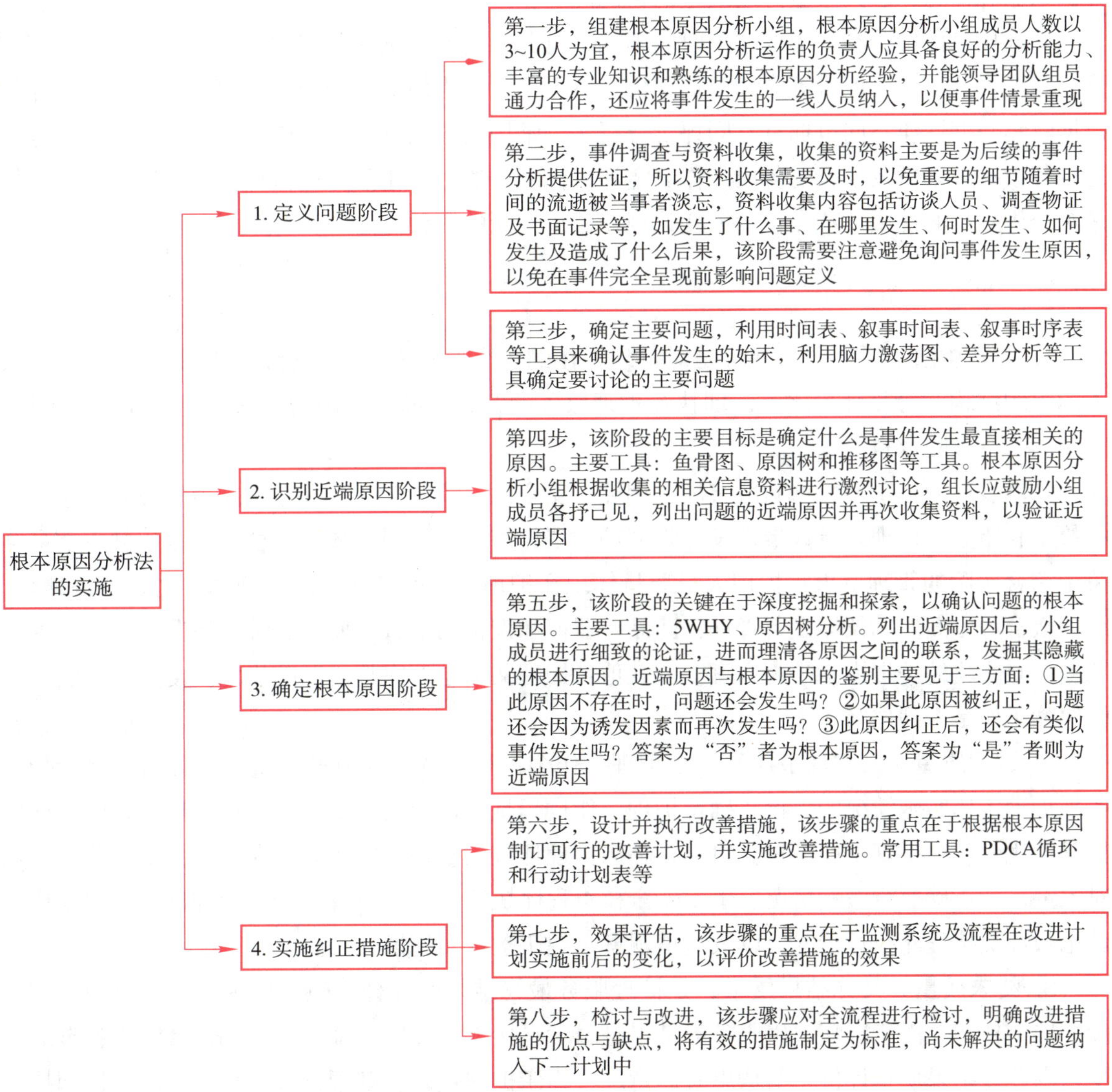

根本原因分析法的实施

1. 定义问题阶段

第一步，组建根本原因分析小组，根本原因分析小组成员人数以 3~10 人为宜，根本原因分析运作的负责人应具备良好的分析能力、丰富的专业知识和熟练的根本原因分析经验，并能领导团队组员通力合作，还应将事件发生的一线人员纳入，以便事件情景重现

第二步，事件调查与资料收集，收集的资料主要是为后续的事件分析提供佐证，所以资料收集需要及时，以免重要的细节随着时间的流逝被当事者淡忘，资料收集内容包括访谈人员、调查物证及书面记录等，如发生了什么事、在哪里发生、何时发生、如何发生及造成了什么后果，该阶段需要注意避免询问事件发生原因，以免在事件完全呈现前影响问题定义

第三步，确定主要问题，利用时间表、叙事时间表、叙事时序表等工具来确认事件发生的始末，利用脑力激荡图、差异分析等工具确定要讨论的主要问题

2. 识别近端原因阶段

第四步，该阶段的主要目标是确定什么是事件发生最直接相关的原因。主要工具：鱼骨图、原因树和推移图等工具。根本原因分析小组根据收集的相关信息资料进行激烈讨论，组长应鼓励小组成员各抒己见，列出问题的近端原因并再次收集资料，以验证近端原因

3. 确定根本原因阶段

第五步，该阶段的关键在于深度挖掘和探索，以确认问题的根本原因。主要工具：5WHY、原因树分析。列出近端原因后，小组成员进行细致的论证，进而理清各原因之间的联系，发掘其隐藏的根本原因。近端原因与根本原因的鉴别主要见于三方面：①当此原因不存在时，问题还会发生吗？②如果此原因被纠正，问题还会因为诱发因素而再次发生吗？③此原因纠正后，还会有类似事件发生吗？答案为"否"者为根本原因，答案为"是"者则为近端原因

4. 实施纠正措施阶段

第六步，设计并执行改善措施，该步骤的重点在于根据根本原因制订可行的改善计划，并实施改善措施。常用工具：PDCA循环和行动计划表等

第七步，效果评估，该步骤的重点在于监测系统及流程在改进计划实施前后的变化，以评价改善措施的效果

第八步，检讨与改进，该步骤应对全流程进行检讨，明确改进措施的优点与缺点，将有效的措施制定为标准，尚未解决的问题纳入下一计划中

**图 9-15 根本原因分析法的实施步骤**

拓展阅读 其他质量管理方法

# 第四节　护理质量评价

## 一、护理质量评价概述

评价（evaluation）指评判者对一项工作的成效、质量、进展、对策等，按照一定标准进行价值判断的过程。

标准（standards）指衡量某一事物或工作应该达到的水平、尺度和必须遵守的规定。各级医疗卫生服务体系在进行医疗机构质量管理监督时都制定了其评价体系和标准，医疗机构在为患者提供服务时也针对不同服务群体提供不同服务标准。

护理质量评价（nursing quality evaluation）是一种有计划、有目的、有组织的质量检查活动，是护理质量管理的重要环节，是由一系列质量评价的组织、内容、方法等构成的体系。通过护理质量评价可了解掌握护理工作效率、护理服务对象需求的满足程度，为今后的管理工作提供依据和信息，达到质量持续改进的目的。

护理质量评价分类：①按评价时间不同，可分为定期评价和非定期评价，定期评价有月评价、季度评价、年度评价等。②根据评价主体不同，分为内部评价和外部评价。护理质量评价根据收集数据性质不同也拥有不同评价分析法，常用的方法有定量分析和定性分析。定量分析是对各级护理单位及个人的各项工作制定评价标准，通过量化分析进行评价的方法。定性分析是对分析对象的性质、特点、发展变化规律做出判断的一种方法。

## 二、护理质量评价内容

1. **要素质量**　要素质量评价是对护理工作的各个要素的质量进行评价，其建立在护理服务的组织结构和计划评价之上，即执行护理服务的背景方面，常用的方法有现场检查、考核，问卷调查，查阅资料等。

具体表现为：①环境：病房布局合理性、安全性、清洁舒适度等。②人力资源：护理人员的数量和质量。护理人员数量指满足临床护理工作需要的编制人数，符合国家卫生健康委员会关于综合医院的管理要求；护理人员质量体现在护理人员的从业资质、技术能力、业务培训、继续教育等方面。③仪器设备管理：药品、器械和设备的基数、使用和维护情况等。④患者满意度：对实施的护理措施是否满意。⑤其他：护理文书是否完整，医院规章制度是否落实，后勤保障工作是否到位等。

2. **过程质量**　又称环节质量，指护理工作全过程中各个环节的质量。过程质量评价指对各项护理工作实施情况的评价，确定护理工作过程是否达到质量要求。通过护理过程质量评价情况，优化各项护理工作流程。目前，临床护理环节质量评价主要集中在一些关键环节和重点对象上，如正确执行医嘱情况、手术安全核查程序执行情况、患者身份识别准确性、危重症患者抢救和交接程序执行情况，以及病情观察、健康教育实施情况等。

3. **终末质量**　又称结果质量，是护理服务最终结果的综合反映，体现要素质量和环节质量的协调作用。由于医疗卫生服务的结果是患者在接受服务后生理、心理及社会健康状态的改变，因此，结果质量评价主要从患者满意度、临床护理效果、健康宣教的掌握情况、护理技术的成功率等方面进行评价。此外，结果质量评价还应从对医疗机构的影响角度进行分析，如对医疗机构服务质量、形象和经济效益等方面的影响。

质量是一个连续的过程，要素质量、过程质量和终末质量是不可分割的，其相互影响，相互制约，反映了护理工作的全面质量要求，与患者的健康结局密切相关。要素质量是质量控制的基础，可通过要素质量评价掌握质量控制的全局；过程质量是保证条件，其评价有利于护理措施的落实和护理工作的正常进行；终末质量是护理工作的最终结果与反馈，可为下一周期的护理质量管理提供依据。三者相互结合，通过综合评价实现全过程质量管理。

### 三、护理敏感质量指标

护理敏感质量指标（nursing sensitive quality index）是运用护理数据客观评估临床护理质量及护理活动成果的科学工具。护理质量是宽泛的、抽象的，护理敏感质量指标则是将护理质量可视化、具体化，为护理工作者实施护理质量控制提供依据，可用于评价和改进优化护理流程。目前，护理敏感质量指标已被越来越多的护理管理者用作监测护理结果的有效工具，应用护理敏感质量指标，监测护理质量状况，分析质量现状及影响因素，确定改善目标和对策，评价改善效果，修订相关制度和流程。

**1. 护理敏感质量指标的内涵**　早期护理敏感质量指标指一些可用来监测和评价护理质量的指标，之后国际医疗卫生机构认证联合委员会对护理敏感质量指标的作用和意义进行了全面阐述，其可作为测量工具监测和评价医疗保健服务质量，对行为的过程和结果、各个维度的测量具有量化性、有效性、客观性等基本特点。美国护理学会（ANA）研究认为，护理敏感质量指标指运用护理数据来评估护理服务的程序和结果，定量评价和监测影响患者结局的护理管理、临床实践等功能质量及护理活动成效的科学工具，具有敏感性、实用性及可操作性等特点。

**2. 护理敏感质量指标的分类**　有两种分类（表9-2）。

表9-2　护理敏感质量指标的分类

| 基于"结构－过程－结果" | 基于专科 |
| --- | --- |
| 结构指标：是反映护理服务的基础资源和设施的指标，如护患比、护士离职率及住院患者每24小时的平均护理次数等 | 按患病人群和病种进行架构，以便护理人员针对不同人群、疾病有针对性地进行质量管控，如老年专科包括跌倒行为发生率、血糖水平及外周水肿情况等 |
| 过程指标：是反映护理服务过程中所采取的行动和措施的指标，如约束具使用频率、压疮风险评估及时性及对输血患者的巡视次数等 | |
| 结果指标：指用于评估护理服务对患者和健康结局的影响，如插管患者非计划性拔管发生率、重症监护室导尿管相关尿路感染发生率及重症监护室导管相关血流感染发生率等 | |

**拓 展 阅 读**　*护理敏感质量指标的由来*

## 第五节　护理安全管理

护理安全是医院安全的一个非常重要的组成部分，包括护理主体的安全和护理对象的安全。前者指护理活动过程中护理人员的安全，后者指护理活动过程中患者的安全；两者密切相关，互为影响。护理人员安全属于医疗机构的职业健康与安全范畴，涉及工作场所的安全问题。各国已制定相关法律，以减少护理人员损伤。护理规划、资源供给和监督检查等环节都需考虑安全问题。国际上通过实施风险管理项目，降低临床风险和减少医疗事故，确保医疗机构目标的实现。

## 一、护理安全管理的相关概念

### （一）安全

安全（safety）在不同的高风险行业或产业领域，有不同的界定。最常见的安全，指没有不可接受的风险，在特定条件下某些因素不会引起不良效果的稳定状态。

### （二）护理安全

护理安全（nursing safety）是患者在接受护理的全过程中，不发生法律和法定的规章制度允许范围以外的心理、机体结构或功能上的损害、障碍、缺陷或死亡。护理安全是反映护理质量高低的重要标志，是保护患者得到良好护理和优质服务的基础，对维护医院正常工作秩序和社会治安起到至关重要的作用。护理安全包括护理人员执业安全和患者安全。

### （三）护理安全管理

护理安全管理（nursing safety management）指为保证护理人员执业安全及患者的生理安全，通过技术、教育、管理措施控制风险，创造安全、高效的医疗护理环境。

## 二、影响护理安全的因素

### （一）护理人员执业安全

护理人员执业安全属于医疗机构职业健康与安全的范畴，指护理人员在执业过程中不发生允许范围与限度以外的不良因素的影响和损害。护理人员执业安全主要涉及护理工作场所中的各类安全问题。

1. **生物危险因素**　通过接触患者或患者体液，医院工作人员可能感染细菌、病毒、真菌或寄生虫等生物性致病因子，如人类免疫缺陷病毒、抗万古霉素肠道链球菌、耐甲氧西林金黄色葡萄球菌、乙型肝炎病毒、丙型肝炎病毒、结核菌等。

2. **化学危险因素**　医院内的药物溶液和气体等不同形式的化学物质，可以导致人体系统的毒性损害或刺激性损伤，如环氧乙烷、甲醛、戊二醛、麻醉废气，以及细胞毒性药物，包括氨基甲基叶酸、氟尿嘧啶、巯基嘌呤、环磷酰胺、氮芥、喷他脒和利巴韦林等。

3. **物理危险因素**　护理人员在执业过程中面临的物理危险因素主要包括机械性损伤（如搬运患者导致的腰背损伤、跌倒或锐器划伤）、针刺伤（可能引发血源性感染）、辐射暴露（如X射线或放疗）、噪声污染（长期设备噪声影响听力）、温湿度异常（高温中暑或低温冻伤）及电气风险（漏电或火灾）等。

4. **环境与设备危险因素**　指在工作环境中遇到的可以引起或加重护理人员危险的事故性损伤、工作性劳损或不舒适的种种因素，如羁绊物、不安全的设备、污染的空气、湿滑的地板、狭窄的空间、零乱拥堵的工作场地或通道、强行的用力、笨重的姿势、局部的接触应力、震动极端温度、重复而单调的动作抬运患者等。

5. **心理危险因素**　医院内很多与工作或工作环境相关的因素或情况可以造成或加重护理人员的精神紧张、情感焦虑和（或）其他各种人际冲突，如压力、工作场所暴力、倒班人员编制不足、工作负荷过重、患者敏感度增加等。

因此，医院的各类工作人员，尤其是临床一线的医护人员，必须高度重视自我安全防护，在工作过程中警觉地识别各种危险因素，排除环境中的不安全行为和不安全条件，为患者及其亲属，同时也为自己创建一个安全的工作环境。

### （二）患者安全

患者安全是患者在接受护理的全过程中，不发生法律和法定的规章制度允许范围以外的心理、机体结构或功能上的损害、障碍、缺陷或死亡。

**1. 患者身份识别因素**　是医务人员在医疗活动中对患者身份进行查对和核对的过程，以确保正确的治疗用于正确的患者的过程。患者身份识别是患者安全管理的重要环节，身份识别错误可引发医疗诊断、治疗、护理等差错，严重时会危害到患者生命，如给药错误、检验错误、检查错误、治疗错误等。

**2. 患者用药因素**　用药错误指可能导致患者不适当使用药品或出现不良反应的任何可避免的事件，如患者错误、药品错误、给药时间错误、给药途径错误、遗漏给药、给药日期错误、输液速度错误、频率错误、剂量错误、漏给药物、未授权用药、未遵医嘱给药等。

**3. 意外伤害因素**　意外伤害指并非由于医务人员故意而伤害到患者，如跌倒、坠床、压力性损伤、走失、自杀等意外事件。

**4. 患者非计划拔管因素**　非计划性拔管指任何意外发生的或被患者有意造成的拔管。其实质指医护人员非计划范畴内的拔管，如未经医护人员同意患者自行拔除的导管、各种原因导致的非计划性拔管、因导管质量问题及导管堵塞等情况需要提前的拔管等。

当患者遇到以上因素时，可能会导致心理、机体结构或功能上的损害、障碍、缺陷或死亡。因此，护理人员应运用技术、教育、管理三大对策，从根本上采取有效的预防措施，把差错事故减少到最低限度，创造一个安全高效的医疗护理环境，确保患者安全。

## 三、护理质量缺陷管理

在医疗体系中，护理质量缺陷管理被视为一项至关重要的任务。只有加强护理质量缺陷管理，才能确保患者的安全与满意度，降低医疗纠纷发生率，提升整体医疗水平，推动护理事业不断向前发展。同时，护理人员也要时刻保持敬业精神和责任心，提高自身素质，为患者提供优质的护理服务。

### （一）护理质量缺陷基本概念

护理质量缺陷（nursing defective）指各种原因导致的一切不符合护理质量标准的现象和结果。这种现象和结果使患者产生不满意或给患者造成损害。护理质量缺陷可分为患者不满意、护理纠纷和医疗事故。

**1. 患者不满意（discontent）**　指当患者期望的恰当服务大于其感知的服务结果，且超出容忍区所形成的一种心理状态。

**2. 护理纠纷（nursing dispute）**　指护理人员在护理服务过程中，对未定性或已定性的护理问题，与患者及其家属之间发生纠葛，对过失等有不同看法，在未做出结论之前的纠纷。

**3. 医疗事故**　指在医疗活动中违反医疗卫生管理法规、行政法规、部门规章和诊疗护理规范、常规，因过失造成患者人身损害的事故。

### （二）护理质量缺陷常见的原因

**1. 患者不满意**　当患者对护理服务质量存在不满时，会表现出两种状态：一种是不抱怨，继续接受服务，但容忍区域变窄，期望值提高，或直接退出服务；另一种是抱怨，有私下和公开之分，如果问题得到迅速而有效的解决，就会维持或提高患者原有满意度，反之会发生纠纷。

**2. 护理纠纷**　临床上，患者就诊、住院，直至出院，护理人员与之接触最多，由于多种因素的影响，护患关系处理不好就会发生纠纷。例如，患者及家属对护理人员的态度、工作责任心、技术操作的不满意而引发的投诉。值得注意的是，护理纠纷不一定有护理失误。

**3. 医疗事故**　未严格按照分级护理制度对患者观察和巡视，未认真落实交接班制度，健康教育宣教不到位，对有可能发生的不良后果无预见性。例如，未向患者反复强调潜在的安全隐患（跌倒、坠床）。

### （三）护理质量缺陷的防范措施

护理工作中常常由于护理人员的法律意识和服务意识淡薄、规章制度落实不到位、业务能力欠缺、工作细节处理不到位、护患沟通不利等原因引发护理质量缺陷，因此采取有效的防范措施是保证护理安全的关键。

**1. 加强法制培训**　护理部有计划、有重点地对在职护理人员进行相关法律知识的规范化培训，如引导护理人员学法、懂法、知法，规范执业自律行为，在工作中依法维护患者和自身的合法权益。

**2. 增强服务意识**　服务质量是医院的生存之本，加强护理人员的职业道德素质教育使其转变服务观念，增强服务意识，树立"以人为本，以患者为中心"的理念。在工作中要经常换位思考，尽力满足患者及家属对各种信息的需求，切实为患者解决实际问题。

**3. 加强业务培训**　对护理人员进行规范化"三基"培训、专科护理培训，使其熟练掌握本专业技术操作及抢救仪器的使用，鼓励护士进修及提高学历，不断拓宽知识面，更新观念，开展科研等以提高业务水平。对低年资护士要有针对性地进行专业素质和综合能力的培训，增强责任心，培养慎独精神，防范护理质量缺陷的发生。

**4. 严格规章制度**　护士必须掌握护理核心制度及护理常规，明确各岗位职责。在实际工作中要做到"四要"，即解释病情要科学、签字手续要完善、执行制度要严格、说话办事要谨慎。对每项治疗、护理、医嘱、操作规程，不仅要知其然，更要知其所以然。

**5. 注重细节管理**　优化诊疗环境，悬挂出入院手续办理流程图。公开常见护理操作收费标准，每日发放住院费用清单。每日设护士长接待时段，听取患者及家属的意见并给予及时处理，消除安全隐患。重视护理工作各环节质量控制，对发生的问题进行追踪，加强对坠床、跌倒、压疮等高危患者的危险因素评估及防范措施落实的管理，以保证护理质量。做好新护士传、帮、带工作，提倡科学弹性排班，注意新老搭配，能力强弱搭配，保证护理人员合理利用。

### （四）护理质量缺陷的处理程序

护理质量缺陷的处理程序主要包括以下几个步骤。

**1. 缺陷识别**

（1）护理人员在日常工作中应积极发现潜在的护理质量缺陷，包括护理操作失误、护理记录不规范、病情观察不准确等方面。

（2）护理管理人员应定期对护理质量进行检查，可通过查阅护理记录、患者满意度调查等手段来了解护理质量的实际情况。

**2. 缺陷分析**

（1）针对发现的护理质量缺陷，护理人员应当及时进行分析，找出导致缺陷的原因。

（2）护理管理人员在接到护理人员的报告后，应组织相关人员进行深入分析，找出问题的根源，并提出改进措施。

**3. 缺陷处理**

（1）针对分析出的护理质量缺陷原因，护理人员应立即采取相应的处理措施，如纠正操作

失误、规范护理记录等。

（2）护理管理人员应根据缺陷的严重程度和影响范围，采取相应的整改措施，并及时向上级领导汇报。

#### 4. 缺陷跟踪与评估

（1）护理人员应对已处理的护理质量缺陷进行持续跟踪，以确保改进措施的有效性。

（2）护理管理人员应对整改效果进行评估，了解改进措施的实际效果，并提出进一步优化方案。

#### 5. 缺陷预防

（1）护理人员应总结护理质量缺陷的处理经验，找出共性问题，加强培训和指导，提高护理质量。

（2）护理管理人员应根据护理质量缺陷的类型和发生频率，制定针对性的预防措施，加强过程管理。

#### 6. 持续改进

（1）护理人员和护理管理人员应不断学习新的护理理念和技术，提高自身护理水平。

（2）结合护理质量缺陷的处理经验，持续改进护理工作流程和制度，提高护理质量。

通过以上 6 个步骤，护理质量缺陷的处理程序形成了一个闭环，有利于发现、分析、处理和预防护理质量缺陷，从而提高整体护理质量。同时，这也体现了我国护理工作追求卓越、关注患者需求的核心价值观。

### 四、护理风险管理

在疾病诊断、治疗和康复过程中，护理人员应强化风险意识，准确评估风险，并对各个环节进行严格监控，以有效规避风险并保障护理安全。

#### （一）护理风险基本概念

**1. 护理风险（nursing risk）**　是一种职业风险，指在护理过程中不安全因素直接或间接导致患者死亡或伤残后果的可能性，它包括经济风险、技术风险、法律风险、人身安全风险等。与护理风险密切相关的风险是护理不良事件。护理风险伴随着护理行为而存在，具有难以预测、难以防范及后果严重等特点。

**2. 护理风险管理（nursing risk management）**　是一种识别、评估和处理护理过程中潜在风险的方法，旨在确保患者的安全和护理质量。

**拓 展 阅 读**　护理风险评估量表

#### （二）护理风险管理的程序

护理风险管理的程序包括护理风险识别、护理风险评估、护理风险控制和护理风险监测。

**1. 护理风险识别**　是护理风险管理的基础，其主要任务是对护理服务过程中客观存在的及潜在的各种风险进行系统地识别和归类，并分析产生护理风险事故的原因。由于护理服务过程中患者的流动、设备运转、疾病的护理都是动态的过程，因此风险识别实际上也是一个动态监测过程。护理风险识别的方法有很多，常用的护理风险识别技术有三种。

（1）分析法：通常从多年积累的临床资料入手，分析和明确各类风险事件的易发部位、环节和人员等。

（2）工作流程图法：包括综合流程图及高风险部分的详细流程图，由此全面分析各个环节

NOTE

可能发生的风险事件。

（3）调查法：设计专门调查表，调查关键人员，掌握可能发生风险事件的信息。

在护理工作中可以把工作流程图法、调查法结合运用，工作流程图法便于直观分析、全面综合，调查法有利于了解风险之所在，并且可以补充及完善工作流程图。

**2. 护理风险评估**　是在风险识别的基础上通过定量分析数据，明确风险性质、损失程度和发生概率，为风险管理决策提供依据。

风险评估一般运用概率论和数理统计方法来完成。从统计学角度看，频率高、幅度小的损失标准差小，频率低、幅度大的损失标准差大。护理风险定量分析常采用风险量化分析来评价，如风险的危险性 = 风险严重程度 × 风险频率。护理风险评估内容有以下三点。

（1）评估护理操作所带来的风险：护理操作所带来的风险是护理中普遍存在的问题，它具有共性，因而必须要重视所有的操作，并严格防范。例如，无菌操作应防止感染，对此要严格执行查对制度，防止护理出错。

（2）具体护理操作的风险：就某一具体护理操作而言，由于操作需要达到特定的护理目的，涉及患者身体特定部位或特定的技术风险，比如输液，既要防止输入静脉中的液体混入空气，也要防止输入液体回流等。每一个具体的护理操作既有其技术要领，也有其经常出问题的薄弱环节，分析评估这些风险，让护理人员牢记，并且在实际工作中谨慎注意，可以有效避免护理风险的发生。

（3）针对具体患者的特殊风险：每位患者都有其独特的身体状况、病史和家族病史，因此提供护理时需要充分考虑这些因素，以确保患者得到最安全、最有效的治疗。例如，每位患者都有独特的生理和遗传特征，因此在接受相同治疗时，不同患者可能因个体差异而产生不同的反应。

**拓 展 阅 读**　*护理风险评估量表*

**3. 护理风险控制**　是护理风险管理的核心内容，是在风险识别和风险评价基础上采取的应对风险事件的措施，包括风险前控制、风险中控制、风险后控制和风险监测。

**4. 护理风险监测**　是对风险控制措施的实施情况进行跟踪和评估，以确保控制措施的有效性。监控过程中，护理人员需要密切关注风险因素的变化，对存在的问题及时进行整改，以保证风险处于可控范围内。

### （三）导致护理风险的因素

导致护理风险的因素可以从多个层面进行分析，包括患者自身因素、环境因素、护理人员因素和管理因素等。

**1. 患者自身因素**

（1）疾病特点：不同疾病的患者在护理过程中面临的风险各异。例如，老年患者由于器官功能减退、免疫力降低等原因，容易发生护理风险。

（2）患者心理状况：患者的心理状况对护理风险也有很大影响。焦虑、抑郁等负面情绪会使患者对护理措施的配合度降低，从而增加护理风险。

（3）患者教育程度：患者的文化程度和认知水平会影响他们对护理知识的理解和掌握，进而影响护理效果。教育程度较低的患者可能难以理解并遵循护理建议，从而增加护理风险。

**2. 环境因素**

（1）物理环境：护理环境的整洁、舒适程度及设施设备的安全性都会影响护理风险。例如，地面湿滑、物品摆放不当等可能导致患者摔倒等意外事故。

（2）社会环境：家庭支持、经济状况和社会资源等因素都会对护理风险产生影响。家庭支持不足、经济困难的患者可能无法得到足够的护理，从而增加护理风险。

### 3. 护理人员因素

（1）护理人员素质：护理人员的专业素质、临床经验和沟通能力等都会影响护理风险。护理人员业务不熟练、沟通不畅可能导致误操作或患者不配合，进而增加护理风险。

（2）护理人员疲劳：长时间工作、加班等因素会导致护理人员疲劳，影响其工作质量和精神状态，从而增加护理风险。

### 4. 管理因素

（1）护理管理体制：完善的护理管理体制能够确保护理工作的有序进行，降低护理风险。反之，管理不善可能导致护理工作中的漏洞，增加护理风险。

（2）护理质量监控：护理质量监控不力或监控指标不合理，可能导致护理风险得不到及时发现和纠正。

（3）培训与教育：护理人员培训和教育不足会影响其专业素质和应对护理风险的能力。

### （四）预防和控制护理风险的措施

**1. 健全护理风险管理机制**　首先，识别护理风险，通过查找护理安全隐患，分析出现过的问题和教训，识别并确定目前存在的和潜在的护理风险问题，如给药、抽血和压疮等问题。其次，根据护理工作的实际情况，制订护理风险管理计划，明确护理风险防范措施，并按计划进行护理风险管理工作。

**2. 健全护理质量控制体系**

（1）制定护理风险的管理制度：如建立健全护理质量与护理安全的核心制度、护理职业标准、新业务的临床应用指南，以及规范的护理应急预案、督导和评审制度、护理人员培训制度、患者意见反馈制度等。

（2）建立护理风险监控组织：风险是客观存在的，具有不确定性，需要有一个专门的风险管理组织，负责评估、决策、组织、评价与培训，把护理风险和质量控制紧密结合起来，对工作中发现的重要风险事件进行跟踪，对容易危害护理人员和患者身心健康的不利因素给予有效的控制和防范，为患者创造一个良好的就医环境。

（3）加强重点关键环节的监控：加强节假日、交接班、夜间重点时段的护理安全管理，做好急危重患者护理及临床上疑难护理问题的指导，创造条件减轻护理人员工作时的心理压力，为护理管理者每日夜查房提供护理帮助，改革排班方式，实行弹性排班法，实现护理人力资源的优化配置。

**3. 提高风险防范意识**　护理风险教育是提高风险防范意识的基础。加强护理风险教育，开设有关职业道德教育、法律教育、安全教育、临床护理基本操作技能及专业理论知识等内容的讲座。教育护理人员在临床护理工作中树立法律意识，严格执行查对制度，落实分级护理制度、不良事件及护理投诉报告制度，规范护理书写。重视护患沟通，强化安全管理意识，如为危重患者悬挂防导管脱落、防止坠床等警示标识，做好各项仪器设备的保养和维护，保证仪器设备处于良好备用状态。

**4. 鼓励患者参与风险防范**　良好的护患关系能使患者对护理人员以诚相待。护理人员应当树立一切以患者为中心的信念，时刻为患者的生命健康着想，认真耐心地对待患者的需求与疑问，理解患者在治疗期间的不适心理，充分尊重患者的知情同意权等法律权益，使患者正确认识医疗技术的有效性和风险性。严格执行告知义务，护患双方在共同提高对护理风险的认知的前提下，进行有效的、良好的沟通，建立相互信任、相互理解、相互支持、共同承担风险的护患关系。

**临床链接**

带你走进"安全"病房

安全是医院永恒的主题。在医院病房中，专业的医护团队致力于提供高质量的护理，并确保患者和医务人员都能在安全的环境中进行治疗和康复。一段视频带你走进"安全"病房，从病房管理、患者管理、精准照护等场景，让你身临其境地去感受高质量护理管理下的患者安全。

1. 通过这段视频，你观察到哪些护理安全管理的点？
2. 请结合本章学习，分析影响护理质量管理的影响因素。
3. 在视频中你发现护理安全十大目标落实了吗？

（刘　青　任　蓁）

---

**◎ 数字资源详见新形态教材网**

| 　 编者导学 | 　 学习目标 | 　 教学课件 | 　 微视频 | 　 案例 |
| --- | --- | --- | --- | --- |
| 　 临床链接 | 　 拓展阅读 | 　 自测题 | 　 榜样的力量 | 　 管理箴言 |

# 第 十 章

# 信息管理

编者导学

学习目标

**章前导学**

国家卫生健康委员会关于印发《全国护理事业发展规划（2021—2025 年）》的通知中提出，要加强护理信息化建设。充分借助云计算、大数据、物联网、区块链和移动互联网等信息化技术，结合发展智慧医院和"互联网＋医疗健康"等要求，着力加强护理信息化建设。利用信息化手段，创新护理服务模式，为患者提供便捷、高效的护理服务，优化护理服务流程，提高临床护理工作效率，降低护士不必要的工作负荷。建立基于问题和需求为导向，具备护士人力调配、岗位培训、绩效考核、质量改进、学科建设等功能的护理管理系统，逐步实现护理管理的现代化、科学化、精细化。

## 第一节　信息管理概述

**管理箴言**

### 一、信息管理的相关概念

#### （一）信息学

信息学（informatics）是研究信息的表示、获取、处理、传递和利用的规律性的一门新兴学科，是以信息为研究对象，以计算机等技术为研究工具，以扩展人类的信息功能为主要目标的一门综合性学科。

#### （二）信息管理

1. **医院信息管理**（hospital information management）　是在医院活动中围绕医疗服务而开展的医院信息的收集、处理、反馈和管理的活动，即通过信息为管理服务，把管理决策建立在对信息的充分利用的基础上。

2. **护理信息管理**（nursing information management）　是为了有效地开发和利用信息资源，以现代信息技术为手段，对医疗及护理信息资源的利用进行计划、组织、领导和控制的实践活动。简而言之，护理信息管理就是对护理信息资源和信息活动的管理。

3. **医院信息系统**（hospital information system，HIS）　指利用电子计算机和通信设备，为医院所属各部门提供患者诊疗信息和行政管理信息的收集、存储、处理、提取和数据交换的能力，并满足所有授权用户的功能需求。

**4. 护理信息系统（nursing information system，NIS）**　指由护士和计算机组成，能对护理管理和临床业务技术信息进行收集、存储和处理的系统，是医院信息系统的重要组成部分。

## 二、护理信息化的发展历程及趋势

### （一）美国等发达国家的护理信息化发展历程

美国卫生信息化发展起步于 20 世纪 60 年代初，发展历程大致可分为三个阶段。

**1. 独立应用阶段**　医院信息系统最早起源于美国。20 世纪 60 年代初，美国的医院首先开发了患者护理系统。此阶段系统多独立，大多只建立部分功能模块的信息系统，如医嘱录入系统、电子病历系统等。其特点是以医院信息系统建设为主，护理信息技术用于管理和处理护理相关的信息，主要是通过电子表格和数据库来记录和管理患者的护理信息，以提高医院内部运行效率和工作准确性。

**2. 社会自治阶段**　20 世纪 80 年代，以区域卫生信息化建设为重点，通过制定卫生信息标准、法规，将分散在不同医疗机构的信息集中，实现区域卫生信息共享。随着互联网的普及和医疗信息系统的建立，护理信息技术开始进入一个全新的阶段。护理信息系统可以实现护理记录的电子化和共享，护士可以通过计算机来记录和查看患者的护理信息，从而提高工作效率和护理质量。

**3. 政府引导阶段**　20 世纪 90 年代末，研究的重点转向了电子病历、计算机支持决策、统一的医学语言、临床信息交互等方面。2009 年美国提出《电子病历激励计划》等，促进电子病历应用和全国性的卫生信息交换。通过经济激励措施，重点推进电子病历建立和"有意义使用"，实现医疗服务体系整体服务质量和效率的提升。这一时期，护理信息系统已经可以用来检测护士的工作量及工作状况，如在重症监护室设计的一种智能可穿戴系统，根据所派生的信息评估护士的需求，合理地对护士进行排班及人力资源配置；通过智能监测设备，实时监控患者的生命体征，将数据传输到中央系统，并利用人工智能分析异常情况，让护士可以更早地发现问题并采取适当措施，提高了患者的安全性。

**拓 展 阅 读**　Defining Nursing Informatics：A Narrative Review

### （二）国内的护理信息化发展历程

我国护理信息化伴随着医院的信息化发展，主要包括以下 4 个阶段。

**1. 单机用户阶段**　20 世纪 80 年代初期，随着个人电脑的出现和 BASIC 等高级语言的普及，一些医院开始开发小型管理程序，如计价、收费和工资管理等。这些程序在单机上运行，可实现记录、存储功能，并能完成简单的管理和计算工作，一定程度上实现了业务的电子化。此时，信息化管理在信息记录、查阅、运算方面的优势已初步显现。

**2. 部门级应用阶段**　20 世纪 80 年代中后期，一些医院开始建立小型的局域网，将数台 PC 计算机联网，实现部门内的业务管理，如门诊挂号和住院登记管理、药房管理、计价和收费管理等。部门内单一业务的信息化管理取得了令人满意的效果，为医院服务与管理信息化奠定基础，而业务间的交互需求也激励着医疗信息化从业者探索医院层面的信息管理实践。

**3. 全院级应用阶段**　20 世纪 90 年代，国内医院信息系统的研发和应用水平进入较快发展期。这一阶段的医院信息系统建设经历了以管理业务为主向以临床业务为主的发展，系统设计和应用理念上强调以患者为中心。通过医院信息系统（HIS）、实验室（检验科）信息系统（laboratory information system，LIS）、影像归档与通信系统（picture archiving and communication system，PACS）、电子病历系统（electronic medical record，EMR）等的应用，改善医疗质量，提高服务水平，增强医院竞争力。信息管理已成为大型医院不可或缺的管理工具，信息系统也成了护理活动中不可缺少的基础设施。

**4. 区域医疗应用阶段**　21世纪以来，国内的一些卫生管理部门和医疗机构开始探索区域医疗信息化，通过区域内医疗机构之间的医疗信息交换和共享，实现"一卡通"、资源共享、双向转诊、分级医疗、远程医疗和人才培养等应用服务。区域医疗服务信息系统的建设和应用使医院面向更多的服务人群和更大的医疗市场，对提高医院的社会效益和经济效益具有重要意义，也是现代医院发展的必然趋势。

**拓 展 阅 读**　我国护理信息学研究热点的共词聚类分析论文

**（三）护理信息化的发展趋势及挑战**

**1. 深度融合信息技术与护理工作，推动护理高质量发展**　国务院办公厅《关于推动公立医院高质量发展的意见》、国家卫生健康委员会《全国护理事业发展规划（2021—2025年）》《关于印发进一步改善护理服务行动计划（2023—2025年）的通知》等文件均指出：要强化信息化支撑作用，通过智慧医院、智慧病房、电子病历信息化的建设，推动云计算、大数据、物联网、区块链和5G等新一代信息技术与护理工作深度融合。利用信息化手段，创新护理服务模式，优化护理服务流程，提高临床护理工作效率，降低护士不必要的工作负荷；同时建立基于问题和需求为导向的信息化系统，逐步实现护理管理的现代化、科学化、精细化。护理是卫生健康事业的重要组成部分，在当前高质量发展要求下，借助信息化建设实现护理工作的科学化、精准化管理势在必行。

**2. 加强信息护士专业队伍建设，保障护理信息化建设**　信息护士指具有丰富的临床经验、熟悉护理程序且具备一定信息技术的护士，是信息化管理的设计者和参与者，在信息系统研发、改进和优化等方面起着重要的作用。我国护理信息发展起步较晚，护理人员的信息能力有限，培养信息护士已经成为我国护理专家共同关注的问题。为了更好地适应信息化发展，应改变传统的护理人才培养模式，开展多渠道、多层次的护理信息课程和培训项目，开展信息护士专科人才培养及资格认证，设立信息护士岗位，逐步形成规范且成熟的护理信息专业人才培养模式。

**3. 推进"互联网＋护理服务"工作，创新护理服务模式**　"互联网＋护理服务"指医疗机构利用在本机构注册的护士，依托互联网等信息技术，以"线上申请、线下服务"的模式为主，为出院患者或罹患疾病且行动不便的特殊人群提供护理服务。2020年，国家卫生健康委员会办公厅提出要进一步推进"互联网＋护理服务"试点工作，要求进一步扩大试点范围、规范开展试点工作、增加护理服务供给、加大护士培训力度、积极防范执业风险、探索价格和支付政策，在服务模式、管理规范、信息支撑、风险防范、行为监管、价格支付等方面进行大胆实践，勇于创新，将机构内护理服务延伸至社区和居家，为出院患者、生命终末期患者或行动不便、高龄体弱、失能失智老年人提供便捷、专业的医疗护理服务。

**榜 样 的 力 量**

## 三、护理信息标准化建设

### （一）必要性

大数据时代的到来，采用标准的护理信息表达方式、标准的护理病历格式是当前护理电子病历和护理决策支持系统开发中亟待解决的问题，也是护理信息共享的保障。目前，我国现有的信息化建设缺乏统一的标准来进行临床护理实践的记录，尚未形成统一的护理信息标准体

NOTE

系，限制了医院与医院之间、我国与其他国家之间护理信息的交流与资源共享。因此，建立适合我国国情的标准化的护理信息系统迫在眉睫。

### （二）原则

**1. 以医疗护理工作为中心** 护理信息标准化是服务于护理专业的，各项标准要以适应医疗护理工作需要为基本原则。其工作任务是制定医院护理专业各个方面管理和技术的标准、制度、规范和指标，并紧紧围绕医疗护理工作这个中心，以保证医疗护理工作的顺利进行。

**2. 简洁性** 使用"标准文字"，做到简练、通俗易懂，条文层次清晰、逻辑性强。标准应抓住护理活动的本质，去除护理活动中非本质的部分，使之更具代表性，更为精炼合理，以反映其内在特征和规律性。

**3. 相对性** 标准是一个相对的概念，具有很强的时效性。随着医学技术和管理的进步，护理学标准也将不断地深化和完善，标准的具体内容也会随之变化，并非一成不变。护理学术标准和技术规范约束护理人员的医疗护理行为，指导护理实践，并从中得到不断发展。强调标准的相对性，有利于标准的实施和优化。

**4. 配套性** 医院是一个大的系统，需要协调各种技术和管理问题。"标准"是在一定范围、一定层次上对某些事物或事件做统一规定，通过各种相关的医疗护理标准的互相协调、补充，发挥护理信息标准化的综合作用。因此，制定医学与护理技术标准规范时应特别注重技术与管理等问题的配套性。

## 四、护理信息安全

**拓展阅读** 案例分析

### （一）信息安全

信息安全（information security）为数据处理系统建立和采用的技术、管理上的安全保护，为的是保护计算机软件、硬件的数据不因偶然和恶意的原因而遭到破坏、更改和泄露。

### （二）护理信息安全

护理信息安全（nursing information security）属于医学信息安全。保护护理信息的机密性、完整性和可用性，防止信息泄露和滥用，是护理管理者的重要职责。

随着互联网移动技术的普及、云计算的广泛应用，医疗保健数据泄露和医疗记录违规不断发生，导致世界各国对医学信息安全问题也越来越重视，相继出台了各项法律政策和伦理规范，医学数据和信息的共享面临更大的挑战。《中华人民共和国护士管理办法》《护士条例》等医疗卫生法律法规规定，医疗机构及医务人员对患者的个人信息负有保密义务。2017 年至 2021年，国务院办公厅、国家卫生健康委员会、国家医保局等相关单位连续出台了《中华人民共和国网络安全法》《中华人民共和国数据安全法》《中华人民共和国个人信息保护法》等一系列互联网隐私保护相关文件。医疗卫生机构应当以相关法律和制度要求为准绳，结合医疗行业隐私保护与信息安全要求，落实法律规定与行业规范，实施信息安全等级保护，落实医疗管理制度与信息管理规定，增强从业人员的信息安全意识，建立安全治理体系，协调项目实施、数据使用与安全保障的关系，保护医学数据与患者信息的安全。

## 五、护理信息相关伦理

### （一）医学伦理

医学伦理（medical ethics）是运用一般伦理学原则解决医疗卫生实践和医学发展过程中的

医学道德问题和医学道德现象的学科。它遵循尊重原则、无伤害原则、最优化原则和公正原则这四大医学基本原则。其中，尊重原则和无伤害原则中均包含了大量对人的隐私信息的保护原则与理念，即人们需对个体和生命的隐私信息做到"尊重"和"无伤害"。实施"以人为本"的医学实践活动的管理，恰当解决伦理问题，使护理信息更好地为人类健康服务，向健康有益的方向发展。

### （二）信息伦理

信息伦理（information ethics，IE）指涉及信息开发、信息传播、信息的管理和利用等方面的伦理要求、伦理准则、伦理规约，以及在此基础上形成的新型的伦理关系。信息伦理的内容包括个人信息道德和社会信息道德两个方面，以及信息道德意识、信息道德关系、信息道德活动三个层次。个人信息道德指人类个体在信息活动中以心理活动形式表现出来的道德观念、情感、行为和品质，如对信息劳动的价值认同、对非法窃取他人信息成果的鄙视等。社会信息道德指社会信息活动中人与人之间的关系，以及反映这种关系的行为准则与规范，如扬善抑恶、权利义务、契约精神等。

**拓展阅读**　*信息伦理的发展*

# 第二节　医院信息管理

## 一、医院信息系统

### （一）架构及主要功能

**1. 医院信息系统的架构**　医院信息系统的架构见图 10-1。

（1）硬件层：包括计算机、服务器、网络设备及各种传感器等设备。这些硬件设备可以为医院信息化管理系统提供强有力的技术支持，使医院的信息化服务得到更好的保障和优化。

（2）系统层：包括医院信息系统、网络应用系统、数据传输系统等多个系统。这些系统通过网络相互连接，便于各种数据综合运用，从而提供全面、高效的医疗信息服务。

（3）数据层：是医院信息化管理系统的核心部分，包括患者信息、医疗诊断信息、药品信息、医疗设备信息、医生信息等各种医疗数据。这些数据需要规范地存储和管理，才能更好地为医院医疗服务提供支持。

（4）应用层：主要包括电子病历、医疗影像诊断系统、医疗办公系统、医疗病历系统等多个应用系统。这些应用系统针对具体的医疗工作需求，提供了方便快捷的服务，大大提高了医疗工作的效率和安全性。

**2. 医院信息系统的主要功能**

（1）优化就医体验，提高诊疗效率：医院利用信息管理的技术和理念，基于信息化、网络化等技术手段，为患者提供预约诊疗、候诊提醒、院内导航、检查和检验结果查询、划价缴费、健康教育等服务，使患者往返医院次数、在医院内的重复排队、门诊全程候诊时间及住院日减少，就医流程更便捷、获取服务更高效，从而提升患者就医的满意度。对医务人员而言，使用医院各类信息系统书写病历、开立医嘱、申请检查检验、查阅报告、执行医嘱等，提升了各医疗服务环节的工作效率。

（2）提高医疗服务质量和安全管理水平：以信息技术改造或重塑业务流程和管理流程，能够构建全新的问题发现机制与预警管理模式。当用户触发禁止类规则，系统将自动拦截相关操

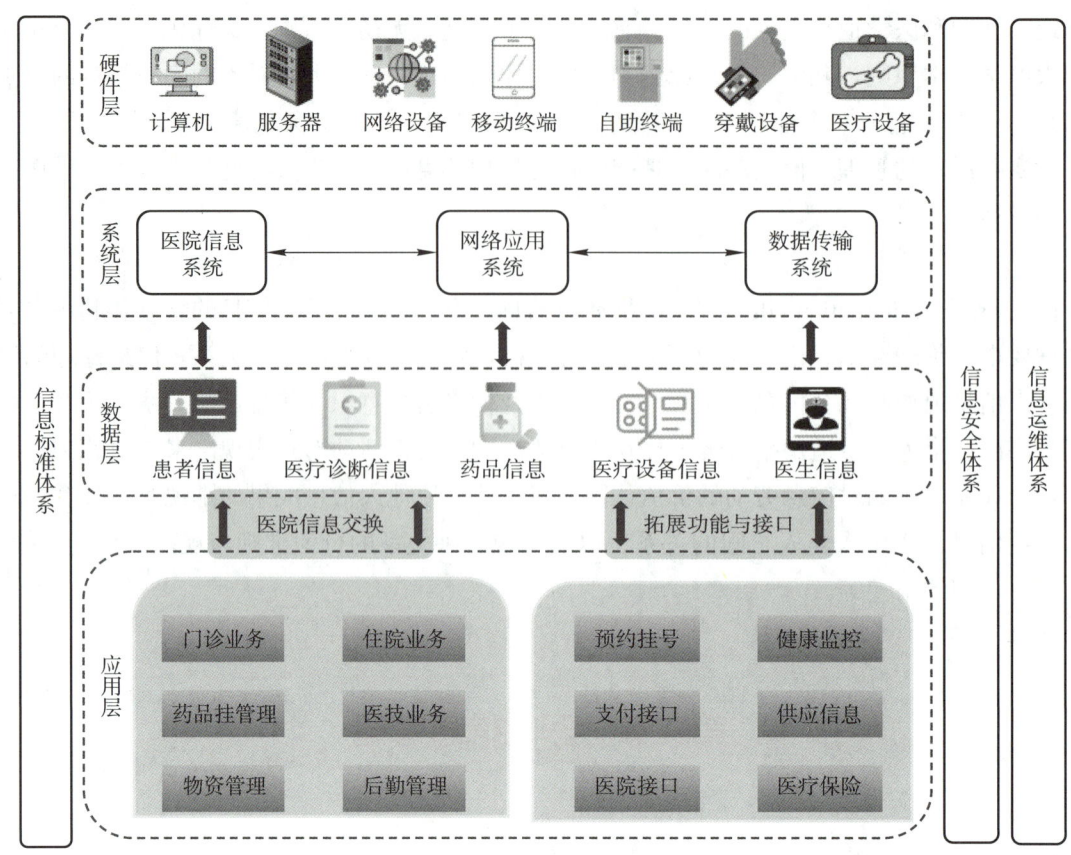

图 10-1 医院信息系统的架构

作并提示用户，将风险控制在萌芽状态。充分运用人工智能、大数据分析等新技术，自动学习流程运转规律，实现医院临床业务与管理部门运行数据的整合、分析与应用，对全流程医疗质量做到智能监测，提升医疗服务的基础质量、环节质量和终末质量等。

（3）提高医院运营效率，促进医院精细化管理：通过开展医院信息化建设，做好院内信息系统的对接，将各类数据信息以规范、完整的形式及时汇总，提供运营数据用于统计、分析、评价、监控，为管理者决策提供依据。目前，已经有不少医院通过医疗废弃物管理系统、智能被服管理系统、智能设备监控系统等，实现了后勤工作流程的闭环管理，提升了运营效率，提高了医院管理的精细化程度。

（4）推进医疗智慧化转型：智慧医院主要是面向医务人员医疗活动的"智慧医疗"、面向患者就诊体验的"智慧服务"和面向医院整体运营管理的"智慧管理"。其核心思想在于提升医院运行中的自动化、标准化、流程化程度，提升患者、医务人员的体验，提升医院的运营管理效能。互联网医院的发展，是互联网技术"万物互联"的必然趋势，解决了医疗服务资源分布不均衡、高质量医疗资源稀缺等难题。

（5）支持国家应急防疫：信息化作为医院运行及疫情管控的重要支撑，在应急防疫中发挥了重要作用。医院管理部门可实时了解医院运行情况，及时上报传染病情况，通过国家传染病疫情和公共突发卫生事件直报网络进行分析汇总，帮助各级主管部门了解疾病动态，及时发现潜在风险。

互联网医院也有效补充了门诊诊疗职能，如线上咨询缓解了疫情期间人们的紧张情绪；慢性病复查和开药使患者在家中就能领到必需药品，在满足部分医疗需求的同时，降低线下就诊交叉感染的风险；远程会诊、人工智能辅助诊断等新模式提升了基层和偏远地区的疾病诊查能

力，做到早发现、早诊断。

### （二）常见类别及应用

**1. 住院电子医嘱系统**　是住院医生实现对住院病人信息（病历）数字化管理的计算机软件系统。系统支持医生对各种医嘱的开、停、作废操作，自动审核医嘱的完整性。可与合理用药和补液系统、护士工作站系统、临床辅助诊疗系统共同实现医生日常工作流程完全电子化、标准化，使得患者的住院流程能形成有效的闭环。它以电子医嘱记录为引擎，以电子医嘱的开立、执行、终止全过程为生命周期，将诊疗内容、诊疗依据、诊疗证据和诊疗流程及质量监控信息进行全结构化计算机处理，为医院共享、统一的信息化目标做好坚实的铺垫工作。

**2. 门诊信息管理系统**　以居民电子健康档案为核心、诊疗流程为主线，以经济核算为基础，对患者信息、资金信息、药品信息进行规范化管理，包括发卡、挂号、分诊、门诊医生工作站、门诊收费、门诊药房等子系统，实现全科诊疗与电子健康档案数据的共享和交换，最终实现门诊工作的全面信息化。

**3. 检验检查信息系统**　包括实验室信息系统、病理信息系统和医学影像信息系统。

（1）实验室信息系统：指将数据库技术、网络技术、计算机技术、条码技术应用在医学检验领域，具有检验申请、标本采集、实验检测、报告发布的完整流程，以及质控管理、科室事务、试剂管理等功能。区域信息化技术将各医院的 LIS 连接起来，实现了同级医院检验结果的共享互认。

（2）病理信息系统：指对患者病理检验全过程进行管理的信息系统，为病理科提供完整的业务流程管理、质控管理、教学服务病理诊断、决策辅助及会诊和数据分析服务，病理资源与医院的相关部门共享，从而全面构建区域病理实验室规范化体系。

（3）医学影像信息系统：是以计算机和网络为基础，与各种影像成像设备相连接，利用海量存储和关系型数据库技术，以数字化方式收集、压缩、存储、管理、传输、检索查询、显示浏览、处理、发布、远程会诊医学影像信息；以计算机化的方式预约登记影像学检查，管理影像检查机房、初写报告，审核签发报告，发放胶片和诊断报告。它以利用计算机辅助诊断结果的方式支持临床决策，同时也是与医院信息系统和电子病历系统集成的管理信息系统。

**4. 药品管理信息系统**　指对药品的进、销、存和药品信息的使用分析进行管理的基础性信息系统，涉及药库、药房、病房等环节，与医生用药和收费紧密相关。使用该系统可提高医院药品管理的科学性，减少药品发放混乱、收费错误和统计不准确的现象；降低药师工作负担，提高工作效率；指导临床合理用药，有效减少医疗差错的发生。

**5. 输血管理信息系统**　借助现代信息化技术，帮助输血科实现区域内临床用血信息集中管理、统一监控。通过互联网或专用网络与血站服务器直接连接，与 HIS 血液中心（血站）、大健康网等各项业务数据接口无缝对接，实现输血前评估、输血中记录、输血后评价，以及实验室血液库存、配发血管理、数据统计、质量指标上报、输血病历智能生成、输血病历检查等全流程无纸化闭环管理，实现从血到人、从人到血的双向跟踪。

**6. 耗材管理信息系统**　是通过数字化和自动化管理医院的耗材库存、采购、配送等流程，实现全面的耗材信息跟踪和统计分析，帮助医院降低成本、节约时间，并确保耗材的合理使用和质量控制。通过该系统，医院可以实现耗材需求预测、自动补货、库存管理和耗材数据分析，从而提高医院的运作效率，优化医疗资源配置，提升医疗服务质量。

**7. 临床决策支持系统**　是充分运用可供利用的、合适的计算机技术，针对半结构化或非结构化医学问题，通过人机交互方式改善和提高决策效率的系统。临床决策支持系统更关注临床医生与临床决策之间的互动，以便于利用临床医生的知识和临床决策对医学知识的系统管理，更好地分析患者的信息，较之于人具有更大的优越性。尤其是临床辅助决策可以提供建议或输出一组相关信息以便临床医生浏览参阅，并选择有用的信息，去除错误的临床辅助决策建议。

## 二、智慧医疗

### （一）智慧医疗概述

智慧医疗（wise information technology of med）指通过打造健康档案区域医疗信息平台，利用最先进的物联网技术，实现患者端与医务人员、医疗机构、医疗设备等医疗端之间的互动，逐步达到信息化。智慧医疗使医生能够搜索、分析和引用大量科学依据支持诊断。在不同医疗机构间，建立起医疗信息整合平台，将医院之间的业务流程进行整合，使小病在社区、大病进医院、康复回社区的居民就诊就医模式成为现实，从而大幅提升了医疗资源的合理化分配（图 10-2）。

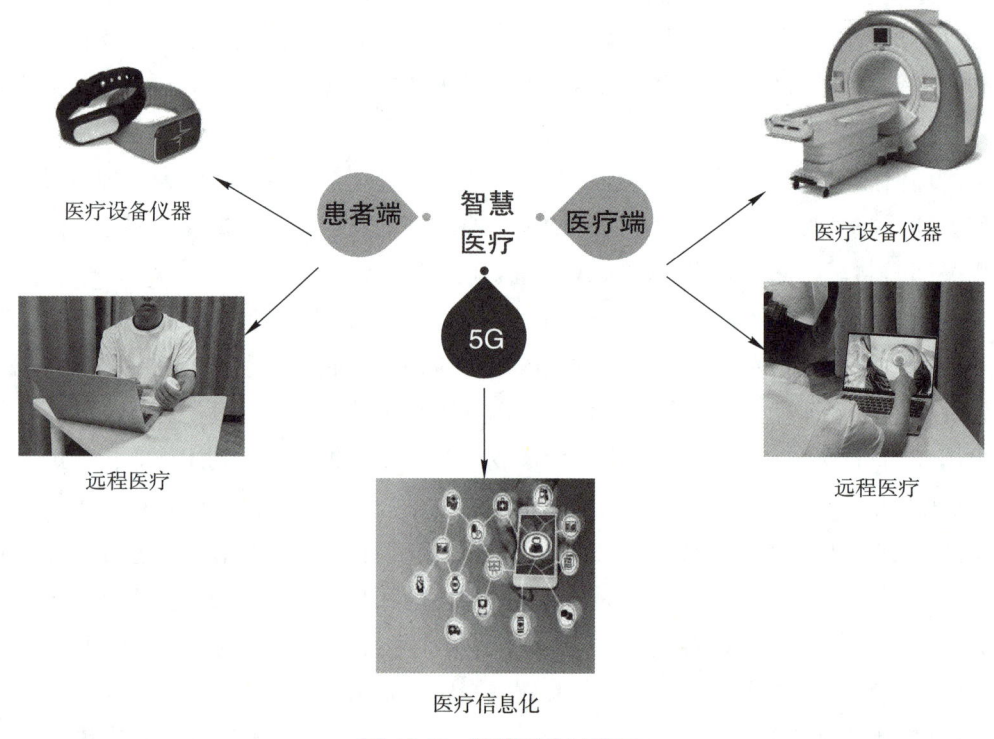

图 10-2　智慧医疗示意图

### （二）应用场景

**1. 智慧病房（smart ward）**　指围绕医院患者住院环节，利用互联网、人工智能、物联网技术及智能硬件设备，对传统病房进行智能化改造，实现医疗数据的高效采集和使用，真正实现"以患者安全为中心"的智慧医疗服务，包括床旁交互系统、智能输液系统、护理电子白板系统、智能床头卡、穿戴设备。智慧病房可以提高医疗效率，降低医疗风险；提高护理工作效率和服务质量、医患满意度等；服务多元化，改善患者就医体验，提升就医服务质量；促进无纸化办公，减少传统手工操作工作量，提高医院信息化水平。

**2. 医学人工智能（medical artificial intelligence）**　是人工智能与医学相结合的产物。医学人工智能在辅助医生诊断、减少漏诊误诊、提高诊断效率、弥补资源供需的缺口、疾病风险预警，提供健康顾问服务，支持药物研发，提升制药效率等方面均发挥着越来越重要的作用。随着医学人工智能发展不断深化，医学人工智能应用向多模态数据、集成系统、软硬件一体化、认知智能、知识驱动等方向发展，发挥产学研用的资源整合和互补效应。

**3. 医用机器人（medical robot）**　指用于医院、诊所的医疗或辅助医疗的机器人。它能独自编制操作计划，依据实际情况确定动作程序，然后把程序变为操作机构的运动。医用机器人可识别周围情况，从事医疗或辅助医疗等工作。例如，智能配送机器人在院区内主要承担送药、送餐，进隔离区及回收被服和医疗垃圾的工作；移动病人机器人主要帮助护士移动或运送瘫痪和行动不便的病人；临床医疗机器人包括外科手术机器人和诊断与治疗机器人，可以进行精确的外科手术或诊断；康复机器人可以帮助残疾人恢复独立生活能力。

**拓 展 阅 读**　医用机器人的分类

**4. 远程医疗（telemedicine）**　从广义上讲，远程医疗指使用远程通信技术、全息影像技术、新电子技术和计算机多媒体技术，发挥大型医学中心医疗技术和设备优势，对医疗卫生条件较差地区及特殊环境提供远距离医学信息和服务，它包括远程诊断、远程会诊及护理、远程教育、远程医疗信息服务等所有医学活动。从狭义上讲，远程医疗包括远程影像学、远程诊断及会诊、远程护理等医疗活动。目前，远程医疗的应用场景主要包括以下三类：第一类是基于新型智能终端的远程操控类场景，如机器人远程手术等；第二类是基于高清视频、影像的远程指导类场景，如远程会诊、远程诊断、远程急救指导、远程查房、远程护理及远程教学等；第三类是基于医疗健康传感器和设备数据的远程监控类场景，如患者实时定位、远程输液监控、慢性病远程监控等。远程医疗可实现多学科、多专家的联合会诊，是优化医疗资源配置、实现优质医疗资源下沉及建立分级诊疗制度的重要手段。

## 第三节　护理信息管理

### 一、护理信息系统的架构及主要功能

#### （一）护理信息系统的架构

**1. 数据采集与存储**　系统具有强大的数据和信息采集功能，可采集患者基本信息、护理评估结果、护理操作记录等护理相关数据，并将这些数据存储在数据库中，以供后续使用。护理信息系统能够及时、完整、全面地从医院信息管理系统中查询或获取患者就诊、住院、复诊等各环节产生的数据，并保证真实可靠。

**2. 数据传输与共享**　系统支持数据的传输和共享，使得各个医疗系统之间能够无缝连接，提高协同工作效率和数据准确性。在一个环节产生的信息随着患者的流动可在其他环节上共享，如患者的自然信息在患者身份登记时录入后，所有的功能模块共享这一信息。信息的共享不仅减少了录入工作量，而且保证了信息的一致性。各个环节生成的信息构成以数据为核心的数据库，是数据共享的基础。

**3. 数据安全与隐私保护**　系统需要具备数据安全和隐私保护功能，确保患者信息的保密性和完整性；有针对数据库、工作文件的安全管理，避免数据及文件信息被非法冒充、窃取、篡改、抵赖等，主要的防范方法有建立分级授权访问机制、数字签名、密码保护、数据库审计及完善存储与备份体系等。

#### （二）护理信息系统的主要功能

1. **基本功能**　具体包括查询患者信息、床位管理、基本护理管理、医用耗材管理、医嘱管理、费用管理等基本功能。

2. **管理功能**　护理信息系统能够提高管理效率，优化管理流程，具体包括护理人力资源管理、护理质量管理、护理成本管理、护理教学管理、护理科研管理、科室信息及业务管理等。

3. **决策支持功能**　通过人工智能、知识挖掘和知识管理理念与护理信息系统的结合，建立最佳的护理资源库，为护理工作提供决策支持，支持护士根据临床资料做出护理诊断和处理意见等。

4. **教育功能**　患者可通过信息系统自由查询、获取所需的健康教育知识。此外，临床护士可在线学习所需的专业知识，以满足其临床工作的需求。

5. **远程护理功能**　利用远程通信技术、多媒体技术，为患者提供远程会诊和护理服务，并可通过智能穿戴设备对患者的病情进行监控和护理指导，实现护理资源的合理化配置。

6. **协调功能**　护理信息系统可以协调跨部门或跨专业的信息需求，引导护士开展跨学科团队合作，从而加强患者护理，提高护理服务质量。

**榜样的力量**

**拓展阅读**　连云港市医院信息化建设

#### （三）临床护理信息系统

临床护理信息系统是应用互联网技术，对临床护理所产生的业务信息和管理信息进行采集、储存、整合、传输、汇总、查询的信息系统。其目的是将信息化与临床护理工作相结合，有效提高护理工作质量，使临床护理工作更加科学化、信息化、高效化。以下介绍医院常见的几种临床护理信息系统。

**拓展阅读**　临床护理信息化建设的探索与实践

1. **住院护士工作站**　是临床护理信息系统的关键平台，主要进行分类处理和执行医生开具的医嘱，在工作站中录入患者的基本信息及病情信息，并进行收集整理和记录等工作。

临床护士通过护士站的计算机，将患者在该科室住院期间的护理相关信息和医生开具的相关诊断和诊疗信息登录到工作站中进行网上管理；将信息实时同步化，使住院患者的日常护理工作得到及时有效的开展，一般包括病区床位管理、患者临床入出院管理、医嘱执行、日常计费等功能；对于医生下达的长期医嘱和临时医嘱等，在护士工作站可得到同步更新，护士可以通过工作站快速处理核对医嘱，对于临时医嘱等做到及时给药，也方便护士更好地管理医嘱执行情况。

2. **移动护理信息系统**　是在医院信息系统支撑下的一类衍生系统，以手持移动终端（personal digital assistant，PDA）为采集设备，以无线网络为信息传递平台，通过条码技术作为识别手段。

其目的是使临床护士能够在患者床旁进行数据采集的同时将信息传递到医院信息系统中，减少因护士往返床旁与工作站导致的信息误差，减轻护士工作的同时，也能使患者的相关信息更准确、及时地进行传递。移动护理信息系统常用的移动设备包括移动护理车、移动电脑、生命体征采集仪和智能手机等，这些都是实现护理人员减少床旁和工作站的折返，在床旁时时进行患者信息查询、记录输注药品及生命体征等工作的移动设备。

3. **重症监护护理信息系统**　主要是为医院各监护室设计的信息管理系统，如重症监护室、心内监护室等。系统包含生命体征管理系统、出入量管理系统、导管管理系统、药疗管理系统、护理执行与护理观察记录系统等模块。

该系统可以根据科室病情特点预先设置常用监护设备项目，可预设护理记录单模板，将病情评估表单和风险护理评估表单录入系统中，待接收新入院患者时，护士可按系统中所录入的表单对患者进行统一评估、数据记录，确保所有患者进行同质化评估，保证记录单的统一规范。

该系统可根据患者情况调整连接的重症监护设备和各设备的生命体征采集频率，减少护理人员操作，实现自动化信息采集与记录，避免漏测等事件发生。该系统可根据不同患者设置个性化报警阈值，提醒护理人员对急危重症患者数据变化进行全程监测，将收集到的数据进行自动评估，生成患者病情及生命体征变化的趋势走向图，避免病情变化未被及时发现，协助护士及时对患者的护理方案进行调整。

**4. 急诊医疗临床护理信息系统**　针对医院急诊系统设计，主要应用人员为急诊指挥中心、急诊科门诊及住院医生、护士。急诊医疗临床护理信息系统覆盖了急诊相关的各项临床工作环节，主要分为两大模块。

（1）急诊预检分诊系统：目的是对患者病情严重程度进行精准判断，其主要途径是对采集录入的患者生命体征、症状等相关信息，在系统中的急诊知识库及相关规则库进行快速检索判断。急诊预检分诊系统包含以下模块：院前－院内交接、预检分诊、留抢管理、留观管理、诊间管理、数据查询、发热筛查（肠道筛查）等。

（2）急诊护理电子病历系统：主要包括患者一般情况、护理记录书写及医嘱处理。

**5. 血液净化中心护理信息系统**　血液净化中心的服务对象主要是维持性血液透析的患者，即病情稳定、无须住院，但需要定期到血液净化中心接受透析治疗的患者。血液净化中心护理信息系统主要功能包括导入患者基本信息登记、血管通路信息登记、透析前评估、医嘱查看、快捷上机并执行医嘱、双人核对、透析中监测与记录、透析中评估、回血下机、透析后评估、透析记录查询等。

血液净化中心护理信息系统以计算机网络技术为基础，对血液透析中心各种信息进行数字化处理，实现了现有工作流程的信息化改造，动态体现患者透析护理的全过程，达到对患者病情和透析治疗情况的实时监测，便于数据的查阅，并提高科室管理质量和效率。

**6. 手术室护理信息系统**　是基于手术室麻醉系统、手术室护理记录系统的应用，利用信息集成共享和设备集成共享作为两大支撑平台，借助移动计算机技术、数据挖掘技术、无线网络技术及物联网中的 RFID 技术等，通过与床旁监护设备的集成、数据自动采集，实现对手术的全过程进行动态跟踪，达到手术麻醉信息电子化。

此类系统形成了手术患者身份识别的闭环管理和手术环节信息的可追溯性模式，保障患者围术期安全，提高麻醉和护理的工作效率及手术质量，使手术患者管理模式更具科学性，并与全院信息系统的医疗数据信息实时共享，为医院管理的精细化提供了科学依据。

**7. 消毒供应中心质量追溯管理系统**　消毒供应中心（central sterile supply department，CSSD）是承担医院各科室所有非一次性使用的诊疗器械、器具和物品的清洗、消毒、灭菌及无菌物品供应的部门，是医院工作中不可缺少的组成部分。医疗用品的消毒灭菌质量直接关系到医院感染的发生率，因此消毒供应中心的工作质量是医疗护理质量的重要影响因素。

消毒供应中心质量追溯管理系统则对清洗、消毒、灭菌质量的日常监测和定期监测进行记录，其工作流程图中留存清洗消毒器和灭菌器运行参数的打印资料，并记录灭菌器每次运行情况，可做到随时查看，提高医疗用品的消毒灭菌质量。

**8. 静脉用药集中调配中心（pharmacy intravenous admixture services，PIVAS）给药管理系统**　包含医嘱确认、医嘱生成、打印输液卡、发送 PIVAS 药品单，PIVAS 给药的执行，以及 PIVAS 给药执行落实情况查看等功能。

PIVAS 系统中的云知识库审查模块，可以为静脉用药集中调配中心护士提供相关药品审查规则（包含相互作用、配伍禁忌、溶媒选择、用法用量、禁忌证、给药途径、持续用药等），提高医嘱执行的正确率。同时，PIVAS 系统通过条码技术扫描患者腕带，采取患者为中心的核对方式扫描"PIVAS 二维码"，逐一核对药物标签（包括配置药物名称、配药时间等），避免临床护理差错的发生，保障了临床静脉输液的正确性和及时性；PIVAS 系统将配置好的药品统一配送至各科室护士站，大大提高了临床护士的工作效率。

**拓展阅读**　基于信息化视角的共享决策模式在乳腺癌患者中的应用进展

**拓展阅读**　基于智慧病房护理管理系统的多角度干预在护理中断事件观察中的应用效果

## 二、护理信息化与领导力

### （一）信息技术变革护理管理模式

**1. 信息化护理管理的概念**　信息化护理管理包括两部分：①护理业务信息系统的建设，主要将护理的流程信息化，将患者的基本信息、医嘱、患者用药录入系统，进行信息化管理；②综合信息系统的建设，如护理人力资源管理（档案管理、排班管理）、日常护理管理（业务查房、危重病例讨论、护理质量管理、患者满意度）、不良事件管理（不良事件上报及分析）。

**2. 信息化护理管理的变革特点**　医院人力资源管理由"分散化"向"一体化"的转变，护理部办公方式由"滞后"向"快捷"的转变，数据存储记录由"繁"向"简"的转变，从而优化了护理管理流程，提高了护理管理的工作效率，促进了护理质量管理的规范化、智能化、人性化、精细化。

### （二）护理管理信息系统

护理管理信息系统（nursing management information system，NMIS）是医院护理信息系统的重要组成部分，是将现代科学管理理论与信息化相结合，通过计算机技术，建立用于领导者对于临床护理工作进行管理的信息系统，主要包含护理人力资源管理系统、护理质量控制管理系统、护理决策支持系统、护理教育管理系统及其他业务管理信息系统。

**1. 护理人力资源管理系统**　具有管理全院护理人力资源（包括实习生、进修生等）的功能，可满足护理部门管理需要，同时符合医院等级评审的要求。通过护理人力资源管理系统，可以实现对护理人员档案的电子化管理、护士排班、护士调配等，其主要功能模块包括三部分。

（1）人事管理：常见功能包括护理人员档案信息的收集与储存、输出打印多角度统计分析报表，如床护比统计分析报表、职称职务统计分析报表等。

（2）护理排班管理：护理部、护士长可通过系统实时了解护士的上岗情况，根据不同护理单元的实际工作量进行系统设置，实现全院护士网上排班，及时进行人员调配与补充，统筹安排护士的轮值与休假。

（3）护理绩效考核管理：依据等级医院评价标准，构建基于护理工作量、护理质量、患者满意度并结合护理难度、技术要求等要素的绩效考核制度，并将考核结果与护理人员薪酬分配相结合，充分调动护理人员的积极性。

**2. 护理质量控制管理系统**　是借助信息化技术，构建全面护理质量管理的护理管理系统。其关键是应用统一规范的标准，将质量控制指标及其原始数据标准化，使其下达至科室，成为量化的管理模式，减少因主观因素导致对护理人员的绩效评定等产生的影响，增加公平性，使护士能够更加积极主动地从事护理工作，从而全面提高护理工作质量及效率。护理质量管理系统主要包括三部分。

（1）护理单元质量管理：包括护理制度制定、护理规程落实、病区环境管理、药品管理、抢救车管理、护理应急管理、护理文书质量控制、基础护理落实、患者健康教育管理、消毒隔离与感控、耗材管理、患者满意度调查等模块。

（2）护理不良事件管理：包括患者投诉管理、给药错误、压疮、跌倒、坠床、职业暴露、非计划拔管等不良事件管理模块。其功能还可包括事件上报、自定义报告、应用因素占比、可视化事件管理等。对这些不良事件进行非惩罚性上报并按质量管理目标进行分类管理，可以按事件发生的原因、发生的过程、发生的高危环节、发生的途径、发生的相关因素等进行分类统计，对不良事件的预防有积极作用。

（3）护理近似错误管理：指错误几乎要发生但没有发生，潜在的错误通过采取的纠正措施而避免了发生。护理近似错误管理包括近似错误的类型、发现的途径、采取的纠正措施、系统改进行为等模块。

**3. 护理决策支持系统（nursing decision support system，NDSS）** 是在计算机护理知识库的基础上，将患者信息与知识库内容相匹配，结合患者个体特征，分析不同护理方案利弊，向护士推荐合理的护理决策，尤其在变化复杂的临床环境中为年资较低的护士提供护理决策指导。主要包括以下三方面。

（1）基于护理程序决策支持系统的应用：美国护理信息研究团队将北美护理诊断协会（North American Nursing Diagnosis Association，NANDA）的护理诊断术语系统加入护理决策支持系统中，当护士需要对患者进行护理诊断时，以护理评估、诊断、计划、实施、评价的护理程序为主题，系统会显示相关信息，为护士提供智能化的决策结果。

（2）基于预警与警示护理决策支持系统的应用：国外某研究团队根据 PDSA（Plan-Do-Study-Act）流程设计带有警示功能的低血糖管理护理决策支持系统，发现能够提高护士对指南的依从性。2018 年，国内某家医院也建立了基于知识库型网络架构的低血糖护理决策支持系统，与之前相比，低血糖再次发生率有明显降低，护理记录完整率得到提高。

（3）基于危险因素评估护理决策支持系统的应用：近年来，大部分医院的护士在为患者做入院护理评估时，录入相对应的护理决策支持系统结果后，能自动统计总分。当评分结果为异常，即说明患者处于异常或相对危险状态，系统根据设定的评估频率，告知并提醒护士及时再次评估，可有效降低护理风险事件发生率。

**4. 信息化助力预警案例应用分享** 一项基于失智老人认知能力的可穿戴产品界面设计研究，以认知心理学理论为基础，通过调研观察与分析，总结失智老人的感知觉、注意、记忆、思维等认知能力要素的特征，以及在界面操作中的具体障碍，提出适用于失智老人的可穿戴产品界面的设计策略。

**拓展阅读** 基于信息化视角的共享决策模式在乳腺癌患者中的应用进展

## 三、护理信息化与护理教育

### （一）护理信息学教育发展概况

**1. 国外现状** 自 20 世纪 70 年代以来，美国护理信息学教育就得到了重视。目前，美国护理信息学教育的历史地位和现实规模已经居于全球各个国家和地区的首列。在护理领域信息化的大趋势下，自美国护理学会认可护理信息学专业之后，荷兰（1994 年）、芬兰（1998 年）、巴西（1999 年）、以色列（2004 年）也相继承认护理信息学作为一个专业。美国作为最早发展护理信息学的国家，其相关学科研究始终处于世界领先地位。

**2. 国内现状**　目前我国的护理信息学教育仍旧处于起步阶段。但从 20 世纪 90 年代以来，我国的护理教育者就意识到了护理信息系统会带来深远影响。近年来，我国各位学者在护理信息学相关课程研讨上做了很多次尝试，但仍然存在一些问题，如对护理信息学教学内容尚未达成共识、专业教学队伍人才力量欠缺、教学内容及课程体系构建有待完善等。

### （二）教学信息系统应用

**1. 智能教学工具在护理教育的应用**　雨课堂、超星学习通等多种智能教学工具相继出现，各大院校设立的护理课程线上考试平台可动态管理考试且考试地点灵活，为学生提供了极大便利。智能教学工具正在建立起移动互联网技术与护理教育的桥梁。

**2. 远程教学在护理教育的应用**　使用远程教育手段，如"学堂在线"慕课平台，能够向广大护理人员提供一种双向、互动的学习途径，学生可以就近接受高水平的课程内容。

**3. 仿真技术在护理教育的应用**　高度仿真的实验环境，如急救复苏模拟人、虚拟系统 VR 创造的模拟手术系统、超级综合模拟人（HPS）等，提升学生在虚拟环境中的实践水平，并实现教学资源共享。

**拓 展 阅 读**　临床护理教学信息平台整体功能架构图

**4. 信息化助力教学案例应用**　用 Gait Watch 三维步态分析系统，采集步态运动学参数，探讨步态时空参数与平衡的相关性，寻找步态时空参数中与平衡能力相关性较高的参数，据此可早期制定改善老年人平衡能力的康复训练方案，有效减低老年人跌倒的发生率。

## 四、互联网 + 护理服务

互联网 + 护理服务是一种基于互联网技术的创新型护理服务模式，通过远程护理、在线咨询、智能护理等方式，为患者提供更加便捷、高效和优质的护理服务。它的出现，不仅改变了传统护理服务的模式，也带来了护理行业的数字化、智能化和个性化发展。

### （一）"互联网 + 护理服务"的发展

**1. 远程护理**　是数字医疗的重要组成部分，其核心在于利用技术手段实现护理服务的远程化。通过远程技术对居家患者进行远程监控和护理的服务，可以补充非临床护理服务，协助管理急慢性疾病，如紧急警报、痴呆症护理、辅助生活和长期健康管理，并监测可能造成伤害或死亡的紧急情况，具体内容包括以下几方面。

（1）监测：通过安装监测设备，对患者的心率、血压、血糖等生理指标进行远程监测，及时掌握患者的健康状况。

（2）诊疗：通过视频通话、医疗影像传输等技术，实现远程诊断、远程治疗和远程监护，为患者提供及时的医疗护理服务。

（3）健康教育：通过在线教育和培训，提高患者的医疗知识和自我护理能力，使其更好地管理自己的健康。

（4）咨询：通过在线咨询平台，患者可以随时向专业医生咨询问题，获得专业的解答和指导。

**2. 智能护理**　是一种利用大数据、云计算、物联网等新兴信息技术形成的智能化护理服务和护理管理新模式。通过整合医疗大数据，护理人工智能可以实现医疗、护理信息的智能感知、监控、分析、操作和展示，使护理更精准化、个性化、智慧化，从而实现患者的精准管理和护理，提高护理服务的质量和效率。具体内容包括以下几个方面。

（1）监测：通过安装智能化监测设备，对患者生理指标进行实时监测。

（2）诊断：通过智能化诊断系统，对患者的病情进行自动分析、评估和诊断，提高医疗服务的效率和质量。

（3）治疗：通过智能化治疗设备，实现患者的个性化治疗和康复，提高治疗效果和患者的生活质量。

（4）护理：通过智能化护理系统，实现患者的全面护理和照顾。例如，可以根据患者的病情和需求，为其提供个性化的护理方案，包括饮食安排、康复训练、生活照顾等。

### （二）"互联网＋护理服务"的机遇与挑战

**1. "互联网＋护理服务"的机遇**

（1）提高医疗服务的质量效率：可以通过大数据分析和人工智能等技术，提高医疗服务的质量和效率。

（2）实现医疗资源的优化配置和共享：通过互联网技术和平台，实现医疗资源的共享和优化配置，提高医疗服务的可及性和公平性。

（3）优化医疗服务体验：通过在线咨询、信息公开、医疗知识普及等方式，提高患者对医疗服务的了解和信任，同时也可以为患者提供更加个性化和人性化的医疗服务体验。

**2. "互联网＋护理服务"的挑战**

（1）医疗信息的隐私保护：目前，互联网信息技术手段不够完善，现有的网络安全技术虽然可以保护患者信息的安全性，但仍然存在漏洞和风险。此外，关于互联网护理的法律法规还不够完善，这就为不法分子提供了可乘之机。

（2）护理服务的质量和安全性难以保证：目前，我国"互联网＋护理服务"尚处于起步阶段，对于机构和平台的监管和评估还不够严格。此外，我国目前对于从事"互联网＋护理服务"的护士的资质认定制度还不完善，难以保证护理服务的质量和安全性。因此，需要加强对机构和平台的监管和评估，建立相应的服务质量评价体系。

（3）医疗服务的普及度和可及性："互联网＋护理服务"主要依托于互联网，因此患者需要具备一定的智能设备操作能力。相关数据显示，对于上门护理服务需求最多的人群是老年人，然而这部分人群往往不熟悉智能设备的操作，这可能会对"互联网＋护理服务"的普及和应用带来一定的挑战。因此，解决互联网技术和设备的使用门槛和成本问题，有利于提高医疗服务的普及度和可及性。

**拓展阅读** 护理人工智能的现状与未来

**临床链接**

某医院开展智能化项目建设，通过人机协同平台为医院建设人工智能（AI）智慧中枢，提供人机交互、融合、共创功能。医院弱电系统全面接入物联网，通过 AI 决策控制，实现建筑全感知、绿色节能、看病全流程一脸通、寻人及寻车的智能化监管。在医疗养护方面，平台可识别患者擅离病床和病区，患者出行陪护和患者跌倒情况。通过将医疗监护设备的生理健康监测数据接入平台，可对患者的身体状况、睡眠状况进行综合分析，全面客观地评价患者状况。在智慧安保方面，全院摄像头统一接入信息中枢，实时研判人员信息，精准识别医闹人员、"黄牛"等。建筑物虚拟化建模与摄像头位置关联，可点选查看特定楼层、位置的画面，核查现场情况。发现人员异常聚集时自动提醒，帮助管理人员及时处理突发事件。

　　请思考，在本案例中，医疗养护方面涉及物联网在医院中的哪些作用？

（陈　玲　曹红十）

📲 **数字资源详见新形态教材网**

　🔧 编者导学　　👤 学习目标　　🎞 教学课件　　🎧 微视频　　🎦 案例

　📊 临床链接　　🖥 拓展阅读　　📄 自测题　　🎦 榜样的力量　　📊 管理箴言

# 第十一章
# 突发公共卫生事件护理管理

编者导学

学习目标

## 章前导学

　　当未知病原体侵袭、高致病性传染病暴发或重大灾难发生时，社会面临严峻挑战。突发公共卫生事件以其突发性、复杂性、广泛性和高危害性，对医疗卫生系统构成重大考验。护理人员始终是应对突发公共卫生事件、守护生命防线的核心力量。

　　回顾"非典"疫情、埃博拉疫情、新冠疫情等重大突发公共卫生事件，我们可以看到，专业的护理管理能力是有效应对危机、挽救生命、保障公众健康的关键。面对激增的患者、有限的资源、巨大的压力及快速变化的态势，护理管理者必须具有高效解决如何科学组织人力、精准调配物资、强化感染防控、优化流程、保障团队身心健康并实现多部门协同等核心问题的能力。

　　本章将系统解析突发公共卫生事件护理管理的核心要素与实践策略。掌握这些知识与技能，是未来护理管理者在危机中发挥中坚作用、守护生命健康的必备专业素养与责任担当。

　　**拓展阅读**　国际关注的突发公共卫生事件——猴痘疫情

　　突发公共卫生事件因具有不可预见性、突然暴发、原因复杂多样、破坏性大、危害性强、影响广泛等特点，直接影响人民健康，影响社会经济发展。有效识别风险、及时控制和消除公共卫生事件及其危害，最大限度地减少突发公共卫生事件对公众造成的危害，保障公众身心健康与生命安全，是广大的护理管理者面临的挑战。

## 第一节　突发公共卫生事件护理管理概述

### 一、突发公共卫生事件相关概念

#### （一）突发公共事件

　　突发公共事件（emergency public event）指突然发生，造成或者可能造成重大人员伤亡、财产损失、生态环境破坏和严重社会危害，危及公共安全的紧急事件。

　　根据突发公共事件的发生过程、性质和机理，突发公共事件主要分为自然灾害、事故灾难、公共卫生事件和社会安全事件。

NOTE

### （二）突发公共卫生事件

突发公共卫生事件（emergency public health event）指突然发生，造成或者可能造成社会公众健康严重损害的重大传染病疫情、群体性不明原因疾病、重大食物中毒或职业中毒和其他严重影响公众健康的事件。

## 二、突发公共卫生事件特征

突发公共卫生事件是由物理、化学、生物等因素造成的群体性急性发病事件，具有突发性、公共性、严重危害性、多变与多元性和社会性等特征。

1. **突发性**　突发公共卫生事件是一种迫在眉睫的危险状态，常常突然发生，难以预测，其发生时间、事件规模、发展态势和影响程度常出乎意料。事件一旦发生，对居民生命安全和社会环境的摧毁能量被迅速释放，呈快速蔓延之势，而且变化迅速，解决问题的机会稍纵即逝，如果不及时采取应对措施，将会造成更大的危害和损失。

2. **公共性**　突发事件所危及的对象不是特定的个体，而是不确定的社会群体，在事件影响范围内的人都有可能受到伤害。突发公共卫生事件发生后，会因传播快速而引起社会公众的关注，成为社会的焦点。另外，突发公共卫生事件需要动用大量的人力资源和社会资源进行有序的公共组织协调应对。

3. **严重危害性**　突发事件可对公众健康和生命安全、社会经济发展、生态环境等造成不同程度的危害，这种危害既可以是对社会造成的即时性严重损害，也可以是从发展趋势看对社会造成严重影响的事件。其危害可表现为直接危害和间接危害。直接危害一般为事件直接导致的即时性损害，间接危害一般为事件的继发性损害或危害，如事件引发公众恐慌、焦虑情绪等，对社会、政治、经济产生影响。

4. **多变与多元性**　我国地域广阔，自然因素和社会因素复杂多样，突发公共卫生事件无论是事件本身或是其所造成的伤害，在不同情景中的表现形式均各不相同，具有独特性，因而无法照章办事；同样的，突发事件因发生的时间、地点、原因及变化的趋势均不同，其表现形式和结果千变万化，使决策者面临着巨大的决策压力和紧迫感；突发事件还可能衍生出次生事件、二次事件和再燃，眼看即将平息的事件旋即风云骤变、急转直下，再度出现意想不到的另一种紧急状态。紧迫、多元、多变是所有突发事件的共性，既无经验可借鉴，也无规律可循。

5. **社会性**　突发公共卫生事件不但是一个卫生问题，同时也是一个社会问题。社会性的表现在于突发公共卫生事件往往关系到个体、社区（系统或部门）和社会等各种主体，其影响和涉及的主体具有群体性和社会性。突发公共卫生事件的应急响应、决策管理及调查和后期处理，需要多个行业领域、部门、系统相互配合开展工作，才能有效应对，将危害降到最低。

## 三、突发公共卫生事件分类与分级

### （一）突发公共卫生事件分类

突发公共卫生事件有不同的分类方法，按照事件发生的原因、机制、过程、性质和危害对象的不同，将其分为重大传染病疫情、群体性不明原因疾病、重大食物中毒或职业中毒和其他严重影响公众健康的事件4大类。

1. **重大传染病疫情**　指某种传染病在短时间内发生，波及范围广泛，出现大量的患者或死亡病例，其发病率远远超过常年的发病率水平的情况。常有以下几种呈现类型。

（1）常见的传染病暴发：在局部地区短期内突然发生多例同一种传染病。

（2）常见的传染病流行：一个地区某种传染病发病率显著超过该病历年的发病率水平。

（3）罕见的传染病或已消灭的传染病再度发生。

（4）新发传染病的疑似病例或确诊病例出现。

**2. 群体性不明原因疾病**　指一定时间内（通常为 2 周内），在某个相对集中的区域（如同一个医疗机构、自然村、社区、建筑工地、学校等集体单位）内，同时或者相继出现 3 例及以上相同临床表现，经县级及以上医院组织专家会诊，不能诊断或解释病因，有重症病例或死亡病例发生的疾病。

**3. 重大食物中毒或职业中毒**　按照引起中毒的物质可分为：①一次中毒人数超过 30 人，或发生 1 例以上死亡的饮用水或食物中毒。②短期内发生 3 人以上或出现 1 例以上死亡的职业中毒。

**4. 其他严重影响公众健康的事件**　主要表现在以下几个方面：

（1）医源性感染暴发：药品或免疫接种引起的群体性反应或死亡事件。

（2）严重威胁或危害公众健康的水、环境、食品污染。

（3）有毒有害化学品、生物毒素等引起的集体急性中毒事件。

（4）放射性、有毒有害化学品丢失、泄漏等事件。

（5）生物、化学、核辐射等恐怖袭击事件。

（6）有潜在威胁的传染病动物宿主、媒介生物发生异常。

（7）学生中发生自杀或他杀事件，出现 1 例以上的死亡事件。

（8）上级卫生行政部门临时认定的其他重大公共卫生事件。

### （二）突发公共卫生事件分级

根据突发公共卫生事件性质、危害程度、涉及范围，突发公共卫生事件划分为特别重大（Ⅰ级）、重大（Ⅱ级）、较大（Ⅲ级）和一般（Ⅳ级）四级。

**1. 特别重大突发公共卫生事件（Ⅰ级）**　有下列情形之一的为特别重大突发公共卫生事件：

（1）肺鼠疫、肺炭疽在大、中城市发生，并有扩散趋势；或肺鼠疫、肺炭疽疫情波及 2 个以上省份，并有进一步扩散趋势。

（2）发生严重急性呼吸综合征、人感染高致病性禽流感病例，并有扩散趋势。

（3）涉及多个省份的群体性不明原因疾病，并有扩散趋势。

（4）发生新传染病或我国尚未发现的传染病发生或传入，并有扩散趋势，或发现我国已消灭的传染病重新流行。

（5）发生烈性病菌株、毒株、致病因子等丢失事件。

（6）周边及与我国通航的国家和地区发生特大传染病疫情，并出现输入性病例，严重危及我国公共卫生安全的事件。

（7）国务院卫生行政部门认定的其他特别重大突发公共卫生事件。

**2. 重大突发公共卫生事件（Ⅱ级）**　有下列情形之一的为重大突发公共卫生事件：

（1）在一个县（市）行政区域内，一个平均潜伏期内（6 天）发生 5 例以上肺鼠疫、肺炭疽病例，或者相关联的疫情波及 2 个以上的县（市）。

（2）发生严重急性呼吸综合征、人感染高致病性禽流感疑似病例。

（3）腺鼠疫发生流行，在一个市（地）行政区域内，一个平均潜伏期内多点连续发病 20 例以上，或流行范围波及 2 个以上市（地）。

（4）霍乱在一个市（地）行政区域内流行，1 周内发病 30 例以上，或波及 2 个以上市

（地），有扩散趋势。

（5）乙类、丙类传染病波及 2 个以上县（市），1 周内发病水平超过前 5 年同期平均发病水平 2 倍以上。

（6）我国尚未发现的传染病发生或传入，尚未造成扩散。

（7）发生群体性不明原因疾病，扩散到县（市）以外的地区。

（8）发生重大医源性感染事件。

（9）预防接种或群体性预防性服药出现人员死亡。

（10）一次食物中毒人数超过 100 人并出现死亡病例，或出现 10 例以上死亡病例。

（11）一次发生急性职业中毒 50 人以上，或死亡 5 人以上。

（12）境内外隐匿运输、邮寄烈性生物病原体、生物毒素造成我境内人员感染或死亡的。

（13）省级以上人民政府卫生行政部门认定的其他重大突发公共卫生事件。

**3. 较大突发公共卫生事件（Ⅲ级）**　有下列情形之一的为较大突发公共卫生事件：

（1）发生肺鼠疫、肺炭疽病例，一个平均潜伏期内病例数未超过 5 例，流行范围在一个县（市）行政区域以内。

（2）腺鼠疫发生流行，在一个县（市）行政区域内，一个平均潜伏期内连续发病 10 例以上，或波及 2 个以上县（市）。

（3）霍乱在一个县（市）行政区域内发生，1 周内发病 10~29 例或波及 2 个以上县（市），或市（地）级以上城市的市区首次发生。

（4）一周内在一个县（市）行政区域内，乙、丙类传染病发病水平超过前 5 年同期平均发病水平 1 倍以上。

（5）在一个县（市）行政区域内发现群体性不明原因疾病。

（6）一次食物中毒人数超过 100 人，或出现死亡病例。

（7）预防接种或群体性预防性服药出现群体心因性反应或不良反应。

（8）一次发生急性职业中毒 10~49 人，或死亡 4 人以下。

（9）市（地）级以上人民政府卫生行政部门认定的其他较大突发公共卫生事件。

**4. 一般突发公共卫生事件（Ⅳ级）**　有下列情形之一的为一般突发公共卫生事件：

（1）腺鼠疫在一个县（市）行政区域内发生，一个平均潜伏期内病例数未超过 10 例。

（2）霍乱在一个县（市）行政区域内发生，1 周内发病 9 例以下。

（3）一次食物中毒人数 30~99 人，未出现死亡病例。

（4）一次发生急性职业中毒 9 人以下，未出现死亡病例。

（5）县级以上人民政府卫生行政部门认定的其他一般突发公共卫生事件。

## 四、突发公共卫生事件管理工作原则

为高效、科学、规范地进行突发公共卫生事件医疗管理活动，应遵循以下基本工作原则。

**1. 以人为本，减少危害**　切实履行医院的公共卫生服务职能，把保障公众健康和生命财产安全作为首要任务，最大限度减少突发公共卫生事件造成的人员伤亡和危害。

**2. 居安思危，预防为主**　高度重视公共卫生安全工作，常抓不懈，防患于未然；增强忧患意识，坚持预防与应急相结合，常态与非常态相结合，做好应对突发公共卫生事件的各项准备工作。

**3. 统一领导，分级负责**　建立健全分类管理、分级负责，条块结合、属地管理为主的应急

管理体制，在医院党委的领导下，实行行政领导责任制，充分发挥专业应急指挥机构的作用。

**4. 依法规范，加强管理**　依据有关法律和行政法规、医院规章制度，加强应急管理，守护职工及群众的安全、健康，使应对突发公共卫生事件的工作规范化、制度化并做到全院知晓，人人有责。

**5. 快速反应，协同应对**　加强应急处置队伍建设，建立联动协调制度，充分动员和发挥相关科室的协同作用，形成统一指挥、反应灵敏、功能齐全、协调有序、运转高效的应急管理机制。

**6. 加强培训，提高素质**　充分发挥医院专家优势和各级各类专业人员的作用，提高应对突发公共卫生事件的技术水平和指挥能力，避免发生次生、衍生事件；加强宣传和培训教育工作，提高公众自救、互救和应对各类突发公共卫生事件的综合素质。

# 第二节　突发公共卫生事件护理应急管理

**榜样的力量**

突发公共卫生事件具有突然性、复杂性、破坏性和不可预测性，及时、科学地处理突发公共卫生事件与人民的生命安全与社会稳定密切相关。护理工作在突发公共卫生事件的医疗救援、治疗护理、疾病防控等各个环节发挥着至关重要的作用，因此构建全面、规范、高效的护理应急管理体系，对提高护理管理者应对突发公共卫生事件的能力，快速应对突发公共卫生事件具有重大意义。

## 一、建立护理应急管理组织架构

为提高护理管理的协同性和有效性，在医院的统一部署下，迅速成立护理应急管理工作组，可由分管院长、护理部主任担任领导组组长，负责全院护理工作统筹规划和组织指挥。可利用网格式管理模式下设工作组，工作组下设人力资源管理、护理人员培训、护理质量与安全、监测与报告、后勤保障、宣传报道等小组，按照医院统一部署，实施分级负责、属地管理的原则，落实好不同岗位护理管理人员的职责、权限，做好应急处置的组织指挥与协调工作，保障信息的畅通和各项工作落实到位，形成权责清晰、运转高效的组织架构，以便开展高效的应急救治工作。

**1. 人力资源管理**　根据突发公共卫生事件的性质，组建护理应急人力资源储备库，建立突发公共卫生事件下护理人力资源调配方案，按需进行人力资源调配，确保突发公共卫生事件发生时护理工作有序开展。同时，对参加突发公共卫生事件应急处理的护理人员，制定合理有效的激励方案。

**2. 护理人员培训**　开展突发公共卫生事件的继续教育，使临床护士掌握突发公共卫生事件护理学相关知识和技能，提高护士应对突发公共卫生事件的救护能力；利用急诊、重症、血液透析中心等专科护理培训基地，开展救援专科护理技术培训；充分应用精神心理专科资源，加强公共卫生事件状态下的心理素质训练；拓宽急救培训内容与考核，全面提高应对突发公共卫生事件的综合素质。

**3. 护理质量与安全**　负责拟定、修改和完善突发公共卫生事件医院护理质量管理方案、护理管理制度、护理工作流程与预案、护理质量评价标准、考核办法和持续改进方案；负责督导各项护理管理方案、规章制度落实，建立质量可追溯机制，定期检查及评价。针对护理过程中存在的质量问题和安全隐患，及时处理，并落实改进措施。

**4. 监测与报告**　联合其他部门，开展突发公共卫生事件的日常监测与预警，以保障监测与预警系统的正常运行；完成突发公共卫生事件信息的收集、分析、报告、通报，根据突发公共卫生事件的类别，制订监测计划，科学分析、综合评价监测数据；对早期发现的潜在隐患及可能发生的突发事件，按照国家规定的报告程序和时限及时报告。

**5. 后勤保障**　指导临床科室做好应急物资储备，与相关部门协调应急物资的调拨及紧急配送，完善应急工作程序，确保应急所需物资及时供应，并加强对物资储备的监督管理，及时予以补充和更新。

## 二、制定护理管理制度

为了有效预防、及时控制和消除突发公共卫生事件的危害，规范应急护理处置，最大限度减少损失、保障护理人员和人民群众的身体健康和生命安全，根据突发公共卫生事件的性质、发展趋势等特点，结合《突发公共卫生事件应急条例》《中华人民共和国传染病防治法》制定有针对性的应急制度，以保证紧急处理、患者转运、病情观察、安全防护、消毒隔离等措施能够具有实用性、规范性和可操作性。以新冠感染为例，制定的相关制度应包括但不限于以下相关制度。

（1）突发公共卫生事件护理工作制度。
（2）突发公共卫生事件应急报告与处置护理制度。
（3）突发公共卫生事件护理人力资源调配管理制度。
（4）突发公共卫生事件病区应急物资管理制度。
（5）突发公共卫生事件健康促进与危机干预护理制度。
（6）传染病患者入院管理制度传染病患者住院管理制度。
（7）传染病患者出院管理制度。
（8）传染病患者出院随访制度。

## 三、制定应急预案

应急预案是针对重大事件或灾害，保证迅速、有序、有效地开展救援行动，降低事故损失而预先制订的相关计划，是应急救援工作的指导性文件。应急预案管理是对预案进行编制、执行、评估、修订、完善的过程，是应急救援高效、有序开展的基础和保障。医院中的应急预案包括总体应急预案和专项应急预案。

护理管理领导小组应组织人力根据突发公共卫生事件的特点、发生风险和可能造成的危害，在开展风险评估和应急资源调查的基础上，制定包括目标、策略及为实现目标需要采取的措施的分项应急预案。其内容包括启动突发公共卫生事件应急预案、护理人力资源紧急调配应急预案、护理人员职业暴露应急预案、医护人员心理疏导应急预案、隔离病区突发紧急事件应急预案、物资调配应急预案等。应急预案在制定时要注意体现应急工作的组织指挥体系与职责、应对措施、处置流程和保障措施等内容，并具有可操作性。

## 四、组建应急护理队伍

突发公共卫生事件发生时，护理队伍在医疗机构收容和治疗患者、病源查寻和病因诊断、控制传播，以及紧急支援疫区等多重任务中发挥了极大作用。如何在突发公共卫生事件中做好应急下的护理人力资源管理，科学、合理调配护理人力，满足公共卫生事件救治需求，是当前护理管理者所面临的关键问题。

**1. 应急护理队伍选拔原则**　在发生突发公共卫生事件时，护理人员作为医疗团队的中坚力量，在合适岗位安排合适的人员充分调动其主观能动性，对于公共卫生事件的响应、患者的医疗救治、医疗团队的协调、防护物资的管理等方面能够起到关键作用。因此，运用"人岗相宜"的护理人力资源管理理念，在突发公共卫生事件中组建应急护理队伍显得尤为重要。应根据突发公共卫生事件的性质、发展趋势、所需人力资源结构、现有人力资源来源、工作量等数据进行预测人力资源分布和数量，在院区内选拔业务能力强、身心素质好、工作责任心强、具有奉献精神的护理人员纳入医院护理应急队伍，优先选择具有急诊科、重症监护室、呼吸科、骨科、普外科、感染科等相关科室工作背景的人员。

**2. 应急护理队伍管理策略**　在突发公共卫生事件发生时，会投入大量、专业的护理管理人员和护理人员。通过制定科学、合理的应急护理人力资源管理策略，有条不紊地应对突发公共卫生事件，可将突发公共卫生事件对广大人民群众的身心健康、日常生活等影响降到最低。应急护理人力资源管理策略如下所述。

（1）建立组织构架：有序组织、科学指挥、高效执行在应对突发公共卫生事件中能够起到事半功倍的效果，因此，及时成立应急护理管理团队非常重要。突发公共卫生事件发生后，应在第一时间成立护理应急领导小组，全面负责应急工作的部署与落实，明确团队每个成员的职责，建立沟通协调机制，及时准确掌握突发公共卫生事件发展情况。应急人力资源由应急领导组统一指挥。

（2）预测人力需求：应急人力资源需求的预测在应对突发公共卫生事件中是必不可少的环节之一。预测护理人力资源需求是基于应急公共卫生事件的性质、发展趋势、现有人力资源结构、现有人力资源来源、工作量等信息或数据，通过数据分析预测应急人力资源的分布和数量，从而科学制定应急护理人力资源的调配方案与应急预案。预测人力需求的同时还需要了解护理人员对突发公共卫生事件知识与技能的储备情况，针对性地开展相关培训与演练，让护理人员充分了解和掌握岗位职责、岗位要求、岗位技能、岗位标准等，从而能更好地服务患者，也能更好地保障自身安全。

（3）制定调配方案：任何一种类型的突发公共卫生事件都具有一定的特殊性和专业性，因此，在制定应急人力资质条件时要考虑护理人员的专业能力、协调能力、学习能力、管理能力、抗压能力、身体条件等素养，从而达到胜任岗位的目标。护理应急队员的分配应考虑护理应急队员的来源科室、工作年限、层级等相关情况，进行平衡分配，建立应急梯队，以确保后备护理力量充足。应急梯队成员平时参加本科室工作，应急时担任救护工作。发生突发事件，需要调配应急队伍人员时，根据具体情况可按梯队整体调配，提高调配效率。建议分梯队扩建护理应急队伍，推进应急培训与常态培训相结合，多维度、多角度培训，线上线下联动，理论操作结合。注重人才培养，独立建立平战结合的护理应急队伍。

（4）动态调整资源：疫情期间，疫情的发展趋势、患者的病情变化、护士的身心状态等都在不断变化。为了适应不断演变的疫情形势，应急领导小组应建立上下联动机制，运用网格化管理理念，将应急护理人力资源按职务、岗位、专科、专业、工作范畴等进行分类、点对点管理，通过数据的分析与处理，及时、准确地了解人力资源的运行情况，以及护理人员的身体与心理状态，及时给予调整与干预，保障护士的身心健康，从而实现高效应对、资源共享的目的。

**拓展阅读**　护理应急队伍建设及效果分析

## 五、开展应急培训与演练

随着《"健康中国 2030"规划纲要》的提出，护理人员在促进公共健康方面被赋予了更高使命，而突发公共卫生事件由于其突发性强、影响范围广、公众关注度高，成为威胁公众健康的重大隐患。培养护士能够胜任医疗应急救援工作所需能力非常重要。

1. **课程设置**　一线护理人员是突发公共卫生事件护理工作的中坚力量，他们承担着公共卫生事件救援的重任，对急救护理理论和技能培训有着非常高的需求。有研究表明，急诊科及重症监护室护士的应变能力及观察力较其他科室护士更为出色。近年来，我国突发公共卫生事件不断发生，提高护士应急护理综合能力、设置相关继续教育课程已成为十分紧迫的问题。此外，在校护理学生是未来护理人才的储备库，是应对突发公共卫生事件的基石。在日本，护理教育者普遍认识到在校早期开展突发公共卫生事件护理培训的必要性，致力于相关护理基础教育的研究。美国、英国等国家也开设了备灾护理的选修课，并专门设置了该专业硕士学位。我国开设此类培训课程较晚，当前阶段仅有少数护理院校设置了相关课程。设置系统化的应急培训课程成为未来的发展趋势。

2. **培训内容和形式**　一般包括突发公共卫生事件的专业知识、疾病特征、急救知识与技能、自我安全防护知识、基础理论与技能、专科护理技能。此外，心理知识培训也越来越被重视。值得注意的是，培训内容并非一成不变，医院应该进行实时更新。培训形式主要包括案例分析、小组讨论、角色扮演、模拟教学、演习、讲授法等，培训模式分为线上教学、线下教学及混合式教学。

3. **培训时间**　突发公共卫生事件培训时间往往基于不同的临床情景。我国援助利比里亚抗击埃博拉出血热时，医疗队在出发前开展了为期一周的紧急培训项目。美国南卡罗来纳州的紧急反应健康专业培训中心基于胜任力模型开发了一套结合讲授法、小组讨论和情境模拟的 5 小时应急准备培训课程，用于提高卫生专业人员应急能力。美国宾夕法尼亚州公共卫生协会则每两年举办一次专题研讨会，为期 3～5 天，聚焦于新发传染病。总而言之，尽管不同的公共卫生事件培训项目的时间不同，但以短期、集中式培训为主。

4. **培训模型应用**　突发公共卫生事件培训应遵循培训的基本流程，确保培训规范化、系统化、结构化，以达到培训对象快速掌握和应用的目的。所以，在突发公共卫生事件的培训中，应依托高度灵活的培训模型建立可持续发展的应急培训体系，以适应差异化培训和不断优化的培训需求。借鉴成熟的培训模型（如常用于医护人员培训的柯氏评估模型、KSA 能力模型、Miller 能力金字塔模型、VARK 学习风格模型、角色转变冲击模型等）是重要基础。其中，ADDIE 模型（分析、设计、开发、实施、评价）和 CIPP 模型（背景、输入、过程、成果）因其对评估的系统性强调，尤其值得关注。在优化应用的 ADDIE 模型和原生设计的 CIPP 模型中，评估活动贯穿培训全过程，从全局角度对培训实施进行系统性监控，从而有效推动后续改进。这一特性使它们更契合突发公共卫生事件应急培训具有的突发性和多变性特点。

模拟演练是实践、培训、监视或评估能力的一种形式，开展突发事件应急演练使人们能够练习其角色和功能，并有助于开发、评估和测试应急系统及其程序和机制的功能和能力，以应对疫情和突发卫生事件。应急演练应结合医院特点，架构理论知识框架，涵盖急救、急救配合、灾害后护理、自我防护、医院感染控制，从理论培训、技能培训、心理培训三个方面，明确培训演练的内容、标准和方式，组织编制培训大纲和教材、演练示范脚本库和案例库等，提高培训演练的系统性、针对性和实用性。紧急状态下可遵循"边培训、边使用"的原则，因地

NOTE

制宜地做好岗前培训和在岗培训的有效结合，持续强化培训效果。

**拓 展 阅 读**　综合医院新型冠状病毒院内感染防控规范化培训方案的制订与实施

### 六、制定应急管理评价指标

为了有效应对公共卫生突发事件，医院必须定期评估和更新其应急培训课程，以确保应对人员的需求与应对事件保持一致。通过应急管理体系应急流程演练测试进行应急管理体系有效性评价，并从要素内容的完备性、组织机构的全面性、职责分配的明确性、人员梯队的专业性、应对措施的可行性、保障措施的完善性、应急响应的及时性、应急体系衔接的协调性等方面进行评价，不断完善修订应急管理体系。

## 第三节　突发公共卫生事件中护理管理面对的任务与挑战

### 一、突发公共卫生事件中护理管理的任务

突发公共卫生事件发生时，病例数快速增加，患者病情危重，救治压力大，对防护物资、医用物资、护理人力需求量大且十分急迫。护理管理者充分发挥护理领导力，整合资源，有效协调各方力量、构建护理应急管理组织、提升护士的工作投入度和自我价值感，是护理资源短缺时最大化人力资源效能、确保救治患者工作高效开展和有序进行的关键环节，也是做好突发公共卫生事件常态化防控的必然要求。主要任务包括以下几个方面。

**（一）快速高效地组建队伍**

护理管理部门应不断改革完善疾病预防控制体系，建立可持续的护理支援梯队，创新医防协同机制，增强早期监测预警能力、应急处置能力、综合救治能力。面对突发公共卫生事件，需要打造一支结构合理、业务全面、完全投入和敢为人先的应急护理队伍。根据突发公共卫生事件的特点与性质，明确准入标准，根据需求建立应急梯队，均衡配置护理人力，注重新老搭配、专业协同互补，发挥各层级、各专业护理人员的能力和特长。对工作量等进行持续监测，动态评估岗位性质和人员素质需求，制订护理人力储备和支援计划，有序安排关于应急岗位任务相关培训、演练和考核工作。

**（二）充分协调各方力量**

突发公共卫生事件发生时，医院会激活应急管理系统，形成多区域、多部门联合应急响应。护理管理者应充分调动各项资源协同开展工作，在领导小组的调配下，最大限度地整合人力、物力、财力资源。构建包括人力资源应急管理方案、感染防控精细化管理方案、应急物资管理方案、心理危机多形式干预方案、志愿者服务管理方案等综合性护理应急管理方案，细化相应的措施和策略，衔接好各个环节，练就平战结合，确保一旦发生应急事件可及时采取应急处置，实施精准应对。

**（三）加强质量管理**

制定应急护理工作方案及规章制度，落实"早发现、早报告、早隔离、早治疗"的"四早"原则，加强疫情监测与预警；明确救援中的护理实践范畴，制定护理管理、临床护理、消毒隔离等各项规章制度。根据事件类型及进展，阶段性调整质量管理重点，关注重点人员、重点环节、重点时段，有针对性地开展专项质量督察，抓紧抓实临床护理质量，点面结合，同质化提升护理专业技术，保障患者安全。

#### （四）保障护理人员身心健康

应对突发公共卫生事件时，一线护理人员在不同阶段会经历紧张、兴奋、恐惧与焦虑、挫败与无奈的心理体验。因此，护理管理者要持续关注应急护理人员的心理健康，动态评估其心理问题，迅速并持续地为一线护士提供心理援助活动，疏导救援人员的情绪，提供全周期、个性化和综合性相结合的心理援助，合理安排应急救援人员工作强度和工作时间，有计划地进行人员轮岗，维护他们的身心健康。

## 二、突发公共卫生事件中护理管理面临的挑战

#### （一）提升护理应急管理能力

突发公共卫生事件发生时，如何在护理工作量陡增、防护要求提高、危险系数增加的情况下保证护理质量，保障医护人员和患者的安全，是护理工作面临的重大挑战。护理管理中的应急反应水平和组织管理效率直接影响对突发公共卫生事件应对效果，因此应注重培养护理管理者早期识别风险能力、危机管理意识，确保一旦发生应急事件，可及时采取应急处置措施，实施精准处置。

#### （二）增加专科护士的数量

专科护士是在某一特殊或专门的护理领域具有较高水平和专长的专家型临床护士。在抗击新型冠状病毒疫情过程中，重症、呼吸、血透、感染等专科护士队伍，对危重症新冠肺炎患者的成功救治发挥了重要作用。但由于新冠肺炎传播速度快，感染患者逐渐增多，具有呼吸内科、感染科、重症监护室专业经验的护士已不能满足需求，不得不抽调其他专业的护士驰援一线，而他们缺乏此类疾病的系统知识及护理经验，虽经过短暂培训，但仓促上阵还是会延长他们适应发热门诊和隔离病区新环境、新任务的时间。因此，建议各级医院建立并完善护理应急人员库，培养一定数量的具有重症救治护理能力的专科护士，能够熟练掌握重症救治技术，如ECMOCRRT、动脉采血等，在公共卫生事件医疗救治中应对自如。未来，在护理专业人才培养方面应更加完善专科护士培训和管理制度，加快专科护士培养，提升专科护士新技术掌握能力、护理领导能力及实战应急服务能力，推进专科护士的发展。

#### （三）完善应对突发公共卫生事件的应急护理管理体系

公共卫生事件应急管理体系指为了有效预防、及时控制和消除突发公共卫生事件的危害，保障公众身体健康与生命安全，维护正常的社会秩序，依据《突发公共卫生事件应急条例》采取一系列应对措施的综合管理体系。突发公共卫生事件的突发性和紧迫性，就决定了建立健全公共卫生事件应急管理体系的必要性。护理应急管理体系的科学性、全面性及实践性，要求护理管理者应不断致力于突发事件护理应急预案的编制、培训、演练、修订，以不断提高护理人员应对突发事件的现场急救和医疗救治能力，同时也应该在以下几个方面不断进行探索，这样才能真正在突发事件发生后采取及时有效的措施，降低突发事件带来的危害。

**1. 建立突发公共卫生事件的预警机制**　通过预警机制的建立，能够在突发公共卫生事件发生初期，快速启动应急人力资源的响应机制，从而保证有目的、有计划、有序地对各层级的护理人员开展系统化、有针对性的培训。

**2. 建立一线护理人员心理评估前馈机制**　通过制作应急事件护士心理准备度量表，提前对一线护士进行心理测试，筛选并淘汰掉心理应对能力较差的护理人员，避免不必要的人力资源调配，以及给工作带来的不利影响。

**3. 高校或医疗机构开设突发公共卫生事件的相关课程**　向所有在校学生、医疗机构医务

人员、社区护士、居民普及公共卫生事件的相关知识，增加其相关知识储备，并在一定范围内开展公共卫生事件的演练，积累实战经验。

**临床链接**

### 急诊室的故事

急诊是医院重要的服务窗口。无论是在各类突发公共卫生事件，还是在日常救治急症病人中，急诊护士都承担着重要角色。这是一个真实发生在急诊室的故事，在完善的突发卫生公共事件的应急预案流程指导下，以急诊为主导，全院上下联动，有效配合，圆满完成了23名伤者的妥善安置和救治。结合此事件，请思考：

1. 这个案例的完美结果，你认为得益于哪些方面的管理？
2. 如果你身在其中，应具备哪些综合能力？

（仲崇丽）

---

**🌐 数字资源详见新形态教材网**

| 🔥 编者导学 | 🎯 学习目标 | ▶ 教学课件 | 🎧 微视频 | 📊 案例 |
| 📖 临床链接 | 💻 拓展阅读 | 📄 自测题 | 🎤 榜样的力量 | 📚 管理箴言 |

NOTE

# 第十二章
# 护理管理与医疗卫生法律法规

 编者导学

 学习目标

**章前导学**

　　法通过规定人们在法律上的权利和义务，以及违反法的规定应承担的责任对人们的行为起到普遍的指导作用。习近平总书记在党的二十大报告中聚焦坚持全面依法治国。医疗卫生法律法规是医疗卫生行业依法执业的准绳，可以维护正常医疗卫生工作的开展，并提高医疗质量。护理相关法律明确了护理人员的地位、作用和职责范围，使其在行使护理工作权力、履行义务与职责时，能够最大限度地得到法律的保护、获得国家的支持及人民的尊重。这是任何人不得随意侵犯和剥夺的。同时，护理管理的法治化保证了护理工作的稳定性及连续性，防止护理差错事故的发生，保证了护理工作的安全及护理质量的提高。

　　1994年1月1日起实施的《中华人民共和国护士管理办法》第二十四条规定："护士在执业中得悉就医者的隐私，不得泄露，但法律另有规定的除外。"2020年3月27日修订的《护士条例》第十八条规定："护士应当尊重、关心、爱护患者，保护患者的隐私"，第三十一条中规定若护士泄露患者隐私将"由县级以上地方人民政府卫生主管部门依据职责分工责令改正，给予警告；情节严重的，暂停其6个月以上1年以下执业活动，直至由原发证部门吊销其护士执业证书"。

　　2017年至2021年间，国务院办公厅、国家卫健委、国家医保局等相关单位连续出台了《中华人民共和国网络安全法》《中华人民共和国数据安全法》《中华人民共和国个人信息保护法》等一系列互联网隐私保护相关文件。

**拓展阅读**　互联网隐私保护相关文件表

## 第一节　护理法律法规概述

　　法律是由国家制定或认可，并以国家强制力保证实施的，反映由特定物质生活条件所决定的统治阶级意志，以权利和义务为内容，以确认、保护和发展对统治阶级有利的社会关系和社会秩序为目的的行为规范体系，是维护国家稳定、各项事业蓬勃发展的最强有力的武器，是捍卫人民群众权力和利益的工具。

 NOTE

### 一、护理法律法规基础知识

#### （一）法律的基本概念

**1. 法（law）** 是由国家制定或认可，以权利义务为主要内容，由国家强制力保证实施的社会行为规范及其相应的规范性文件的总称。法作为一种特殊的社会规范，是人类社会发展的产物。

**2. 法律（law statute）** 是由享有立法权的立法机关行使国家立法权，依照法定程序制定、修改并颁布，并由国家强制力保证实施的基本法律和普通法律的总称，包括基本法律、普通法律。法律可以划分为宪法、法律、行政法规、地方性法规、自治条例和单行条例。

**3. 宪法（constitution）** 是国家的根本大法，它规定国家制度和社会制度最基本的原则、公民基本权利和义务、国家机构的组织及其活动的原则等。法律是从属于宪法的强制性规范，是宪法的具体化。宪法是国家法的基础与核心，法律则是国家法的重要组成部分。

**4. 法规（laws and regulations）** 指法律、法令、条例、规则、章程等法定文件的总称，是由全国人民代表大会常务委员会制定并通过后，由国务院总理签署国务院令公布。法规具有全国通用性，是对法律的补充，在条件成熟时会被补充进法律，其地位仅次于法律。法规多称为条例，也可以是全国性法律的实施细则，如《中华人民共和国治安管理处罚条例》《专利代理条例》等。

**5. 规章（rules，regulations）** 指国务院组成部门及直属机构，省、自治区、直辖市人民政府及省、自治区政府所在地的市和设区市的人民政府，在其职权范围内，为执行法律法规而制定的具有行政约束力和道德行为准则的规范性文件。这些规章仅在本部门的权限范围内有效。例如，国家市场监督管理总局制定的《药品注册管理办法》。

#### （二）法律的基本特征

法律体现国家统治阶级的意志，有以下基本特征。

**1. 国家意志性** 法律由国家制定或认可，体现国家意志和利益。这一特性确保了法律的权威性和效力，使其成为全体公民必须遵守的行为准则。

**2. 普遍适用性** 在一定范围内，无论个人身份、地位、种族、信仰有何差异，法律都对其具有普遍约束力。这一特性有助于维护社会的公平和正义，确保每个人都能在法律的保护下享有平等的权利和义务。

**3. 行为规范性** 法律为人们的行为提供具体的标准和方向，明确规定人们的行为准则。这种规范性使得法律具有明确性和可操作性，有助于减少社会冲突和纠纷。

**4. 权利与义务的一致性** 法律规定权利的同时必然伴随着相应的义务，这是法律公平和正义的体现。这种一致性有助于维护社会秩序和平衡，确保公民权利得到有效保障。

**5. 国家强制性和程序性** 法律的实施以国家强制力为后盾，对违反法律的行为进行相应的惩罚和制裁。同时，法律的制定和实施需遵循严格的程序和规范，以保证法律的公正性和合法性。这种程序性有助于减少权力的滥用和维护公民的合法权益。

管理箴言

#### （三）法律的作用

法律的作用可以分为规范作用和社会作用。规范作用是从法是调整人们行为的社会规范这一角度提出来的，社会作用是从法在社会生活中要实现一种目的的角度来认识的。规范作用是手段，社会作用是目的。

1. **规范作用** 包括指引、评价、教育、预测及强制作用。①指引作用：指法作为一种行为规范，为人们提供某种行为模式，指引人们可以这样行为、必须这样行为或不得这样行为，从而对行为者本人的行为产生影响。②评价作用：指法作为一种社会规范具有判断、衡量他人行为是否合法或有效的作用。③教育作用：指通过法的实施，法律规范对人们的行为发生直接或间接的诱导影响。④预测作用：指根据法律规范的规定，事先估计当事人双方将如何行为及行为的法律后果，从而对自己的行为作出合理的安排。可以预测即将作出的行为的后果，即主体可以事先预计自己或他人的行为及其法律后果，也可以预知国家对某种行为的态度。⑤强制作用：指对于违法者，法律以国家强制力予以制裁、惩罚。法律的强制作用是法律其他作用的保证。

2. **社会作用** 包括法律的政治作用、经济作用及社会公共作用。①政治作用：指维护国家统治、保障国家正常运行、规范政权组织形式和社会根本制度等。②经济作用：指法律通过规定国家的经济制度、制定国家经济运行政策等一系列方式，规范国家经济的运行，包括各种商法、经济法等。③社会公共作用：指法律在社会公共事务管理方面，维护人类基本生活条件、确认技术规范等方面的作用。

## 二、卫生法体系与护理法

### （一）我国的卫生法体系

1. **卫生法（health law）** 指由国家制定或认可的，并有国家强制力作保证，以调整人们在医疗卫生活动中各种社会关系和行为规范的总和，是我国法律体系的重要组成部分。立法目的在于维护国家安全，维护卫生事业的公益性地位，及时有效地控制突发性公共卫生事件，维护卫生事业健康有序地发展。目前，我国尚未制定统一的卫生法典，但已形成以《中华人民共和国基本医疗卫生与健康促进法》为核心的卫生法律体系。

2. **医政法（medical law）** 指国家制定的用以规范国家医政活动和社会医事活动，调整因医政活动而产生的各种社会关系的法律法规的总称，是卫生法中很重要的一部分。医政法具有4个特点：①以保护公民的生命健康权为根本宗旨；②跨越卫生法和行政法两大法律体系；③社会管理功能显著；④技术规范多。我国目前还没有一部医政法，而是由医政、药理相关的法律、行政法规、规章等法规性文件和有关规范性文件，以及相关法律制度共同组成医政管理法规体系。

3. **护理法（nursing law）** 是由国家制定的，用以规范护理活动（如护理教育、护士注册和护理服务）及调整这些活动而产生的各种社会关系的法律规范的总称，属于医政法律体系的一部分。目前我国尚未颁布护理法，现在执行的是《护士条例》和护理相关法规、规章制度及政策。

### （二）《护士条例》

1.《护士条例》的发布、施行与修订 2008年1月23日国务院第206次常务会议通过，2008年5月12日开始实施。2020年3月27日，根据《国务院关于修改和废止部分行政法规的决定》予以修订。修订后的《护士条例》共6章35条，包括总则、执业注册、权利和义务、医疗卫生机构的职责、法律责任和附则。

2.《护士条例》的特点

（1）明确了政府在护理管理中应加强宏观监督管理。

（2）强化医疗卫生机构的职责。

（3）充分保障护士的合法权益。

（4）强化了护士的权利和义务。

（5）调整了护理执业规则，护士执业操作中必须遵循的行为规范。

（6）明确了卫生行政机关、医疗卫生机构、护士和他人侵犯护士权益等层面的法律责任。

《护士条例》的制定和实施为维护护士的合法权益，规范护理行为，促进护理事业发展，保障医疗护理安全和人民健康提出了行为准绳，使护士在执业活动中有法可依、有章可循，同时也填补了我国护士立法的空白。

**3. 护士的执业权利和义务** 我国首部保护护士劳动权益的法规《护士条例》出台，为保障护士的合法权益筑起了强有力的法律保证，让护理人员维权有法可依，其明确指出护士具有以下权利。

（1）护士的执业权利包括以下几方面。

保障护士的工资、福利待遇：《护士条例》规定，护士执业按照国家有关规定有获取工资报酬、享受福利待遇、参加社会保险的权利。任何单位或个人不得克扣护士工资，降低或取消护士福利待遇。对在艰苦边远地区工作，或者从事直接接触有毒有害物质、有感染传染病危险工作的护士，所在医疗卫生机构应当按照国家有关规定给予津贴。

卫生防护与医疗保健服务：护士执业有获得与其所从事的护理工作相适应的卫生防护、医疗保健服务的权利。从事直接接触有毒有害物质、有感染传染病危险工作的护士，有依照有关法律、行政法规的规定接受职业健康监护的权利；患职业病的，有依照有关法律、行政法规的规定获得赔偿的权利。

职称晋升和参加学术活动的权利：护士有按照国家有关规定获得与本人业务能力和学术水平相应的专业技术职务、职称的权利；有参加专业培训、从事学术研究和交流、参加行业协会和专业学术团体的权利。

接受教育和参加培训的权利：接受培训既是护士的权利，也是护士的义务。《护士条例》规定医疗卫生机构应当制定、实施本机构护士在职培训计划，并保证护士接受培训。护士培训应当注重新知识、新技术的应用；根据临床专科护理发展和专科护理岗位的需要，开展对护士的专科护理培训。

执业知情权、建议权：护士作为医疗机构的主体，作为医疗行为的主要参与者，在执业过程中应当享有与医师同样的权利。执行护理任务的护士只有充分了解患者疾病诊疗、护理等相关信息，才可能把护理工作做得更全面、具体，才能保障患者安全及提升护理质量。护理人员在实际工作中感知到我国医疗卫生改革中的问题，有权利向医疗卫生机构和卫生主管部门提出意见和建议。这也是宪法赋予公民的言论自由、参政议政权利的具体体现。

护士的其他执业权利：在护士培训、医疗机构配备护理人员的比例、政府对护理人员表彰等方面，要充分体现对护理人员权利的保障。

**榜样的力量**

（2）护士的义务包括以下几方面。

依法执业义务：护士执业时应遵守法律法规、规章和诊疗技术规范的规定，履行对患者、患者家属及社会的义务。例如，担任护理工作的人必须具有护士执业资格，严格按照规范进行护理操作；为服务对象提供良好的环境，确保其舒适和安全；主动征求服务对象及家属的意见，及时改进工作中的不足；认真执行医嘱，注重与医生之间相互沟通；积极开展健康教育，指导人们建立正确的卫生、健康观念和培养健康行为，唤起民众对生命及健康的重视，促进地区或国家健康保障机制的建立和完善。

紧急处置义务：护士在执业活动中发现患者病情危急时，应立即通知医师，以便医师尽早对患者的病情做出准确的判断，提出更为专业的救治方案；在紧急情况下为抢救垂危患者生命，应当先行实施必要的紧急救护，不能坐等医师的到来或被动执行医嘱。

问题医嘱报告义务：护士发现医嘱违反法律法规、规章或诊疗技术规范规定时，应及时向开具医嘱的医师提出；必要时，应向该医师所在科室的负责人或者医疗卫生机构负责医疗服务管理的人员报告。护士在执行医嘱过程中可能发现以下情况：①医嘱书写不清楚；②医嘱书写有明显错误，包括医学术语错误和剂量、用法错误；③医嘱内容违反诊疗常规、药物使用规则；④医嘱内容与平常医嘱内容有较大差别；⑤其他医嘱错误或有疑问者。此时，护士应当：①向开具医嘱的医师提出，要求该医师核实，经核对无误应当由医师签字确认；②在向开具医嘱的医师提出疑问后医师未予理睬，或者找不到开具医嘱的医师时，护士应当向该医师所在科室的负责人或者医疗卫生机构负责医疗服务管理的人员报告。

**案例**　护士不能机械地执行医嘱

尊重关爱患者、保护患者隐私的义务：护士应当尊重、关心、爱护患者，保护患者的隐私。

**拓展阅读**　医院环境下患者的隐私

服从国家调遣的义务：护士是国家的卫生资源，其个人执业具有一定的公益性。护士有义务参与公共卫生和疾病预防控制工作。发生自然灾害、公共卫生事件等严重威胁公众生命健康的突发事件时，护士应当服从县级以上人民政府卫生主管部门或者所在医疗卫生机构的安排，参加医疗救护。

# 第二节　与护理管理相关的法律法规简介

## 一、《医疗机构管理条例》

《医疗机构管理条例》为加强对医疗机构的管理，促进医疗卫生事业的发展，保障公民健康而制定，是我国医疗机构管理法律体系的主干，是纲领性法规。它明确规定了我国医疗机构管理的基本内容，必须遵守的规范，以及违反有关规定的法律责任，由国务院于 1994 年 2 月 26 日发布，自 1994 年 9 月 1 日起施行。2016 年 2 月 6 日国务院令第 666 号、2022 年 3 月 29 日国务院令第 752 号分别予以修订。条例共 7 章、55 条，包括总则、规划布局和设置审批、登记、执业、监督管理、罚则和附则七个部分。《医疗机构管理条例》强调了以下几个要点。

（1）任何单位或者个人，未取得《医疗机构执业许可证》或者未经备案，不得开展诊疗活动。

（2）医疗机构执业，必须遵守有关法律法规和医疗技术规范。

（3）医疗机构必须将《医疗机构执业许可证》、诊疗科目、诊疗时间和收费标准悬挂于明显处所。

（4）医疗机构必须按照核准登记或者备案的诊疗科目开展诊疗活动。

（5）医疗机构不得使用非卫生技术人员从事医疗卫生技术工作。

（6）医疗机构应当加强对医务人员的医德教育。

（7）医疗机构工作人员上岗工作，必须佩戴载有本人姓名、职务或者职称的标牌。

（8）医疗机构对危重患者应当立即抢救。对限于设备或者技术条件不能诊治的患者，应当及时转诊。

## 二、《中华人民共和国传染病防治法》

《中华人民共和国传染病防治法》由第七届全国人民代表大会常务委员会第六次会议于1989年2月21日通过，自1989年9月1日起施行。2004年8月28日第十届全国人民代表大会常务委员会第十一次会议修订。根据2013年6月29日第十二届全国人民代表大会常务委员会第三次会议《关于修改〈中华人民共和国文物保护法〉等十二部法律的决定》修正。新修订的《中华人民共和国传染病防治法》共九章八十条，分别就传染病预防、疫情报告、通报和公布、疫情控制、医疗救治监督管理等作了修订和说明。2020年1月20日，经国务院批准，国家卫生健康委员会发布公告将新型冠状病毒肺炎纳入乙类传染病，并采取甲类传染病的预防、控制措施。2020年10月2日，国家卫生健康委员会发布《中华人民共和国传染病防治法》（修订草案征求意见稿），明确提出甲乙丙三类传染病的特征。该意见稿同时提出，任何单位和个人发现传染病患者或者疑似传染病患者时，应当及时向附近的疾病预防控制机构或者医疗机构报告，可按照国家有关规定予以奖励；对经确认排除传染病疫情的，不予追究相关单位和个人责任。

1. **传染病的分类**　本法规定的传染病分为三类。

（1）甲类传染病包括鼠疫、霍乱。

（2）乙类传染病包括严重急性呼吸综合征、艾滋病、病毒性肝炎、脊髓灰质炎、人感染高致病性禽流感、麻疹、流行性出血热、狂犬病、流行性乙型脑炎、登革热、炭疽、细菌性和阿米巴性痢疾、肺结核、伤寒和副伤寒、流行性脑脊髓膜炎、百日咳、白喉、新生儿破伤风、猩红热、布鲁氏菌病、淋病、梅毒、钩端螺旋体病、血吸虫病、疟疾。乙类传染病新增人感染H7N9禽流感和新型冠状病毒肺炎两种。

（3）丙类传染病包括流行性感冒、流行性腮腺炎、风疹、急性出血性结膜炎、麻风病、流行性和地方性斑疹伤寒、黑热病、包虫病、丝虫病，除霍乱、细菌性和阿米巴性痢疾、伤寒和副伤寒以外的感染性腹泻病。

（4）国务院卫生行政部门根据传染病暴发、流行情况和危害程度，可以决定增加、减少或调整乙类、丙类传染病病种并予以公布。

（5）对乙类传染病中严重急性呼吸综合征、炭疽中的肺炭疽和人感染高致病性禽流感，采取本法所称甲类传染病的预防、控制措施。

（6）其他乙类传染病和突发原因不明的传染病需要采取本法所称甲类传染病的预防、控制措施的，由国务院卫生行政部门及时报经国务院批准后予以公布、实施。省、自治区、直辖市人民政府对本行政区域内常见、多发的其他地方性传染病，可以根据情况决定按照乙类或者丙类传染病管理并予以公布，报国务院卫生行政部门备案。

2. **传染病预防、控制预案**

（1）传染病预防控制指挥部的组成和相关部门的职责。

（2）传染病的监测、信息收集、分析、报告、通报制度。

（3）疾病预防控制机构、医疗机构在发生传染病疫情时的任务与职责。

（4）传染病暴发、流行情况的分级及相应的应急工作方案。

（5）传染病预防、疫点疫区现场控制，应急设施、设备、救治药品、医疗器械及其他物资和技术的储备与调用。

3. 传染病救治

（1）医疗机构应当对传染病患者，或者疑似传染病患者提供医疗救护、现场救援和接诊治疗。

（2）书写病历记录及其他有关资料，并妥善保管。

（3）实行传染病预检、分诊制度。

（4）对传染病患者、疑似传染病患者，应当引导至相对隔离的分诊点进行初诊。

（5）不具备相应救治能力的，应当将患者及其病历记录复印件一并转至具备相应救治能力的医疗机构，具体办法由国务院卫生行政部门规定。

4. 传染病疫情报告

（1）疾病预防控制机构、医疗机构和采供血机构及其执行职务的人员发现本法规定的传染病疫情或者发现其他传染病暴发、流行及突发原因不明的传染病时，应当遵循疫情报告属地管理原则，按照国务院规定的或者国务院卫生行政部门规定的内容、程序、方式和时限报告。

（2）任何单位和个人发现传染病患者或者疑似传染病患者时，应当及时向附近的疾病预防控制机构或者医疗机构报告。

（3）地方各级人民政府未依照本法的规定履行报告职责，或者隐瞒、谎报、缓报传染病疫情，或者在传染病暴发、流行时，未及时组织救治、采取控制措施的，由上级人民政府责令改正，通报批评；造成传染病传播、流行或者其他严重后果的，对负有责任的主管人员，依法给予行政处分；构成犯罪的，依法追究刑事责任。

5. 医疗机构疫情控制的职责范围

（1）发现甲类传染病时应当采取的措施：对患者、病原携带者，予以隔离治疗，隔离期限根据医学检查结果确定；对疑似患者，确诊前在指定场所单独隔离治疗；对医疗机构内的患者、病原携带者、疑似患者的密切接触者，在指定场所进行医学观察和采取其他必要的预防措施；拒绝隔离治疗或者隔离期未满擅自脱离隔离治疗的，可以由公安机关协助医疗机构采取强制隔离治疗措施。

（2）医疗机构发现乙类或者丙类传染病患者，应当根据病情采取必要的治疗和控制传播措施。

（3）医疗机构对本单位内被传染病病原体污染的场所、物品及医疗废弃物，必须依照法律法规的规定实施消毒和无害化处置。

## 三、《公共场所卫生管理条例》

《公共场所卫生管理条例》是为创造良好的公共场所卫生条件，预防疾病，保障人体健康而制定，由国务院于1987年4月1日发布并实施，2016年2月6日进行了第一次修订，2019年4月23日进行了第二次修订。

各级卫生防疫机构负责管辖范围内的公共场所卫生监督工作。卫生防疫机构根据需要，设立公共场所卫生监督员，执行卫生防疫机构交给的任务。卫生监督员有权对公共场所进行现场检查，索取有关资料，经营单位不得拒绝或隐瞒。卫生监督员对所提供的技术资料有保密的责任。卫生防疫机构对公共场所的卫生监督职责包括：对公共场所进行卫生监测和卫生技术指导；监督从业人员健康检查，指导有关部门对从业人员进行卫生知识的教育和培训。

## 四、《突发公共卫生事件应急条例》

《突发公共卫生事件应急条例》经2003年5月7日国务院第7次常务会议通过，自公布之日起施行，2011年1月8日予以修订。条例共六章五十四条，包括总则、预防与应急准备、报告与信息发布、应急处理、法律责任、附则六个部分。

条例规定，医疗卫生机构不履行报告职责，隐瞒、缓报、谎报的，未及时采取控制措施的，未依照规定履行突发事件监测职责的，拒绝接诊患者的，以及拒不服从应急处理指挥部调度的，责令改正、通报批评、给予警告；情节严重的，吊销《医疗机构执业许可证》；对主要负责人、负有责任的主管人员和其他直接责任人员依法给予纪律处分；造成传染病传播、流行或者对社会公众健康造成其他严重危害后果，构成犯罪的，依法追究刑事责任。

## 五、《医疗事故处理条例》

《医疗事故处理条例》于2002年2月20日由第55次常务会议通过，2002年4月4日国务院第351号令颁布，自2002年9月1日起施行。条例共7章63条，分总则、医疗事故的预防与处置、医疗事故的技术鉴定、医疗事故的行政处理与监督、医疗事故的赔偿、罚则、附则。

**1. 医疗事故（medical malpractice）** 指医疗机构及其医务人员在医疗活动中，违反医疗卫生管理法律、行政法规、部门规章和诊疗护理规范、常规，过失造成患者人身损害的事故。根据对患者人身造成的损害程度，医疗事故可分为四级：一级医疗事故是造成患者死亡、重度残疾的；二级医疗事故是造成患者中度残疾、器官组织损伤，导致严重功能障碍的；三级医疗事故是造成患者轻度残疾、器官组织损伤，导致一般功能障碍的；四级医疗事故是造成患者明显人身损害的其他后果的。

**2. 医疗事故的预防与处置** 条例对医疗事故的预防与处置做了明确规定，如因抢救急危患者未能及时书写病历的，有关医务人员应当在抢救结束后6小时内据实补记，并加以注明；医务人员严禁涂改、伪造、隐匿、销毁或者抢夺病历资料；发生医疗事故的，医疗机构应当按照规定向所在地卫生行政部门报告；发生下列重大医疗过失行为的，医疗机构应当在12小时内向所在地卫生行政部门报告：导致患者死亡或者可能为二级以上的医疗事故；导致3人以上人身损害的后果；国务院卫生行政部门和省、自治区、直辖市人民政府卫生行政部门规定的其他情形。

**案例** 没有妥善保管病历，医院是否要承担赔偿责任？

**案例** 医疗机构擅自涂改、销毁、伪造病历资料，如何处理？

## 六、《护士执业资格考试办法》

《护士执业资格考试办法》于2010年5月10日卫生部、人力资源和社会保障部令第74号发布，自2010年7月1日起施行。该办法是为规范全国护士执业资格考试工作，加强护理专业队伍建设，而根据《护士条例》第七条规定制定的。

国家护士执业资格考试是评价申请护士执业资格者是否具备执业所必需的护理专业知识与工作能力的考试。考试成绩合格者，可申请护士执业注册。具有护理、助产专业中专和大专学历的人员，参加护士执业资格考试并成绩合格，可取得护理初级（士）专业技术资格证书；护理初级（师）专业技术资格，应按照有关规定通过参加全国卫生专业技术资格考试取得。具有护理、助产专业本科以上学历的人员，参加护士执业资格考试并成绩合格，可以取得护理初级

（士）专业技术资格证书；在达到《卫生技术人员职务试行条例》规定的护师专业技术职务任职资格年限后，可直接聘任护师专业技术职务。

## 七、《护士执业注册管理办法》

《护士执业注册管理办法》由中华人民共和国卫生部令第59号颁布，2008年5月12日起施行，2021年1月8日予以修订。它进一步规范了护士执业注册管理，明确了护士执业注册应具备的条件及延续注册、变更注册的规定等。《护士执业注册管理办法》规定：护士经执业注册取得《护士执业证书》后方可按照注册的执业地点从事护理工作；未经执业注册取得《护士执业证书》者，不得从事诊疗技术规范规定的护理活动。

**1. 护士执业注册应当具备下列条件**

（1）具有完全民事行为能力。

（2）在中等职业学校、高等学校完成教育部和国家卫生健康委员会规定的普通全日制3年以上的护理、助产专业课程学习，包括在教学、综合医院完成8个月以上护理临床实习，并取得相应学历证书。

（3）通过国家卫生健康委员会组织的护士执业资格考试。

（4）符合下列健康标准：①无精神病史；②无色盲、色弱、双耳听力障碍；③无影响履行护理职责的疾病、残疾或者功能障碍。

**2. 护士注册时应当提交下列材料**

（1）护士执业注册申请审核表。

（2）申请人身份证明。

（3）申请人学历证书及专业学习中的临床实习证明。

（4）医疗卫生机构拟聘用的相关材料。

护士执业注册申请应当自通过护士执业资格考试之日起3年内提出，逾期提出申请的，除本办法规定的材料外，还应当提交在省、自治区、直辖市卫生健康主管部门规定的教学、综合医院接受3个月临床护理培训并考核合格的证明。护士执业注册有效期为5年。

**3. 护士延续注册** 护士执业注册有效期届满需要继续执业的，应当在有效期届满前30日，向批准设立执业医疗机构或者为该医疗机构备案的卫生健康主管部门申请延续注册。护士申请延续注册，应当提交护士执业注册申请审核表和申请人的《护士执业证书》。

有下列情形之一的，拟在医疗卫生机构执业时应当重新申请注册：

（1）注册有效期届满未延续注册的。

（2）受吊销《护士执业证书》处罚，自吊销之日起满2年的。

重新申请注册的，按照规定提交材料；中断护理执业活动超过3年的，还应当提交在省、自治区、直辖市卫生健康主管部门规定的教学、综合医院接受3个月临床护理培训并考核合格的证明。

护士在其执业注册有效期内变更执业地点等注册项目的，应当向批准设立执业医疗机构或者为该医疗机构备案的卫生健康主管部门报告，并提交护士执业注册申请审核表和申请人的《护士执业证书》。

## 八、《中华人民共和国网络安全法》

《中华人民共和国网络安全法》是为了保障网络安全，维护网络空间主权和国家安全、社会公共利益，保护公民、法人和其他组织的合法权益，促进经济社会信息化健康发展，而制定的法律，由第十二届全国人民代表大会常务委员会第二十四次会议通过，自 2017 年 6 月 1 日起施行。

《中华人民共和国网络安全法》是我国第一部全面规范网络空间安全管理方面问题的基础性法律，是我国网络空间法治建设的重要里程碑，是依法治网、化解网络风险的法律重器，是让互联网在法治轨道上健康运行的重要保障。该法共七章七十九条，包括总则、网络安全支持与促进、网络运行安全、一般规定、关键信息基础设施的运行安全、网络信息安全、监测预警与应急处置、法律责任、附则七个部分。

**案例** 某医院不履行网络安全保护义务案

## 九、《中华人民共和国数据安全法》

《中华人民共和国数据安全法》是为了规范数据处理活动，保障数据安全，促进数据开发利用，保护个人、组织的合法权益，维护国家主权、安全和发展利益而制定。该法由中华人民共和国第十三届全国人民代表大会常务委员会第二十九次会议于 2021 年 6 月 10 日通过，自 2021 年 9 月 1 日起施行，共七章五十五条，包括总则、数据安全与发展、数据安全制度、数据安全保护义务、政务数据安全与开放、法律责任、附则。

《中华人民共和国数据安全法》是我国关于数据安全的首部法律，标志我国在数据安全领域有法可依，为各行业数据安全提供了监管依据。

**案例** 医疗数据安全 法律规定更细了

## 十、《中华人民共和国个人信息保护法》

《中华人民共和国个人信息保护法》于 2021 年 8 月 20 日，十三届全国人大常委会第三十次会议表决通过，自 2021 年 11 月 1 日起施行，共八章七十四条。

《中华人民共和国个人信息保护法》构建了完整的个人信息保护框架，是我国第一部个人信息保护方面的专门法律。其规定涵盖了个人信息的范围及个人信息从收集、存储到使用、加工、传输、提供、公开、删除等所有处理过程；明确赋予了个人对其信息控制的相关权利，并确认与个人权利相对应的个人信息处理者的义务及法律责任；对个人信息出境问题、个人信息保护的部门职责、相关法律责任进行了规定。该法为个人信息处理活动提供了明确的法律依据，为个人维护其个人信息权益提供了充分保障，为企业合规处理提供了操作指引。

**案例** 保护患者信息安全 你必须知道的法律规定

## 第三节 护理管理中常见的法律问题

### 一、依法执业问题

#### （一）侵权行为与犯罪

侵权行为指医护人员对患者的权利进行侵害，导致患者利益受损的行为。侵权行为主要涉及侵犯患者的自由权、生命健康权和隐私权，情节严重者应承担刑事责任。患者在诊疗过程中享有平等医疗的权利、拒绝治疗的权利、要求保密的权利、参与评估的权利、监督维护自己医疗权利实现的权利，护士应维护患者所享有的权利。《中华人民共和国宪法》第 37 条规定："公民的人身自由不受侵犯。任何公民，非经人民检察院批准或者决定或者人民法院决定，并由公安机关执行，不受逮捕。禁止非法拘禁和以其他方法非法剥夺或者限制公民的人身自由，禁止非法搜查公民的身体。"患者的自由权受宪法保护，护士执业时，应重视患者的自由权，保证患者的自由权，护士如以治疗的名义非法拘禁或以其他形式限制和剥夺患者的自由，是违反宪法的行为。《中华人民共和国民法通则》第98条规定："公民享有生命健康权"。生命健康属我国公民的人身权利，是我国公民享有的一项最基本的权利，也是公民享受其他广泛权利的前提和基础。公民的健康受到损害，就会影响其工作和生活，也会给家属和社会带来不利影响。《中华人民共和国刑法》第335条规定：医务人员由于严重不负责任，造成就诊人死亡或者严重损害就诊人身体健康的，处三年以下有期徒刑或拘役。护士执业时，错误使用医疗器械，不按操作规程办事，造成患者身体受损；护士执业时，使用恶性语言和不良行为损害患者利益，均属侵犯患者生命健康权的行为。

### （二）失职行为与渎职罪

主观上的不良行为或明显的疏忽大意，造成严重后果者属失职行为。例如，对危、急、重患者不采取任何急救措施或转院治疗，不请示医生进行转诊以致贻误治疗或丧失抢救时机，造成严重后果的行为；擅离职守，不履行职责，以致贻误诊疗或抢救时机的行为；护理活动中，由于查对不严格或查对错误，不遵守操作规程，以致打错针、发错药的行为；不认真执行消毒、隔离制度和无菌操作规程，使患者发生交叉感染的行为等。

违反护士职业道德要求，严重不负责任，以致患者遭受重大损失的行为，属渎职行为。如为戒酒、戒毒者提供酒或毒品，属严重渎职行为；护士因疏忽大意错给未做青霉素皮试的患者注射了青霉素，引起过敏性休克致死，则需追究法律责任，可能被判渎职罪；窃取病区哌替啶、吗啡等毒麻限制药品，自己使用成瘾视为吸毒，贩卖捞取钱财则构成贩毒罪，将受到法律严惩。

### （三）护理记录不规范

护理记录不仅是检查衡量护理质量的重要资料，也是医生观察诊疗效果、调整治疗方案的重要依据，在法律上具有法律效力，是法律认可的证据。若与患者发生了医疗纠纷或与某刑事犯罪有关，护理记录则成为判断医疗纠纷性质的重要依据，或成为侦破某刑事案件的重要线索。因此，对原始记录进行添删或随意篡改都是非法行为。同时，不认真记录，或漏记、错记等均可能导致误诊、误治，引起医疗纠纷。

### （四）执行医嘱的问题

医嘱是护理人员对病人施行诊断和治疗措施的依据，一般情况下护士应严格执行医嘱，随意篡改或无故不执行医嘱都属于违规行为。《护士条例》第三章第十七条规定：护士在执业活动中，发现患者病情危急，应当立即通知医师；在紧急情况下为抢救垂危患者生命，应当先行实施必要的紧急救护。护士发现医嘱违反法律法规、规章或诊疗技术规范规定的，应当及时向开具医嘱的医师提出；必要时，应当向该医师所在科室的负责人或者医疗卫生机构负责医疗服务管理的人员报告。第四章第三十一条规定：护士在执业活动中未依照《护士条例》第十七条规定提出或者报告的，由县级以上地方人民政府卫生主管部门依据职责分工责令改正，给予警告；情节严重的，暂停其6个月以上1年以下执业活动，直至由原发证部门吊销其护士执业证。发现医嘱有明显错误，护理人员有权拒绝执行；反之，护理人员将与医生共同承担所引起的法律责任。

### （五）明确实习护生的职责范围

实习护生是正在学习的护理学专业学生，尚不具备独立工作的权利，只有在专业教师和执业护士的指导和监督下，才能对患者实施护理和基本护理技术操作。如果其在执业护士的指导下，因操作不当给患者造成损害，或未严格执行规章制度，发生护理差错、事故，除本人负责外，带教护士也要负法律责任。如果实习护生离开了注册护士的指导，擅自独立操作造成了患者的损害，则应承担相应的法律责任。因此，老师应严格带教，护士长在排班时，不可只考虑人员的短缺而将护生当作执业护士使用。同时，护生进入临床实习前，也应该明确自己法定的职责范围。

**案例**　表述不准酿大祸

## 二、执业安全问题与护理禁业问题

### （一）执业安全问题

执业安全（practice safety）是以防止职工在执业活动过程中发生各种伤亡事故为目的，在工作领域及在法律、技术、设备、组织制度和教育等方面所采取的相应措施。护士执业活动中，有获得与其所从事的护理工作相适应的卫生防护、医疗保健服务的权利。《护士条例》第33条明确规定，"扰乱医疗秩序，阻碍护士依法开展执业活动，侮辱、威胁、殴打护士，或者有其他侵犯护士合法权益行为的，由公安机关依照治安管理处罚法的规定给予处罚；构成犯罪的，依法追究刑事责任。"《中华人民共和国民法典》也规定，"医疗机构及其医务人员的合法权益受法律保护。干扰医疗秩序、妨碍医务人员工作、生活、侵害医务人员合法权益的，应当依法承担法律责任。"由于工作环境、服务对象的特殊性，护理人员面临着多种职业危害，主要有生物性危害、化学性危害、物理性危害、心理社会性危害，目前这也是护理人员较关心的问题。因此，护理管理者应重视护理职业安全，加强教育，增强护士的防护意识，增加护士的防护知识，为护士提供必要的防护用具、药品和设备，最大限度地保障护士的执业安全。

### （二）护理禁业问题

《护士条例》第21条明确规定，医疗卫生机构不得允许下列人员在本机构从事诊疗技术规范规定的护理活动：①未取得护士执业证书的人员。②虽取得执业证书但未经注册的护士。③执业注册有效期满，未继续延期注册的护士。④未按规定办理执业地点变更手续的护士。护理管理者应安排以上人员在注册护士指导下做一些护理辅助工作，不能以任何理由安排他们独立上岗，否则被视为无证上岗、非法执业。

---

**临床链接**

#### 以"案"说"法"

依法律，促安全。学习法律法规核心制度，在保护患者的同时，也能保护自己，做到有法可依，有法必依。让我们结合视频中的案例，体会法律法规的重要性。

**【课后案例】**

10年前，某医院各类输液瓶外形颜色接近。药房在一次发药时，误将20%甘露醇250 mL作为10%葡萄糖250 mL进行发放。静点室的一名高年资护士接过患者取回的药，未严格执行查对制度，直接为其进行输注。患者家属发现后，大闹医院。护士长马上安抚患者及家属，进行妥善处理，并上报医院。医院对该事件进行追溯和根因分析，从源头上对输液瓶进行了分颜色、分型号的管理，根除了隐患。

请同学们结合本书所学各章节内容，将这个案例进行角色分配和情景模拟。通过复盘，分析在各自角色中的体会和感悟，检验所学管理知识是否已融会贯通并能运用。

**【角色安排】**

业务院长 1 名，护理部主任 1 名，医务部主任 1 名，药学管理部主任 1 名，护士长 1 名，药剂师 1 名，高年资护士 1 名，患者 1 名，家属 2 名。

（何春渝）

---

**数字资源详见新形态教材网**

| 编者导学 | 学习目标 | 教学课件 | 微视频 | 案例 |
| 临床链接 | 拓展阅读 | 自测题 | 榜样的力量 | 管理箴言 |

# 参考文献

[1] 陈春花，曹洲涛．组织行为学．4 版．北京：机械工业出版社，2020.

[2] 代涛．医学信息学概论．北京：人民卫生出版社，2022.

[3] 杨涛，许亚平，郝海滨．人力资源管理概论．北京：清华大学出版社，2018.

[4] 冯占春，吕军．管理学基础．3 版．北京：人民卫生出版社，2023.

[5] 胡艳宁，熊振芳．护理管理学．3 版．北京：人民卫生出版社，2021.

[6] 黄国伟，蒋凡晓．突发公共卫生事件应对与处置．北京：北京大学医学出版社，2016.

[7] 黄金，陈亚梅．护理管理学．长沙：中南大学出版社，2017.

[8] 李继平，吴欣娟，王艳梅．护理管理学．北京：人民卫生出版社，2022.

[9] 罗力．医院信息管理．北京：中国协和医科大学出版社，2022.

[10] 全小明，柏亚妹．护理管理学．4 版．北京：中国中医药出版社，2021.

[11] 沈百荣．医学信息安全．北京：人民卫生出版社，2023.

[12] 斯蒂芬·P·罗宾斯，玛丽·库尔特．管理学．9 版．孙建敏，译．北京：中国人民大学出版社，2008.

[13] 王泠，周芳．护理信息学．北京：北京大学医学出版社，2023.

[14] 王泠，周芳，吴雪，等．护理信息学．北京：北京大学医学出版社，2023.

[15] 王伟，吴菁．突发公共卫生事件医院管理实践．北京：人民卫生出版社，2020.

[16] 埃德加·沙因，彼得·沙因．组织文化与领导力．5 版．陈劲，贾筱，译．北京：中国人民大学出版社，2020.

[17] 吴欣娟，王艳梅．护理管理学．5 版．北京：人民卫生出版社，2022.

[18] 赵丽芬，刘小元．管理理论与实务．3 版．北京：清华大学出版社，2017.

[19] 周三多，陈传明，刘子馨，等．管理学原理与方法．7 版．上海：复旦大学出版社，2018.

[20] 祝益民．卫生应急预案与演练．北京：人民卫生出版社，2020.

# 中英文名词索引

## 读者意见反馈

为收集对教材的意见建议，进一步完善教材编写并做好服务工作，读者可将对本教材的意见建议通过如下渠道反馈至我社。

咨询电话　400-810-0598

反馈邮箱　gjdzfwb@pub.hep.cn

通信地址　北京市朝阳区惠新东街4号富盛大厦1座　高等教育出版社总编辑办公室

邮政编码　100029

## 防伪查询说明

用户购书后刮开封底防伪涂层，使用手机微信等软件扫描二维码，会跳转至防伪查询网页，获得所购图书详细信息。

**防伪客服电话**　（010）58582300